日本产业政策与竞争政策协调关系研究

李慧敏◎著

科学技术文献出版社
SCIENTIFIC AND TECHNICAL DOCUMENTATION PRESS
·北京·

图书在版编目（CIP）数据

日本产业政策与竞争政策协调关系研究 / 李慧敏著. —北京：科学技术文献出版社，2022.10
 ISBN 978-7-5189-9465-6

Ⅰ.①日… Ⅱ.①李… Ⅲ.①个人信息—法律保护—研究—日本 Ⅳ.①D931.33

中国版本图书馆 CIP 数据核字（2022）第 146664 号

日本产业政策与竞争政策协调关系研究

策划编辑：李 蕊　责任编辑：张瑶瑶　责任校对：王瑞瑞　责任出版：张志平

出 版 者	科学技术文献出版社
地 　 址	北京市复兴路15号　邮编 100038
编 务 部	（010）58882938，58882087（传真）
发 行 部	（010）58882868，58882870（传真）
邮 购 部	（010）58882873
官方网址	www.stdp.com.cn
发 行 者	科学技术文献出版社发行　全国各地新华书店经销
印 刷 者	北京九州迅驰传媒文化有限公司
版 　 次	2022 年 10 月第 1 版　2022 年 10 月第 1 次印刷
开 　 本	710×1000　1/16
字 　 数	229 千
印 　 张	15.5
书 　 号	ISBN 978-7-5189-9465-6
定 　 价	58.00 元

版权所有　违法必究

购买本社图书，凡字迹不清、缺页、倒页、脱页者，本社发行部负责调换

序

实施创新驱动发展战略，需要健全科技政策、产业创新发展政策、社会创新发展政策、环境创新发展政策体系，激发全社会创新创造创业活力，努力实现创新驱动高质量可持续发展。产业政策注重培育产业发展能力，特别是产业创新发展能力，推动产业转型升级可持续发展；竞争政策注重营造公平竞争环境，特别是对战略性新兴产业蓬勃发展期科技型中小企业发展权利的维护。加强产业政策和竞争政策协同，有利于把握产业发展方向和技术发展方向，有利于拥有技术基因的中小企业脱颖而出。

我自 2001 年第一次应邀访问日本至今已有 21 年，通过"中日科技战略与政策高层研讨会"[①] 和"中日韩科技政策研讨会"[②] 这两个科技政策交流平台，对日本科技政策和法律体系有了日益深入的理解，特别是日本从贸易立国—技术立国—科技创新立国—知识产权立国的历史演进令人印象深刻，深感中日科技与经济发展政策法律体系的比较研究意义重大，不仅有助于互学互鉴，更有助于相互理解和相互信任。

李慧敏博士 2015 年获得日本早稻田大学法学博士学位，同年加入我 2006 年创立的中国科学院创新发展研究中心，从发挥自身优势和创新发展研究中心集体优势出发，确立了主要研究方向——创新政策与竞争政策，开始了法学与创新发展政策交叉融合研究的新征程。看到她的《日本产业政策与竞争

---

① "中日科技战略与政策高层研讨会"是 2004 年起由中国科学院与日本文部科学省联合举办的交流平台。
② "中日韩科技政策研讨会"是中国科学院科技政策与管理科学研究所、中国科技发展战略研究院、日本科技政策研究所、韩国科技政策研究所和韩国科技规划评价院 5 家科技政策研究机构共同举办的年度交流机制，第一次会议于 2006 年在日本东京举行，我提议每年由日本、韩国和中国的机构轮流承办，作为一个会议交流机制延续至今。

政策协调关系研究》书稿时，我感到非常欣慰，为她的坚持学术追求、埋头苦干和钻研精神点赞，为她取得的学术成果而感到骄傲。

《日本产业政策与竞争政策协调关系研究》阐述了产业政策和竞争政策的内涵、外延及两者关系，系统梳理了日本第二次世界大战后产业政策和竞争政策的演进过程，特别选取电力和数字产业作为研究案例，系统梳理日本政府在产业不同发展阶段所发挥的作用，有助于读者了解日本经济迅速恢复并崛起过程中相关产业积累的许多成功经验，思考如何结合我国发展阶段性特征研究制定产业创新发展政策。

《日本产业政策与竞争政策协调关系研究》将产业政策和竞争政策之间协调关系纳入创新发展政策体系，值得关注。从日本实施贸易立国、技术立国、科技创新立国和知识产权立国战略背景下一系列的政策实践来看，产业政策和竞争政策的协调是一个重要成功经验，正如书中所言，这不仅源于其政治制度和决策机制的特点，更根本的原因在于其决策者创新理念的演变。

《日本产业政策与竞争政策协调关系研究》深化了对公共政策与法律之间关系的认识，值得学界重视。日本非常注重建立公共政策与法律之间的密切互动关系，跳出纯粹"规范法学"的研究范式，从公共政策视野审视尚处于变革之中的法律制度体系，引入了法政策学研究新视角，注重政策体系的整体效能而不是局部政策效率，为政策的灵活、有效实施及时提供合法性和稳定性保障，值得学习和借鉴。

总体而言，《日本产业政策与竞争政策协调关系研究》是李慧敏博士研究产业政策与竞争政策协调关系的专著，也是法学与创新发展政策交叉研究成果，对于推动产业政策向普惠化和功能性转型，强化对技术创新和结构升级的支持，加强产业政策和竞争政策协同有一定参考价值。随着创新驱动产业数字转型高质量可持续发展政策实践的全方位展开，一定会出现许多新问题、新现象、新经验，并在研究探索过程中产生新理论、新方法，希望慧敏博士继续在法学与公共政策科学交叉研究道路上耕耘不止、佳作不断，为中国创新发展理论与实践做出更大贡献。

中国科学院创新发展研究中心主任
中国科学学与科技政策研究会理事长
穆荣平

目录

绪 论 ··· 1

第一部分 日本产业政策与竞争政策及其关系变迁

第一章 日本产业政策 ··· 9
  一、概况 ··· 9
  二、日本产业政策的发展与变迁 ································· 13
  三、本章小结 ··· 22

第二章 日本竞争政策 ··· 25
  一、概况 ··· 25
  二、日本竞争政策的发展与变迁 ································· 34
  三、本章小结 ··· 45

第三章 日本产业政策与竞争政策的关系变迁 ················ 49
  一、分立对峙 ··· 49
  二、接触对话 ··· 55
  三、协调互补 ··· 62

第二部分 传统产业案例考察：日本电力产业

第四章 日本电力产业的发展历程 ································ 73
  一、走向垄断：市场化改革前的电力产业 ····················· 73

二、引入竞争：日本电力产业的市场化改革························78
　　三、垄断中的竞争：日本电力产业的现状························90

第五章　日本电力产业的协调规制····································93
　　一、规制理由··93
　　二、竞争促进型产业政策···98
　　三、竞争政策的拓展··112
　　四、机制设计··117

第三部分　新兴产业案例考察：日本数字产业

第六章　日本数字产业的发展历程································125
　　一、竞争前奏：电信产业的民营化改革·······················125
　　二、生于竞争：日本数字产业的形成···························128
　　三、竞争中的垄断：日本数字产业的发展现状·············139

第七章　日本数字产业的协调规制································144
　　一、规制理由··144
　　二、竞争政策的新课题···154
　　三、产业政策的拓展··164
　　四、机制设计··172

第四部分　协调关系成因剖析

第八章　政治体制要因··179
　　一、官民协调性···179
　　二、多元民主性···182

第九章　决策机制要因··186
　　一、决策与咨询制度··186
　　二、竞争影响评价制度···189

第十章　创新理念要因 ··· 192
　一、创新动力维度 ··· 193
　二、创新能力维度 ··· 196

结　语 ··· 201
　一、关于现状与问题 ·· 201
　二、关于未来与挑战 ·· 203

附录　法律和政策名称中日文对照表 ································ 211

参考文献 ·· 219

绪　论

近年来，国际社会掀起了新一轮关于产业政策与竞争政策讨论的热潮。一方面，世界经济学界对产业政策的关注越来越多。2020年1月，欧洲学术期刊 Journal of Industry, Competition and Trade 围绕21世纪的产业政策制作了特刊。其中，由 Karl Aiginger 教授与 Dani Rodrik 教授发表的"Rebirth of Industrial Policy and an Agenda for the Twenty-First Century"指出："在经历了对产业政策关注度下降后，被认为已经过时的产业政策又重新回到了舞台上……从自动化到数字化、工业4.0、物联网等颠覆性技术的变革，刺激了全球范围内对产业政策的重新关注"[1]。产业政策被赋予了更加丰富多元的价值目标和功能。面临激烈的国际竞争，包括欧美等在内的发达国家都开始重视在其国内或地区内实施稳定的产业政策，而随着产业政策目标的日益凸显，这些目标与竞争政策目标之间正在酝酿着紧张关系。另一方面，数字经济时代，竞争政策的重要性亦被广泛关注。其中，欧洲调查处罚亚马逊、谷歌等大型数字平台企业的案例最为典型；除此之外，包括美国、中国、日本、德国、法国等在内的主要国家都在积极关注数字经济时代出现的新型垄断问题，一系列具有针对性的反垄断举措和法律相继出台。如同跨世纪的美国微软案件一样，围绕竞争与创新、竞争政策与创新关系的讨论又重新成为当下竞争政策理论界和实务界探讨的核心话题。数字产业的动态竞争性、双边市场特性及数据驱动性等，为竞争政策执法工具和判断标准带来新挑战。当下，摆在我们面前的问题是，在这个破坏性创新不断涌现的时期，我们的产业政策与竞争政策应该采取怎样的形式？政策制定者如何科学制定和推进产业政策和竞争政策，以实现21世纪所需要的技术创新和制度创新？而这一目标，不只为弥补"市场失灵"、实现经济层面的效率和福利最优，更为寻求解决人类社会发展中面临的诸多社会问题和环境挑战，真正实现创新驱动发展。

关于产业政策与竞争政策关系的探讨，我国有越来越多的学者主张调整产业政策，实现产业政策与竞争政策的协调。2016 年，林毅夫、张维迎两位教授围绕产业政策展开了一场引发学术界、产业界、政界广泛关注的大讨论[2]。随后，吴敬琏教授针对此次讨论，强调当前我国需要研究和面对的问题，不是肯定或否定产业政策，而是讨论我们需要什么样的产业政策，并指出，我国产业政策加快转型，要从以产业政策为中心转向以竞争政策为基础[3]。在竞争法学界，也有学者指出数字经济时代的问题并不全都是反垄断的问题，竞争政策本身也不是万能的，需要"多法共治、多部门共管"，促进不同规则之间及监管与执法部门的相互协调，实现规范与发展并重[4]。产业政策与竞争政策在自身的发展变迁过程中，也逐渐趋于创新发展这一共同的发展目标，并在实践中成为构成创新发展政策体系的两大重要的支柱性政策。2022 年 3 月 25 日，中共中央、国务院发布的《关于加快建设全国统一大市场的意见》中，明确提出"建立公平竞争政策与产业政策协调保障机制，优化完善产业政策实施方式"，学术界的持久争论最终在政策层面得到积极回应。

同时，对产业政策与竞争政策关系的探讨，无法绕开产业政策实践和理论研究核心之地的日本，这成为本书将日本作为研究对象的重要原因。对于日本的产业政策与竞争政策，国内外已经有诸多文献对其进行了系统研究，相关内容及其结论包括以下几个方面：①侧重对第二次世界大战后日本产业政策特点和实施经验的介绍和引进。认为日本政府根据国情，综合运用法律、行政指导及财政、金融、税收等政策工具，灵活制定的一系列行之有效的产业政策值得借鉴[5-8]。②梳理日本产业政策的发展历程，强调辩证看待日本产业政策的功过是非。既肯定日本产业政策在促进社会生产力发展、协调社会经济关系方面发挥的重要作用；同时反思日本产业政策实施带来的负面影响，指出产业政策的执行偏差会影响产业组织转变，导致国内市场垄断盛行、竞争不足，在对特定产业的选定上容易滋生寻租和腐败行为等[9-11]；此外，研究进一步指出，我国在借鉴日本产业政策时，需要处理好产业保护与

绪 论

调整资源禀赋结构、政府适当干预与发挥市场优势等关系[12]。③关注日本在竞争政策领域的实施经验。例如，强调在重视和运用产业政策的同时决不能忽略竞争政策的作用，应当协调好两者的关系[13]；协调产业政策与竞争政策的相互关系，加快产业政策向竞争政策转型，要在增强市场功能、强化竞争方面多下功夫[3]；认为过分夸大产业政策的作用在短期内可能会有一定作用，但从长远来看，反倒会削弱我国企业的国际竞争力[14-16]；提出我国当前亟须建立一个明晰的竞争政策目标，指引竞争政策的推进实施，培育竞争理念和竞争文化等[17]。

总体来看，我国目前对日本产业政策的研究较多，对日本竞争政策也有一定的研究，该领域已有的国内外研究成果为本书提供了丰富的理论基础。但是在以下4个方面，目前关注还不是很多：一是基于动态、长周期视角对两者关系的考察稍显不足。这导致对日本产业政策或竞争政策的认识较为单一、固化。实际上，从历史长周期来看，日本的产业政策与竞争政策自身都处于不断调整和升级之中。尤其是产业政策，不同阶段所实施的产业政策在重心和实施方式上均有所差异，对其认识和评价无法一概而论，需要 Step by Step。同时，在与产业政策的互动过程中，日本的竞争政策也经历了从外来植入到本地结合，再到形成本国特色的发展历程。由此，两者关系也呈现阶段性动态变化的特点。对两者关系的认识，只能结合时代背景进行分析把握，无法一概而论孰强孰弱、孰优孰劣。二是深入结合具体产业，系统分析两者关系的研究不足。对于产业政策与竞争政策相互关系的认识，仅从纵向历史的角度进行分析考察是不够的。由于不同产业的产业结构特点、技术经济特点及社会性规制目标等存在差异，产业政策与竞争政策相关关系的发展历程、协调机制的具体模式等也不尽相同，更需要横向的产业比较分析，需要 Case by Case。三是基于创新视角，对产业政策与竞争政策的创新影响及其作用机制的研究并不是很清晰。创新活动本身仿佛"黑箱子"，对于创新活动为何需要政府规制干预，创新需要怎样的政府规制制度等，在制度创新学领域已经有很多研究成果。但是，深入创新发起和实施过程中，分析产业政策与竞争政策各自以怎样的作用机制推动创新的实现；在创新时代，这种传统的规制方式各自面临着怎样的挑战及各自应该如何做出动态调整等，目前的研究还不够深入和细致。四是对政策之间互动关系、协调模式与协调机制的背后成因尚待深入挖掘。经济政策的实施过程，是理论与实践相互促进、互动发展的过程。日本在政策制定、组织实施和执法实践等层面所体现的协调特性源于其政治体制、政策形成机制和创新发展理念中所蕴藏的"协调基因"。相比对日本现象的观察，其背后的政治经济理念更值得我们参考。

秉持进一步丰富和完善该领域研究的目标，围绕日本产业政策与竞争政策协调关系这一主题，本书将从以下3个视角进行具体考察与分析：第一，长周期动态演变的历史视角。在辨析和梳理日本产业政策与竞争政策基本概念和内容体系的基础上，以第二次世界大战结束至今日本产业政策和竞争政策各自的动态调整为主线，考察两者关系的动态演变，归纳为"分立对峙"到"接触对话"，再到"协调互补"3个不同发展阶段，并对其转变的节点进行重点考察。同时，本书侧重对进入20世纪90年代之后，产业政策与竞争政策协调互补的特征进行重点考察研究，并作为本书的核心论证内容。第二，结合具体产业案例进行对比分析的视角。不同产业，尤其是传统产业和新兴产业，产业政策与竞争政策所面临的规制课题存在异同，两者关系往往呈现不同的互动关系模式，在进入政策协调之前所经历的时间周期、影响要因也不尽相同。本书分别选取电力产业和数字产业作为传统产业与新兴产业的代表性产业，比较分析协调关系的不同表现模式。第三，政治体制、决策机制和经济发展理念等综合剖析的视角。历史发展过程和产业案例研究，仅仅是本书所观察到的一种客观现象，对其还需要进一步剖析背后成因。同为东亚国家，日本与我国在竞争文化传统、行政体系架构、法律制度体系等方面拥有很多相似之处，这些共性之处是我国研究日本的重要意义所在。但是，再进一步剖析，便可以发现，在东西方文化冲突与汇聚交融推动下发展至今的日本，在政治体制、决策机制和经济发展理念等层面，都具有其自身的演变逻辑，自成一派、独具特色。这些独特之处，正是我们打开日本内核的关键所在。基于此，本书在对现象进行考察的基础之上，在最后一部分对日本公共政策中所具有的"协调基因"进行深入剖析，主要涉及3个方面：一是政治体制层面。日本所特有的"官民协调"传统和官僚多元主义国

家特色,决定了政府公共政策具有多元主体利益代言本质。跨组织部门、跨产业领域的新兴经济社会课题的出现,打破了固有的"条块分割"代言格局,多样化政策工具成为问题导向型公共政策的必然需求。二是政策决策制度层面。毫无疑问的是,不同政策(或法律)之间真正做到协调,需要相关机制保障,使政策制定部门在企划立项、研究制定、审议通过、发布实施等全过程中具有实现协调的"土壤"。第二次世界大战后,日本在吸收西方民主主义理念和合议制度基础上,对本国行政主导的决策传统进行改良,逐渐形成一套嵌入在行政体系之中、与行政决策制度相融合的咨询制度,体系庞大、发展成熟,成为在决策过程中培育和发展协调文化的重要"土壤"。三是创新发展理念层面。政策背后透露的是产业经济发展理念、社会发展理念、技术发展理念、国际关系发展理念等多维度的创新发展理念。随着时代的发展,日本政府当前所面临的各类经济社会挑战愈加深刻,如何平衡多元价值目标间的复杂关系成为政府创新发展政策的核心课题。产业政策与竞争政策作为推动创新的两大核心政策手段,寻求两者之间的协调、共同服务于国家创新发展的政策目标成为必然需求。在创新发展目标和理念之下,在整个公共政策体系中,产业政策与竞争政策之间的价值目标界限趋向弱化,相互协调、互为补充,成为政府推动创新产出、解决经济社会各类课题的重要手段。

当然,国别研究和政策研究的领域广阔、视角丰富,以上研究无法做到全面和完善,仅为笔者的有限探索。本书对日本经验考察视角的选取,更多地考虑结合我国当前处理产业政策与竞争政策的实际问题。对日本处理两者关系的发展历程、协调机制及其成因等的分析,旨在归纳总结有助于我国当下相关问题解决的参考经验或启示意义,无有求全之意,定有不足之处,敬请读者专家海涵与指正。

最后,附上本书的研究内容框架图,便于读者俯瞰本书的叙述逻辑(图0-1)。

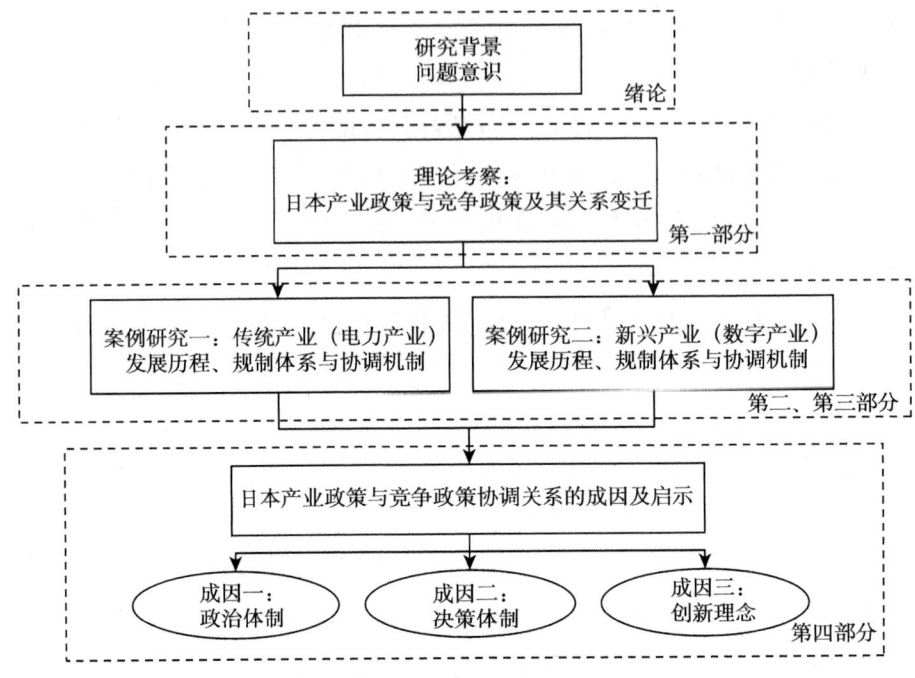

图0-1 本书的研究内容框架图

第一部分
日本产业政策与竞争政策及其关系变迁

  日本产业政策的成功经验曾经受到国际社会的高度关注。但是，若要对日本产业政策形成清晰、全面的认知并非易事。一方面，日本产业政策自身并非一成不变。在长久的实施过程中，日本产业政策的理论与实践不断磨合，经历了初登场时的模糊性、实施中的争议性，最终呈现出历史阶段的适配性、当前及未来的发展性等诸多特点。另一方面，对日本产业政策的研究，无法脱离对日本竞争政策的考察，两者在历史的舞台中相生与相克，共同塑造了彼此的现实样貌。但相比对日本产业政策的研究，我们对日本竞争政策的关注还极为薄弱。实际上，推动日本产业政策不断发展的重要因素之一就是日本所实施的竞争政策。尤其进入20世纪80年代，日本产业政策步入转型期，日本竞争政策在法律体系、实施机制等各方面得到强化，日本产业政策与竞争政策之间的关系由"分立对峙"调整为"接触对话"，并最终走向"协调互补"。在漫长的经济政策实施过程中，探究日本政府如何协调两种政策之间的关系，对我国当前来说，也是具有重要现实意义的研究课题。

  本部分首先对日本产业政策与竞争政策的基本概念进行梳理与归纳，重点对产业政策与竞争政策相互关系的动态变迁进行考察和分析。其中，两者关系变迁的核心要因是在西方规制缓和、规制改革潮流的影响下，日本政府重新思考和调整政府与市场的关系（官民关系）。加之日本政策面临削减政府财政负担的改革目标，日本产业政策在政策理念和实施手法方面进行了主动调整与完善，竞争政策及其理念逐渐得到重视，并成为产业政策制定之时需要考虑的重要因素。

第一章 日本产业政策

一、概况

虽然日本实施产业政策具有较长的历史，但是，在很长一段时间，其产业政策的概念一直处于模糊地带。从其诞生过程来看，"实践先于理论"是日本产业政策的重要特点。长久以来，通商产业省等政府部门与产业界建立了较为紧密的官商协调传统，在政府与产业界达成基本共识的基础上，一系列以产业保护、扶持为主要目的的政策被广泛实施，为推动产业发展发挥了重要作用，成为日本产业政策在实践中的雏形。在这类政策取得的成果受到关注之后，理论界开始对其进行总结归纳，并在不断丰富完善过程中，形成了对日本产业政策的概念界定。

（一）产生

明治维新前，日本是一个由幕府统治近300年的落后封建国家。19世纪60年代，在西方资本主义工业文明的冲击下，日本于1868年开始了由明治政府自上而下主导的、具有资本主义性质的全面西化和近代化政治改革。这次改革使日本成为亚洲第一个走上工业化道路的资本主义国家。此后，日本作为西方资本主义国家中的后发国家，为了在经济和军事上达到欧美先进资本主义国家的水平，在实现富国强兵、"殖产兴业"等政策名义下，开始大力推行产业保护政策，实行国家（政府）积极且直接介入经济的政府统制型经济运行体制。尤其在明治时期前期，日本政府从欧美国家积极引进先进技术，大力发展国营事业，并将其转让、出售于民间企业，或对部分民营企业给予直接保护培育以发展本国重工业，积极推进近代化大企业的建设发展，日本财阀便以这些大企业为基础逐渐发展起来。第一次世界大战后，在经济恐慌局势以及军需产业发展需求下，推进企业规模化和集约化发展成为主导需求，政府积极推行各类强化垄断的产业干预政策，广泛支持企业合并及卡特尔。1925年，日本颁布了世界上最早的"卡特尔助长法"：《出口组合法》《重要出口品工业组合法》和《重要产业统制法》。到昭和年代初期，日本大部分重要产业中几乎都确立了由大企业对所在产业的绝对支配力。这其中，官产协调的政治传统下大企业与政府之间保持强有力的密切联系，成为推动产业政策企划出台的重要驱动力。

第二次世界大战爆发后，日本完全进入战时经济统制体制，政府通过制定《进出口产品临时措施法》《临时资金调整法》《国家总动员法》等产业统制法，对国内及进出口物资、资金、物价、企业经营等各领域实施广泛控制[18-19]。第二次世界大战后，作为战败国的日本，在联合国军最高司令官总司令部统治下，推行了一系列旨在解散财阀、打破经济力过度集中的经济民主化措施。但是，从历史来看，日本经济在经历了战后恢复期后，很快进入了经济高速成长期，取得了近乎奇迹般的发展成果。经济学家对其背后原因进行了考察，除了日本企业经营模式、行业交易惯例、高投资率、劳动力供给、财税金融政策体系以及日本社会整体结构及文化等因素之外，普遍认为以通产省为核心实施的各种强有力的产业政策发挥了极其重要的作用[20]。通产省与产业界建立了紧密的协商合作关系，能够及时获取产业界的实际需求，更有利于政策制定的针对性以及实施成效。

进入20世纪60年代，日本产业政策的实施进入鼎盛时期。直到70年代中后期，伴随日本经济地位和国际存在度的不断提升，日本产业政策才开始受到国际社会的广泛关注。尤其在1970年，时任通商产业省事务次官的大慈弥在OECD产业委员会上发表了题为《日本的产业政策》的演讲，1972年，OECD事务局专门出版了 *Industrial Policy of Japan*，日本政府实施的产业政策逐渐成为诸多领域的研究对象。但是，实施已久的日本产业政策在这一时期并没有明确统一的概念界定[21]。曾经亲身参与产业政策制定的日本通产省官员两角良彦，在其著作《产业政策的理论》（1966年）中虽然对产业政策的相关理论进行了分析，但并未提出明确的内涵界定[22]。这一现象也让日本本国的经济学者颇为惊叹和疑惑[23],以至于有经济学者稍带讽刺意味地称"通产省实施的政策就是产业政策"[24]。也有学者认为,日本的产业政策最初在极其缺乏严密论证的情况下被广泛运用,直接或者间接用于保护、培育或扶持特定产业,这其中不乏带有某种政治意图,被作为标语性字眼进行大肆推行[25]。

(二)概念

早期,对于产业政策一直存在争论,并没有统一规范的定义。广义的产业政策可以包括影响一国产业或竞争力的所有政策[26-27],或者专指政府为了实现某种经济和社会目标而制定的具有特定指向的政策总和[28]。20世纪80年代,日本经济学界开始探索对日本产业政策的概念及内涵进行界定[29]。目前得到较多肯定的是小宫隆太郎、奥野正宽、铃村兴太郎在《日本的产业政策》(1984年)一书中提出的概念[30],该书从狭义和广义两个视角提及了两种不同的产业政策概念:狭义的产业政策概念是指传统上所认为的政府用于调整产业间资源分配、对产业中的企业经济活动实施干预的政策;广义的产业政策除了狭义上的调整不同产业间资源分配的政策之外,还包括产业基础设施相关政策、调整产业组织结构的政策以及适用于所有产业的中小企业政策。在此基础之上,理论界对日本产业政策的概念从不同角度进一步丰富和完善,将其逐渐确立下来。

概括来说,日本的产业政策主要是指,在竞争性市场结构存在"市场失灵"、通过自由竞争进行资源配置或所得分配会带来问题时,基于提高经济福利水平的政策目的,政府运用介入产业或部门间资源分配或者干预个别产业组织的手段,所实施的包括政策目标和政策手段等在内的政策体系[23]。从法律依据来看,日本产业政策主要以各类产业政策法为核心法律依据。虽然在实践中,也存在一些没有法律依据的"柔性"政府干预行为,如"行政指导"。由于这类政府干预行为容易滋生官商勾结等不透明问题,日本明确其必须符合《行政程序法》(1993年)规定,确保行政指导制定和实施的透明性;同时,规定其不得违背《独占禁止法》等竞争法的规制理念,依据《行政指导竞争法指南》(1994年)对其产生的竞争影响风险进行规范。从政策内容来看,包括政府用于调整产业间资源配置、保障产业基础设施、介入企业组织经济活动、培育中小企业等一系列政府干预政策。从规制对象的角度来看，可以将日本的产业政策进一步划分为产业结构政策、产业组织政策、产业国际化政策、产业技术政策等广泛领域中各类政策构成的政策体系[31]。从政策的实施目的来看，也可以将其划分为"幼稚产业保护型"和"产业调整型"两类。从产业政策的实施机构来看，产业政策多属于经济性规制政策，经济产业省（原通商产业省）作为产业和企业相关经济政策的主要管辖部门，产业政策也主要由经济产业省主导制定和实施。但是，一些社会性规制政策，如环境政策、农业政策等，也会对经济性规制政策产生一定的影响，因此，除了经济产业省之外，总务省、文部科学省、农林水产省、厚生劳动省、环境省等也从各自的角度按照规制领域的不同，分别实施产业相关政策（表1-1）。此外，日本产业政策所运用的政策工具可以包括法律手段、行政指导、财政、金融、税收、投资、基础设施投资、制定政策指南等多样化的手段和工具。

表1-1　日本产业政策的主要实施部门及其规制领域

实施部门	规制领域
经济产业省	产业和企业相关经济政策
财政省	金融、证券、保险等行业
总务省	主要涉及ICT相关产业和邮政产业等的发展和改革领域
文部科学省	主要涉及科学技术振兴相关政策领域
农林水产省	主要涉及食品加工、农林牧渔产业等发展领域
厚生劳动省	主要涉及与国民生育健康、医疗卫生、福利保障、劳动雇佣等相关的保障政策（医疗、制药等产业）
国土交通省	主要涉及与国土建设、公共交通、生活居住、观光等相关的推进和保障政策
金融厅	主要涉及构筑金融系统、提升金融市场效率、维护金融市场公平性等相关金融领域的政策
环境省	主要涉及环境基础设施、环境污染灾害防治、废物处理、生物多样性、可持续发展等相关的环境保障政策

来源：日本内阁官方主页，笔者绘制。

但是，值得注意的是，与日本产业政策的雏形或者早期模糊的概念相比较，日本在这一时期（20世纪80年代初）正式归纳的产业政策概念已经是日本经济学者对传统产业政策及其实施进行一定程度反思后提出的，其将尊重市场竞争机制作为基本出发点，并将产业政策定位于"市场失灵"情形下的替代性政府干预政策[32]。通过产业政策的直接或间接干预或诱导，的确可以实现调整产业间资源配置、促进资源集中分配于特定产业或行业领域，但是，在实施产业政策时必须充分考虑如何合理设定产业政策的政策目标。不能将产业政策的政策目标单纯界定为对特定产业的保护或培育，其实施的深层内涵应该是政府为应对"市场失灵"问题，提高社会经济福利水平，需要基于公共利益，从公共政策角度所采取的政府干预行为[20]。

二、日本产业政策的发展与变迁

如前所述，20世纪80年代中期，日本学者在对其产业政策进行概念界定时，已经加入了彼时日本学界对产业政策实施中所暴露问题的反思。同时，随着时代的变迁，结合不同时代的发展需求，产业政策部门也在反思或被迫改变干预手段和侧重，日本产业政策体现出动态发展的特征。对其阶段划分有诸多视角，本书主要从政策干预对象视角对其进行分类，即日本政府所实施的产业政策经历了"针对特定产业的调整政策→针对特定企业的调整政策→制度环境调整政策"3个阶段。当然，这3个阶段之间也具有一定延续性，并非完全不同。如后文所述，进入数字经济时代，为了培育和发展数字产业等新兴产业，日本政府也会实施针对中小企业等的政府补助、税收减免等培育政策。但是，与第一阶段相比，其更趋向于从宏观制度层面提升产业整体竞争力，同时，注意保持产业间发展环境的公平性。

（一）特定产业调整政策

20世纪50年代至80年代前半期，总体来看，这一阶段日本政府实施的产业政策主要以特定产业为调整对象，主要实现重点产业优先发展、产业组织结构调整、推进产业结构合理化和实现产业结构升级等政策目标，可将其统称为产业调整政策（Positive Adjustment Policy，PAP）。根据具体目标的不同，产业调整政策所采取的主要措施包括3类：①以培育振兴重点产业为目的的产业结构调整政策；②以改善结构性衰退产业为目的的产业结构调整政策；③以缓解产业调整所产生的社会矛盾为目标的相关保障性产业政策。这些产业调整政策在最终目标上具有一致性，都是在政府的积极干预下，为促进产业界的协调，人为调整产业间的资源配置情况，实现政府的宏观产业结构调整目标。其中，以培育振兴重点产业为目的的产业结构政策，主要采用将资金、先进设备、能源、进口技术等重要资源集中投入特定产业，实施倾斜式生产方式；以改善结构性衰退产业为目的的产业结构政策，主要通过减少劳动力、资本和设备等资源投入，缩小生产规模，促进产业结构转型，改善生产效率等[33]。同时，为了缓解由于结构性衰退产业结构调整所引发的各类社会矛盾冲突问题（如失业问题），政府也有必要采取相关保障措施等，保障产业调整政策的顺畅实施[34]。

第二次世界大战后初期，日本面临的最大课题是早日实现经济复兴和自立。在培育和保护重点产业（煤炭、电力、钢铁、造船等基础性产业）、确保重要物资低价稳定供应、振兴出口等目标下，日本通商产业省自1949年成立以来，通过进口比例制、外资和技术进口许可制、融资政策、租税特别措施等方式，对产业和民间企业实施强有力的干预。20世纪50年代，对纺织、煤炭、铝冶炼、石油化工、造船、合成树脂、合成橡胶等产业实施一系列的产业结构调整政策（表1-2）。进入经济高速增长时期后，大力发展重化学工业，促进产业结构升级成为核心发展目标。20世纪70年代，石油危机及美日贸易摩擦初露端倪，日本政府长期以来人为干预政策受到国际社会的指责。诸多压力之下，日本政府提出实现"知识集约化"的产业结构调整目标，开始大力发展知识集约型产业、高端技术产业等。此外，为了应对高速增长时期遗留的各类经济社会问题，日本政府不断丰富产业政策的目标，产业结构调整政策又融入了改善重化学工业为主的产业结构、缓解环境污染、扩大研究开发投资、提升自主技术创新能力、增强同发展中国家的经济合作等多元化目标[35]。这种由通产省主导实施的产业结构调整政策一直持续到20世纪90年代初期，成为这一时期日本政府干预经济的主要方式。

第一章 日本产业政策

表1-2 20世纪50年代实施的产业结构调整政策

产业培育振兴目的		结构性衰退产业援助目的	
时间	名称	时间	名称
1953年3月	合成纤维培育5年计划	1953年2月	硫化工业近代化3年计划
1953年5月	煤气业务扩充5年计划	1953年7月	硫化工业合理化5年计划
1953年3月	醋酸纤维增产5年计划		
1954年4月	第2次钢铁合理化计划		
1954年6月	修改《飞机制造事业法》	1954年6月	《硫化工业合理化和硫化工业出口调整临时措施法》《临时肥料供需安定法》
1954年10月	水泥新增设3年计划	1954年10月	铜合理化3年计划 硫化工业合理化5年计划
1955年6月	合成树脂产业培育5年计划		
1955年7月	石油化工培育对策	1955年8月	《煤矿业合理化临时措施法》
1956年5月	《核原料物质开发促进临时措施法》		
1956年6月	《机械工业振兴临时措施法》	1956年6月	《纤维产业设备临时措施法》
1957年6月	《合成橡胶制造业特别措施法》《电子工业振兴临时措施法》		
1957年11月	都市煤气普及第2次5年计划		
1958年5月	《飞机工业振兴法》	1958年4月	修改《煤矿业合理化临时措施法》
1958年7月	电子工业振兴5年计划		

来源：桥本寿朗（1990年），笔者整理绘制。

产业调整政策的实施方式多种多样，主要包括降低原材料和能源价格；降低进口限制；淘汰处理过剩产能设备；实施产业重组防止"过度竞争"；组织由政府、产业界共同参与的"供需协调会"，官产协调应对产能过剩问题；促进技术开发，推动技术升级；实施财政、金融和税收措施。此外，作为实施产业调整政策的配套保障措施，日本还通过颁布实施《特定不景气产业安定临时措施法》（简称《特安法》）、《特定不景气产业离职人员临时措施法》

及《特定不景气区域中小企业对策临时措施法》等，对就业、区域和中小企业等实施援助措施。1983年，为了将产业结构调整政策的相关举措进一步体系化，日本政府颁布《特定产业结构改善临时措施法》（简称《产构法》），指定和选取需要实施产业调整的"特定产业"[①]，制定《结构改善基本计划》[②]，据此更加有针对性地实施设备处理、调整生产和经营规模、改善生产方式等措施，促进产业结构合理化。

（二）特定企业调整政策

日本在二十世纪七八十年代实施的产业调整政策取得了预期效果，很多产业开始进入成熟发展期，但与此同时，企业经营战略也开始呈现多样化发展特征，针对产业整体实施统一的产业调整政策逐渐失去意义。伴随贸易自由化和经济全球化的推进，日本政府实施的国内产业保护政策遭到了国际社会愈加强烈的反对。1983—1984年，日美产业政策当局展开了对话磋商。美国政府谴责日本政府依靠对特定产业实施扶持政策，提升对美出口竞争力，是不公平的行为，对落后产业的保护政策，也成为美国对日本的出口障碍。严峻的国际形势促使日本政府开始调整产业政策的实施方式，无法再实施针对特定产业的调整政策，转变为只对特定产业中的特定企业实施部分调整行为。

1987年，作为日本政府实施产业调整政策重要法律依据的《产构法》临近实施期限，日本不再继续实施该法，转而颁布了《产业结构转换顺畅化临时措施法》（简称《顺畅化法》）。《顺畅化法》仍然以实现产业的优化调整为目的，但是，相比《产构法》，其更加注意适应国际经济局势，与美国等贸易合作国家之间保持协调关系；仅仅对特定企业采取适当干预措施帮助其适应新的经济环境，并综合考虑稳定就业、促进特定企业经营业务创新和特定区域经济稳定发展等目标。可以说，企业援助政策和区域援助政策成为这一时期产业政策的两大支柱性政策。此外，通产省与劳动省（现厚生劳动省）相

---

① 这些特定产业包括平电炉业、铝冶炼业、化学纤维制造业、化肥制造业、铁合金制造业、造纸业、纸板制造业、石油化工业及其他由政令规定的存在产业结构问题而不景气的产业。
② 《结构改善基本计划》的内容包括制定改善产业结构的年度目标、待处理设备的类型和生产能力的总和、处理方法（报废、长期储存或暂停、转让）和期限、设备处理的同时限制或禁止新建和改进、业务合作、生产品种专业化、合并和业务协作、新设备投资、新产品和新技术的开发等事项。

互协调，对失业人员、中小企业和区域等实施支持保障措施，以缓解组织调整过程中产生的社会矛盾。1995年，日本又颁布了《特定经营者事业革新临时措施法》(简称《事业革新法》)，进一步发扬以特定企业为对象的扶持政策，对那些提出明确《事业革新计划》的企业实施金融援助。综合来看，与《特安法》《产构法》将"产业"作为实施对象相比较，这一时期颁布的《顺畅化法》《事业革新法》将"经营者"作为实施对象，政府干预的范围被缩小至个人和企业。对于上述4部法律之间的具体差异，可以参考表1–3[33]。

表1-3 产业调整相关法律比较

维度	《特安法》	《产构法》	《顺畅化法》	《事业革新法》
实施期间	1978—1983年	1983—1988年	1987—1996年	1995年—
干预对象	产业	产业	企业（设备）、区域	企业
对象范围	特定不景气产业	特定产业	特定经营者、特定区域	特定经营者
政策目标	处置设备；克服不景气问题	处置设备等；改善产业结构	企业：提升适应性；区域：稳定、发展	促进企业经营创新和转型
实施要件	设备过剩、经营不稳定	设备过剩、能源消耗成本大等	企业：产品需求变化、设备过剩；区域：经营规模缩小、雇佣减少	生产、雇佣减少
干预内容	处置设备、禁止新增设备	处置设备、禁止新增设备、经营合作、提升活力	处置设备、经营转变；生产、销售的集约化	新产品、新生产方式、新销售方式、新材料使用、新购买方式
是否与竞争部门协调	否	是	是	是
是否指示共同行为	是	是	否	否
税收援助政策	扣除设备转换相关法人税	特别折旧制度，设备处理损失扣除优待、减轻注册许可税、不动产取得税等	经营转变设备特别折旧制度，设备处理损失扣除优待、减轻注册许可税、不动产取得税等	长期持有资产置换特例、试验研究费税收扣除、经营革新设备特别折旧、公司注册许可税特例等

续表

维度	《特安法》	《产构法》	《顺畅化法》	《事业革新法》
融资援助政策	对转变经营提供开发银行融资	对投资提供开发银行融资、能源有效利用融资等	对促进经营转换提供开发银行融资	为经营创新提供融资制度等
基金制度	特定不景气产业信用基金	特定产业信用基金、产业基础信用基金	产业基础设备基金	产业基础设备基金
基金内容	对设备处理提供债务担保	对设备处理提供债务担保	设备处理资金债务保证、向第三类法人①出资、对其经营、设立工厂等提供利息补贴	经营创新资金债务保证、提供信息
指定产业种类	合成纤维、铝冶炼、造船等14类产业	合成纤维、石油化工、电溶炉等26类产业	23类设备（纺织设备、熔炼炉等）；区域：51个区域216市町村	超过200类产业（包括诸多机器设备领域）

来源：松井隆幸（1998年），笔者翻译绘制。

如表1-3所示，20世纪80年代后半时期至90年代初期的这一阶段，日本产业政策的干预对象由特定产业转变为"特定企业"和"特定区域"。对于这一转变，日本学者普遍认为，其在日本产业政策史上具有较为深远的意义。在《特安法》和《产构法》中，采取同一产业中众多经营者（超过2/3）共同申请政府援助的方式来确保设备处置和结构改善的效果，实质是一种卡特尔行为。这种共同申请规则在以个别企业为对象的《顺畅化法》《事业革新法》中不再实施，而是由企业自身判断和决定是否提交政府援助申请。此外，自实施《顺畅化法》后，政府也不再对企业提出共同行动的政策性指示，从而可以避免对整个产业的过度干预，同时实现缓解地区经济衰退，帮助企业转变经营状况的目的。在《事业革新法》实施中，涉及的产业类型超过200种，不仅包括原材料产业，还包括了诸多机械和零部件产业，甚至批发零售业的

---

① 所谓"第三部门"（Third Sector）是指不同于第一部门（由中央政府和地方政府管理的公共企业）和第二部门（私营企业）的第三类法人，一般由第一部门和第二部门共同出资设立，主要目的是促进地方振兴、提升地方经济活力。

部分领域，范围非常广。该法更多的意义在于促进企业转换经营模式，积极创造未来新产业。从这点上可以说，《事业革新法》已经开始体现从传统针对特定产业的调整政策向不区分产业的普遍性政策转变的属性[33]。

《顺畅化法》《事业革新法》的实施也产生了较好的积极效果。据日本政府统计显示，在企业援助政策方面，1994—1999年的6年间，被指定为特定企业的绩效相关指标（TFP上升率、劳动生产性上升率）均比未指定的企业表现好；在区域援助政策方面，1986—1989年的4年间，被指定为特定区域的市町村的就业增长率高出约3%[36]。基于《顺畅化法》《事业革新法》实施的产业政策对企业绩效、区域经济振兴发挥了重要作用。

（三）制度环境调整政策

有观点将日本产业政策分为指向特定产业、具有歧视性的"纵向产业政策"和为所有产业提供发展环境、非歧视性的"横向产业政策"[37]。日本产业政策发展到这一阶段，横向产业政策的特点开始凸显。不再针对特定产业、特定企业给予保护性的特定援助，更多侧重为产业长远发展提供更适宜的制度环境。

经历泡沫经济的破灭，20世纪90年代的日本经济开始走向衰退。从GDP的实际增长率来看，在经济高速成长时期（1956—1970年）的日本GDP年增长率约为10%；进入70年代的石油危机后，增长率有所下降，至泡沫经济破灭之前的1990年，平均增长率为4%；到90年代前半期，这一指标急剧下降，1996年虽然暂时恢复到3.4%，之后仍然难以改变下降趋势，到1998年开始出现负增长，20世纪90年代日本成为全球发达国家中GDP增长率最低的国家[38]。同时，以股价地价为首的资产价格下跌，成为引发泡沫经济崩溃的重要原因之一。金融机构持有大量不良债券，并开始对实体经济产生影响，紧缩和宽松财政政策的反复实施，并没有带来需求扩大的结果，日本经济仍然没有看到复苏的气象。日本曾经引以为豪的低失业率情况也发生改变，20世纪90年代初仅为2.0%的失业率，到90年代末期上升为5.2%。这一切衰退的现象背后，都显示着这一时期日本经济结构自身正在发生变化[38]。同时，进入20世纪80年代末，伴随东欧社会主义国家的崩溃，潜藏在东西方对立之下的西方国家之间的摩擦开始显现出来。国家之间的贸易摩擦不断扩大，并蔓延至投资、技术、金融、制度和惯例等制度结构层面[39]。日本经济实力和存在感的不断增强，引起了西方发达国家的担忧，国际社会对日本的排斥也越来越大，甚至产生了对日本社会结构和文化等方面的不信任感。在这样的国内外背景和不利形势下，日本从20世纪90年代中后期开始调整产业政策的理念和政策目标，日本产业政策发生了进一步的转变，进入第三个发展阶段[39]。这一时期的产业政策由"产业结构调整政策"开始转变为以推进经济体制改革为目标的产业政策，致力于经济体系改革、制度改革等，制定更加综合、多元的政策举措。

1990年发布的《90年代产业政策愿景》中，日本对20世纪90年代产业政策的目标进行了调整：第一，为国际社会做出贡献，推进自我改革，以缓解日本所面临的国际紧张局势；第二，以实现富裕生活为目标，改变日本"企业型社会"特征导致的自由时间、工作环境、生活空间、消费选择等生活基础条件的恶化（"富裕悖论"），构建"以人为本的产业政策"；第三，确保经济长期发展的基础。并提出，以应对经济摩擦问题为核心，实施经济体制改革。

此后，通产省政策咨询机构——产业结构审议会发布的《建议书》（1993年11月）在对日本经济和企业体系特点进行分析的基础上，明确了这一新型产业政策的基本理念，即为适应21世纪日本经济的发展，将新型产业政策的重心转换为积极完善相关制度环境基础，推进经济体系改革和相关制度改革。从构筑新的制度体系框架的角度，对企业体系、雇佣体系、金融和资本市场体系等相关各类制度进行调整和改革，主动促进市场机制的有效发挥，强调运用产业政策推动实施制度改革（Institutional Reform）的必要性。

1994年，日本进一步提出了这种新型产业政策的实施方法[40]，即将"改变规则和制度本身"作为产业政策的实施对象，而不是被动接受现有制度和规制中已经既定成型的内容；在强化市场机制的前提下，将构筑中立性、普遍性的规制和制度作为重点，放松规制，纠正企业经营惯行；在此基础上，在必要时采取各种支持措施，使市场主体基于自我责任原则采取行动，促进有效市场的形成；明确将产业政策的作用和理念从应对"市场失灵"转变为通过制度改革，强化市场功能。也就是说，日本之前所实施的产业政策，其实施重点是将产业政策作为市场机制的补充手段，以适应日本企业体系、雇佣体系、金融资本市场体系等相关的制度、惯例，政府以"市场失灵"作为实施政府干预政策的前提，通过各类援助措施，直接或间接干预产业活动，引导其构筑理想的产业结构。而此后实施的新型产业政策，政府不应固守这些既成的制度和规制，而是从主动强化市场功能的立场出发，推动产业政策和相关制度的中立，创设、制定并不断完善一般性制度规则等，放松和改革政府规制，纠正企业不符合相关制度规则的做法，并在必要时采取各种支持措施。与前面两个阶段的产业政策不同，新型产业政策更加强调产业政策的竞争中立性，从宏观制度层面去推动市场机制的发挥，减少对特定企业或产业的扶持和干预，实施横向的功能性产业政策。

日本政府开始践行这种新型产业政策最初体现在桥本内阁时期。桥本首相在其施政演说中提出，"通过改善高成本结构，使日本成为具有产业活动魅力的舞台，创造高质量的就业机会，需要彻底消除、废除和放松管制，改革企业、劳动相关的各项制度，完善有利于人、物和信息有效流动的基础设施"。1996—1998年，桥本内阁实施包括行政改革、经济结构改革、金融体系改革、社会保障结构改革、财政结构改革和教育改革在内的"六项改革"。在这一时期，在经济衰退的背景下，日本政府希望通过对长久以来的经济体制进行改革，为促进新产业的产生完善制度环境基础，减少公共负担，实现经济发展和公共负担平衡的充满活力的富裕经济，开拓日本经济新发展的可能性。

此外，在经济体制改革中，作为产业政策制定部门的经济产业省（通商产业省2001年更名为"经济产业省"）的职能进一步得到强化。桥本首相指示经济产业省在推进横向制度改革和经济结构改革中发挥核心作用，进行统筹策划[41]。也是从这一时期开始，以推行经济结构改革、构建横向协调机制为契机，经济产业省与其他省厅之间开始展开协调合作[42]。

三、本章小结

通过上述考察可以发现，虽然日本产业政策的实践先于理论，但是，自学理层面拥有规范的正式定义以来，对产业政策的界定一直在强调其辅助市场竞争的本质特征，即产业政策的本质是一种市场竞争辅助政策，其实施必须仅限于那些需要替代或补充市场机制"失灵"的特殊情形。只有存在"市场失灵"，通过既有的市场竞争机制无法实现所期待的资源配置、所得分配等目标时，才有实施产业政策的必要。那些与纠正或弥补"市场失灵"无关，单纯以"弘扬国威"等带有浓重政治意味，以非经济性目标为导向实施的"产业政策"，严格意义上并不属于该定义下的产业政策范畴。因此，在判断一项产业政策是否具有实施的必要性和合理性时，需要首先细致分析是否真正存在"市场失灵"的情形，并详细分析、论证"市场失灵"产生的根本原因、"市场失灵"的具体内容，以及欲实施的产业政策是否能够有效替代和弥补"市场失灵"的弊端。相比停留在抽象的产业政策概念层面的讨论，更需要结合实际的市场运行状况进行具体分析，从而判断是否对特定产业或特定企业实施来自政府的政策干预。

第二次世界大战后日本经济取得令世界瞩目的成就，是否归结于日本政策主导实施的产业政策，可以说是围绕日本产业政策的最大争论，且持续至今。肯定派认为，日本政府实施的产业结构调整政策，从长期视角来看，对于那些仅依靠市场机制无法实现理想产业结构的特定产业，作为市场机制的补充，实施政府干预，有利于推动产业结构的顺畅调整；反对派则认为，日本政府对重点产业实施培育和保护，助力产业调整仅仅是表面的理由，受第二次世界大战时期政府统制影响，是计划经济思维的延续，并具有较强的树立政治威信的意图。

一般来说，产业之间的资源分配更多依靠竞争环境下企业自身的自主性判断，产业结构调整是老旧或落后产业在应对新的经济业态或范式所经常采取的生存或发展手段，通常由传统产业自发、自主地实施完成。但是，如果由产业结构调整或变动所引发的摩擦或影响较大，传统产业无法自发、自主实施，"市场失灵"，政府将通过阶段性实施产业调整的相关政策措施来推动产业结构调整[42]。日本政府最初对产业实施干预政策，主要是为了解决原材料加工产业出现的产能过剩问题。由于原材料和能源价格上涨、内需停滞和"过度竞争"、资本存量比例上升等原因，政府对原材料加工产业等存在产能过剩的特定产业缩减产业发展规模，或将其转换为其他产业领域。但是，之所以出现产能过剩问题，其根本原因还是在于产业结构存在问题。第二次世界大战后，在大量引进欧美先进技术的基础上，日本企业进行了卓有成效的技术革新，制造业技术得以迅速发展。从产业结构上来看，对经济成长贡献率较高的产业集中在制造业、销售业、流通业等劳动密集型产业，其中，制造业对经济成长的贡献率高达46.6%[43]。但是，进入20世纪70年代之后，高速经济增长时期落下帷幕，由于过度依赖技术引进，日本自身并没有太多自主创新技术，导致本国的自主研发能力远远落后于欧美等发达国家[44]，经济增长的后发优势逐渐丧失。此外，以发展重化学工业为代价带来经济高速增长的同时，也带来了严重的环境公害问题，民众对盲目追求经济效益忽视环境保护和民众健康的发展模式极为不满，政府面临调整产业结构的艰巨任务。而这些目标的实现往往都需要本国产业结构的调整。解决环境公害、扩大研发投资、增强国际合作等都需要积极推进知识密集型产业发展，促进新兴产业的出现，改变长久以来以钢铁等重化工业、制造业等为主的劳动密集型产业结构，才能够实现缓解环境污染，提升技术研发能力，增强国际地位的目标。为此，日本政府采取了一系列调整产业结构的措施，对那些"从长期视角来看，仅仅依靠市场机制无法实现理想的产业结构的特定产业，作为市场机制的补充，实施政府干预，推动产业结构的顺畅调整"[45]。

但是，对此有学者认为，日本政府通过提供补助金、低利率融资政策、优先配置进口比例等方式，对重点产业实施培育和保护，助力产业调整仅仅是表面的理由。一方面，其是受到第二次世界大战时期政府统制时期做法的影响，是计划经济思维的延续[30]；另一方面，其实质是在产业结构调整的名义下，所实施的对特定产业进行保护和培育的干预政策，更是为了培育日本政府所欲培育和发展的特定产业，具有较强的树立政治威信（Prestige）的意图[30]。例如，1962年日本政府颁布的旨在保障石油稳定供给和稳定价格的《石油业法》，就具有浓烈的统制主义色彩。因此，根据当时经济学家考证，彼时在石油精炼领域并不存在所谓的"市场失灵"等需要政府干预的理由。实际上，战后发展起来的很多新兴产业没有得到特殊的培育和政府扶持政策，依靠自身的努力取得了成功。产业发展与政府人为保护培育之间的关联性和必要性存在诸多模糊之处。

不论争论如何，单从政府统计数据来看，产业结构调整政策的实施带来了较为显著的正面效果。这些被指定的特定产业的全要素生产率（ROA、TFP）及劳动生产率均有显著提高，ROA 比未指定为特定产业的其他产业高出 3% 以上，产业政策的实施达到了通产省预期的效果[35]。

此外，如前所述，日本产业政策并非一成不变，对战后日本所实施的产业结构调整政策的讨论，无法完全代表日本产业政策的全部样貌。发展至今，日本产业政策呈现出动态调整、不断完善的内在发展逻辑，由针对特定产业的产业结构调整政策和针对特定企业（和区域）的产业结构调整政策，更多地向宏观制度环境调整政策转变。我国学者吴敬琏将其总结为"纵向的、选择性的或硬性的产业政策"和"横向的、功能性的、软性的产业政策"[46]。通过上述梳理可以发现，不同的产业政策实施于不同的时期，承担着不同的政策历史使命，其实施侧重和政策效果也有所不同。我们在对日本产业政策进行评价之时，应结合政策实施当时日本所面临的特定时代背景和发展目标，认识到其动态调整和不断完善的内在发展逻辑，避免对日本产业政策进行简单粗暴化地过高评价。一国在特定阶段，其经济社会的发展目标往往不唯一，如何在这些多元复杂的目标下选取最为核心的需求、制定较为清晰的政策目标，是左右产业政策最终成效的重要因素。日本在不同阶段基于对本国国情的客观评估，对政策需求的认识较为清晰，因而能够有针对性地制定较为明确的发展目标，确定产业政策实施的方向和侧重。虽然一些做法受到国际社会的质疑和抗议，但是，其对本国带来的实际经济效果无法否认。当然，日本学者也承认，并不存在完美的产业政策，需要格外考虑产业政策实施本身所产生的成本。只有真正起到弥补市场机制"失灵"，并且能够最终实现整体经济福利最大化的产业政策，才具有一定的正当性和合理性[30]。

第二章 日本竞争政策

一、概况

竞争是市场经济最基本的特征，市场经济本质上是竞争性的经济。在市场机制能够发挥作用的领域，自由公平的竞争秩序对于实现资源优化配置、鼓励经营者创新、增加消费者福利等具有十分重要的作用。但是，重视市场机制的作用，并不意味着政府对企业的所有经济活动一概不予介入，采取完全依赖企业自发行动的自由放任主义。竞争政策就是政府基于维护和促进市场竞争的角度，按照规定的权限和程序制定并发布的旨在保护和促进市场竞争的准则和措施[47-48]，旨在对企业排除、限制竞争秩序的行为进行干预，为竞争机制的有效运行排除障碍。实行市场经济的国家普遍高度重视以《反垄断法》或竞争法为核心的竞争政策，将其作为维护和促进市场竞争而实施的一项基本经济政策，赋予"经济宪法"的地位[48]。世界上第一部现代意义上的竞争法是1890年美国国会通过的《保护贸易和商业不受非法限制与垄断之害法》(An Act to Protect Trade and Commerce against Unlawful Restraints and Monopolies)，也被称为《1890年谢尔曼反托拉斯法》(简称《反托拉斯法》)。《反托拉斯法》集经济制裁与刑事处罚于一体，禁止为了限制贸易而为的契约、联合、同谋及垄断或者试图垄断，违者将被处以罚款或者监禁。法院还可以判决对违法者的未来行为进行监控。第二次世界大战后，以德国为首的欧洲各国及日本等国家在其理念的影响下，或者直接以《反托拉斯法》为蓝本，相继制定了本国的竞争法，并以竞争法为核心制定实施本国的竞争政策。

（一）产生

日本在第二次世界大战之前及第二次世界大战期间，不存在专门性的、以促进自由公平竞争为目标的竞争法和竞争政策，政府对经济及重要产业的控制主要依靠产业统制法和产业政策，以及为了适应战时体制而制定进出口产品等临时措施法、临时资金调整法及国家总动员法等以经济统制为目的的经济立法[18-19]。1945年第二次世界大战结束后，作为战败国，日本处于联合国军最高司令官总司令部的统领之下，美国对其实施了强大的经济民主化政策，解散旧财阀、打破"统制经济"、制定竞争法是其中的重要措施。1947年，日本以美国《反托拉斯法》为母法颁布了本国的竞争法——《独占禁止法》①。日本竞争政策就是以这部《独占禁止法》为核心法律依据，逐渐构建并不断丰富完善起来的政策体系。

1947年最初颁布的《独占禁止法》，属于美国向战后日本输出西方民主主义理念的产物，颁布之后并未能很好地融入日本国内较为封闭、回避竞争的传统商业文化传统。但是，经过70多年持续不断的本土化发展和改造，尤其在与日本产业政策之间持久的紧张关系和彼此较量之中，该法已经成为与日本本土文化较好契合，促进和维护自由经济秩序的基本法。日本的竞争政策历经"实施停滞、执行力倒退"和"强化实施、基础地位确立"的起伏之后，逐渐发展成为契合本国经济发展阶段、立足本国商业交易惯行特点、扎根培育本国竞争文化和更具操作性的竞争政策体系。当然，与竞争政策所具有的普遍特性一样，日本的《独占禁止法》及其相关的法律政策体系（以下统称为日本的竞争政策体系）是一部"活法"（Living Law），在时代不断发展和新兴挑战不断出现的今天，依然处于不断调整和发展完善的过程当中[49]。

《独占禁止法》第一条规定：本法禁止私人垄断、不正当交易及不公平交易方法，防止经营支配力过度集中，通过排除运用合并、协定等方法不当限制生产、销售、价格、技术以及其他一切不当约束经营活动的行为，促进公平、自由竞争，发挥经营者的创意，繁荣经营活动，提高雇佣和国民的实际所得，最终在保障消费者利益的同时，实现国民经济民主、健全发展。按照

---

① 1947年3月第92回帝国会议通过，同年4月14日公布。

日本竞争法学界目前的通说，日本竞争政策的直接目标是确保和促进公平、自由的市场竞争；该目标带来的政策效果是发挥经营者的创意，繁荣经营活动，提高雇佣和国民的实际所得；竞争政策的最终目标是在保障消费者利益的同时，最终实现国民经济的民主、健全发展[50]。"多元性"特点体现在其目标包括经济性、政治性等多元价值目标，在实现经济效率目标的同时，兼顾维护经济民主主义的目标。"经济性目标"包括追求实现社会总剩余、消费者剩余、经济效率等；"政治性目标"包括保护中小企业、保障经营自主权、实现政治经济权力分散和民主等内容[51]。虽然这两类价值目标并不必然对立，但也存在相互矛盾、不可兼得的情形。例如，为了追求短期经济效率，对企业合并、收购等采取较为宽松的许可标准，但另外也会导致其与市场内其他中小型企业或者上下游企业之间的力量悬殊，从而带来竞争状况恶化的情形。再如，在文化、出版领域，对纵向的限制交易行为采取较为宽松、包容的规制标准，也有可能带来影响下游企业经营自由的情形[14,51]。

从规制内容来看，《独占禁止法》的核心规制可以分为四大类：①私人垄断和垄断状态；②企业合并规制（经营者集中行为）；③不正当限制交易（卡特尔行为）；④不公正交易方法，并称为日本竞争政策的"四大支柱"[19,52]①。

"私人垄断"主要是指《独占禁止法》第2条第5款所规定的"经营者单独或者与其他经营者合并、合谋及其他任何方式，排除或者支配其他经营者的经营活动，违反公共利益、在一定交易领域实质性限制竞争的行为"。行为人实施了"排除"或"支配"其他经营者的经营活动是主要的行为要件，据此，私人垄断可以进一步划分为"排除型私人垄断"和"支配型私人垄断"②。该规定与我国《反垄断法》中所禁止的"滥用市场支配地位"以及美国《谢尔曼法》第2条所禁止的"垄断行为"（Monopolization）接近，但不同的是，我国的

---

① 也有日本学者将《独占禁止法》的规制类型分为三大类，即采用广义上的"私人垄断"概念，将"企业合并"作为"私人垄断"的预防性措施纳入到广义"私人垄断"范畴中，因而对《独占禁止法》规制类型的描述存在"三大支柱"和"四大支柱"的不同。例如，松下满雄（2011）主张"三大支柱"，後藤晃（2013）主张"四大支柱"。其实，两种说法的核心内容并无本质差异，其主要源于对"私人垄断"行为规制的定位不同。

② "排除型私人垄断"，是指使其他经营者继续开展经营活动存在困难，或者使新的经营者难以进入市场等行为。"支配型私人垄断"，是指剥夺了其他经营者决定经营活动的相关自由，使其听从自己意思决定的行为。

"滥用市场支配地位"规制要求行为人已经在相关市场中具备"市场支配力",美国的司法裁判中也一般要求行为者拥有50%以上的市场占有率,而日本的"私人垄断"规制,不要求行为人一定具备市场支配力。但是,从现实来看,经营者若要对其他经营者的经营活动实施排除或者支配行为,在一定交易领域对竞争产生实质性的限制,该行为者实际上需要具有一定的支配力[19]。并且,公正交易委员会在其发布的《排除型私人垄断相关独占禁止法指南》中,进一步将低价倾销、附排他性条件的交易、拒绝交易、差别待遇等私人垄断行为的规制对象明确为:拥有超过50%市场份额的企业。

垄断状态规制[19],是1977年日本《独占禁止法》修改时引入的规制内容。规制理由源于,对于那些自然成长和发展起来的大规模企业,即使其处于"垄断状态"导致市场竞争的衰退,对其垄断状态本身无法进行行为规制,因此,有必要在《独占禁止法》中新设对"垄断状态"的结构性规制。按照该法规定,垄断状态是指由政令所规定的同种商品(服务)及其与该类商品(服务)性能、效用等相类似的商品(服务)的国内供应价格在最近一年内总额超过1000亿日元,并在相关市场内存在垄断市场结构和市场危害的状态:①最近一年内,一个经营者的市场份额超过50%,或者两个经营者的市场份额之和超过75%;②新进入者进入该领域进行经营活动存在显著困难;③在较长时间内,该经营者提供的商品或服务与需求变动和成本变动相比,价格波动极小。该规制内容强调对已经存在的垄断经营者及其垄断状态本身所产生的经济损害的关注,属于禁止私人垄断的补充性规定。但是,受到诸多经济和社会因素影响,垄断状态的结构性规制并未被真正实施过,其威慑作用大于实际执行作用。

企业合并规制,也被称为集中规制,由《独占禁止法》第4章(第9条至第18条)所规定,是指禁止将会导致一定交易领域中实质性限制竞争的企业间的合并行为,包括对收购股份行为的限制、对金融公司收购股份的限制、对经营能力过度集中公司收购股份的限制、对管理人员兼任的限制、对企业合并行为的限制、对经营业务转让行为的限制等。集中规制采用事前规制手法,是防止形成私人垄断的预防性措施,约束企业之间通过收购股份或者合并等方式强化相互之间的关联,从而起到抑制可能导致私人垄断的经济力量向少数经营者集中的作用，维持市场竞争环境。对企业合并相关行为的规制，采用事前申报制度，申报标准以日本国内总销售额为计算基准，需要至少提前30天向公正交易委员会提交申请。其中，对于收购股份行为，当拟收购股份的公司所属的公司集团在日本国内销售额超过200亿日元，发行股份的公司及其子公司的国内销售总额超过50亿日元，且收购股份公司的股份决策权超过20%或50%时，应当事前提请申报；对于企业合并行为，拟合并公司的任何一方国内销售总额超过200亿日元，且其他任何一方的国内销售总额超过50亿日元时，应当事前提请申报；对于经营业务转让行为，当受让方公司国内销售总额超过200亿日元，且转让方公司转让标的的国内销售总额超过30亿日元时，应当事前提请申报。

不正当限制交易行为，是指经营者以合同、协议及其他任何方式，与其他经营者共同决定、维持或提高价格，或者对数量、技术、产品、设备或交易方进行限制，相互约束进行经营活动，违反公共利益，在一定交易领域实质性限制竞争的行为，即经营者之间合谋实施限制竞争的垄断协议行为，如卡特尔行为、串通招投标行为等。其行为要件包括：①行为的共同性。即经营者之间达成的合同、协议或其他任何方式，表示经营者之间达成了通过合谋限制竞争的合意，存在意思联络行为，形成了意思表示的一致。其中，合谋的意思联络或意思表示一致，既可以通过明示方式，也可以通过默示方式达成。具体是否构成法律所禁止的合谋行为，需要结合客观情况进行具体认定。②对经营者的相互约束性。是指参加共同行为的经营者之间存在相互约束、彼此制约的情况，即经营者之间能够实现相互限制的行为约束效果，而不仅仅是对一方参与者的单方面限制。具体规制行为包括横向不正当限制交易行为（价格协议、市场分割协议、共同拒绝交易等）和纵向不正当限制交易行为（附排他性条件的交易、维持转售价格协议等）。

不公正交易方法规制，是规范那些相比私人垄断行为、不正当限制交易行为，对市场竞争影响效果相对较轻的行为的规制。因此，不同于上述几类行为所要达到的效果要件，对不公正交易方法的规制不需要行为本身达到在一定交易领域中实质性限制竞争的后果，而是仅仅要求行为具有阻碍竞争的"可能性"，在《独占禁止法》体系中处于私人垄断等行为的预防性规制制度。

同时，不公正交易方法的部分内容，不仅预防私人垄断的形成，更偏向于通过维持竞争应有的方式，实现保护消费者利益的社会性机能，因此，不正当交易方法规制也发挥了消费者保护相关法律的部分职能[53]。对不正当交易方法的规定主要包括3个部分（表2-1）：一是属于课征金处罚范围的法定禁止行为（法定行为），主要由《独占禁止法》第2条第9款第1号至第5号所规定，包括共同拒绝交易、差别对价、不当低价销售、不当限制转售价格、滥用相对优势地位5类行为。二是由公正交易委员会行使"准立法权"所指定的具体行为类型（指定行为）[54-55]。其中，由公正交易委员会所指定的、适用于所有行业领域的行为类型被称为"一般指定"，法律依据为《不公正交易方法的一般指定》，共计15种行为类型①；针对特殊行业、特殊领域所指定的，仅适用于该行业领域的行为类型被称为"特殊指定"，法律依据主要是一些实施指南，如《报纸行业特定不公正交易方法》《特定货主委托运输或保管时特定不公正交易方法》《大规模零售商与供应商交易中特定不公正交易方法》《大型零售商与供应商的特定不公平交易方法的实施准则》等，结合行业特点列举具体行为类型。三是补充不公正交易方法相关规制，作为《独占禁止法》特别法的相关法律，包括《不当赠品和不当标识防止法》（以下简称《赠品标识法》）和《分包费用延迟支付防止法》（以下简称《分包法》）。其中，《赠品标识法》用于规范经营者销售活动中不当的附带赠品销售行为或者标识行为，以保护一般消费者的利益，实施部门为消费者厅；《分包法》主要用于规定企业开展外包业务时应尽的义务以及违背公正自由竞争、损害承包企业正当利益的禁止性行为，以防止发包企业对承包企业实施延迟支付外包费用、减少外包费用等各种经济压迫行为。这些禁止性行为属于不公正交易方法中"滥用相对优势地位"的行为类型之一。

---

① 包括：a.共同拒绝交易行为；b.其他拒绝交易行为；c.差别定价行为；d.交易条件等的差别待遇；e.经营者团体实施的差别待遇行为；f.不当低价行为；g.不当高价购买行为；h.欺瞒性消费者诱导行为；i.不当利益消费者的行为；j.搭售行为；k.附带排他性条件交易；l.附带约束条件交易；m.不当干涉交易对方管理人员选任；n.妨碍竞争对手的交易；o.对竞争公司的内部干涉行为。

表 2-1 不公正交易方法的规制体系

规制来源	行为属性	法律依据和行为类型	
一般法	法定行为	《独占禁止法》第 2 条第 9 款第 1 号至第 5 号 5 类行为：共同拒绝交易、设定差别对价、不当廉价销售、不当限制转售价格、滥用相对优势地位	
公正交易委员会指定（准立法权）	指定行为	一般指定（适用所有行业）	《不公正交易方法的一般指定》规定的 15 种行为类型
		特殊指定（针对特殊行业）	《报纸行业特定不公正交易方法》《特定货主委托运输或保管时特定不公正交易方法》《大规模零售商与供应商交易中特定不公正交易方法》《大型零售商与供应商的特定不公平交易方法的实施准则》等所分别规定的具体行为
特别法	补充行为	《赠品标识法》：经营者销售中不当赠品或不规范标识行为	
		《分包法》：企业外包业务中滥用相对优势地位的行为	

来源：根据相关法条、松下满雄（2011 年）[19]等，笔者梳理绘制。

（二）概念

由于对产业政策与竞争政策都存在广义和狭义的范围界定，因此，两者的关系不一定完全划分清晰。例如，由于同属政府为提升产业效率、实现消费者福利等目标而对市场行为进行介入的政策手段，有学者将竞争政策界定在广义产业政策的范畴之内，将竞争政策视为广义产业政策中用于维持竞争秩序的政策类型之一[56]。广义的竞争政策范畴也可以扩大到凡是与市场竞争有关的或者能够影响一国竞争条件或竞争环境的所有政策[48]，既可以包括以反垄断法为中心的竞争政策，还可以包括国家促进市场主体充分自由竞争的各种政策工具[57]，如规制缓和、规制改革的相关政策（Deregulation）、贸易自由化政策（Trade Liberalisation）及国有企业民营化改革等相关政策[14]。因此，如果将两者都进行广义范围界定，会导致容易模糊竞争政策与那些兼具或带有竞争促进目标的新型产业政策之间的界限。

正如本书上文采用狭义产业政策概念界定一样，本书也采用狭义上的竞争政策概念界定，保持行文逻辑一致，即竞争政策是以《反垄断法》《独占禁止法》等竞争法为根本法律依据，以预防和制止垄断行为、保护市场公平竞争等为目的所构建的法律和政策体系。竞争政策很大程度上是一种法律化的经济政策或者主要通过反垄断法等竞争法来实施的经济政策,竞争政策也常常被定义为一组针对限制性商业惯例的法律或法规[58],狭义的竞争政策甚至直接等同于反垄断法及其配套规则[48]。因此,从这个意义上来说,竞争政策与产业政策的关系基本上也就是竞争法与产业政策或者产业政策法的关系[48]。

日本竞争政策以《独占禁止法》为核心法律依据,但其外延所构成的政策体系非常庞大,远远超越《独占禁止法》本身的范围[59-61]。这源于《独占禁止法》本身具有"经济宪法"的普遍适用性的基本法特征,其在与产业、行业、特殊商业惯例、新兴行为类型、政府规制改革等相结合,探索具体适用模式和判断标准的过程中,逐渐形成了日益丰富的竞争法律和政策体系。其体系框架,可分为三大类:第一类是以法律、政令、告示等①为主要形式的实体法规则;第二类是以政令、规则②为主要形式的程序法规则;第三类是以特殊产业、行业、领域或行为作为规制对象的具体执法指南或准则等(表2-2)。

表2-2　日本竞争政策(法律)体系

第一类:实体法规则
《独占禁止法》《独占禁止法实施令》《分包法》《赠品标识法》《防止串通招投标法》《不正当交易方法的一般指定》《报纸行业特定不公正交易方法》《特定货主委托运输或保管时特定不公正交易方法》《大规模零售商与供应商交易中特定不公正交易方法》《排除防止串通投标行为及相关职员处罚法》《排除防止串通投标行为及相关职员处罚法实施令》
第二类:程序法规则
《调查程序中参考人和鉴定人差旅费和补助相关规定》《审查官指定相关规定》《公正交易委员会审查规则》等公正交易委员会审查程序相关规定,以及公正交易委员会听取意见相关程序性规定、承诺程序相关规定、公正交易委员会审判程序相关规定、企业合并相关程序规定等

---

① 根据日本《行政程序法》(1993年法律第88号)第2条规定,法律、基于法律颁布的命令(政令、府省令、告示等)、条例以及地方政府部门颁布的规则(包括规程)等统一称为"法令"。其中,"政令"是指由日本内阁颁布的命令,相当于我国的"行政法规";"府省令、告示、条例"等主要由中央政府各部门或委员会颁布,相当于我国的"部门规章"。

② 日语的"规则"在法律体系中有很多用法,此处是指公正交易委员会作为独立行政机构,行使"准司法权"职能,所颁布效力仅次于法律的规范性文件。

第二章
日本竞争政策

续表

第三类：实施指南类
《行政指导竞争法指南》《排除型私人垄断相关独占禁止法指南》《流通、交易惯例相关独占禁止法指南》《大型零售商与供应商的特定不公平交易方法的实施准则》《经营者团体活动相关独占禁止法指南》《医师会活动相关独占禁止法指南》《经营者及行业协会参与公共投标活动的独占禁止法指南》《循环利用相关共同举措的独占禁止法指南》《职业资格协会活动相关独占禁止法指南》《关于独占状态定义中"经营领域"的指南》《企业合并审查相关独占禁止法运用指南》《企业合并审查程序相关指南》《经营支配力过度集中公司的认可标准》《独占禁止法第11条规定的"认可银行或保险公司持有决议权等"相关指南》《独占禁止法第11条规定的"授权债转股"相关指南》《不正当低价相关独占禁止法指南》《关于酒类流通中不正当低价、差别定价等的应对》《关于汽油等流通中不正当低价、差别定价等的应对》《关于家用电器产品流通中不正当低价、差别定价等的应对》《滥用优势地位相关独占禁止法指南》《委托服务交易中滥用优势地位相关独占禁止法指南》《特许经营体系相关独占禁止法指南》《数字平台经营者滥用优势地位相关独占禁止法指南》《知识产权利用相关竞争法指南》《共同研究开发相关竞争法指南》《标准化中专利池相关竞争法指南》《电力交易指南》《电信产业促进竞争指南》《燃气交易指南》《手机携号转网相关独占禁止法指南》《关于金融机构业务范围扩大中的不公正交易方法》《农业协同组合活动相关独占禁止法指南》《联合运营高速巴士相关独占禁止法指南》《与创新型企业开展业务合作的指南》《体育行业转会限制的独占禁止法指南》《为自由职业者创造安心工作环境的指南》《关于经营者等活动相关的事前商谈制度》《承诺规则相关应对方针》《独占禁止法审查程序相关指南》《协助调查减算制度运用方针》《经营者与律师秘密通信物品处理指南》《关于作品转售制度》《关于公共援助企业振兴的竞争政策指南》等

来源：日本公正交易委员会主页，笔者整理、绘制。

其中，实体法规则主要规定所禁止的经营者行为类型及其判断标准等具体内容，包括《独占禁止法》《独占禁止法实施令》《不正当交易方法的一般指定》，以及作为《独占禁止法》特别法的《分包法》《赠品标识法》《防止串通招投标法》等规范性文件。颁布于1947年的《独占禁止法》，是日本竞争政策体系的核心，主要规定了所禁止的垄断行为类型及其垄断状态、违法行为的构成要件与法律责任等基础性、原则性内容（具体内容下文详述）。该法是第二次世界大战后日本处于联合国军最高司令官总司令部统领之下，在其推行的经济民主化政策影响下，作为解散财阀的重要措施之一，以美国竞争法为母法制定的外来移植法。以该法的颁布实施为开端，日本的竞争政策正式登上历史舞台，并逐渐发展成为当前日本经济政策体系中不可或缺的基础性政策。

程序法规则是主要用于保障公正交易委员会执法程序、行为人相关权利的正当行使等，对法定程序予以明确的法律体系，包括公正交易委员会审查程序相关规定、公正交易委员会审判程序相关规定、公正交易委员会听取意见相关程序性规定、承诺程序相关规定、企业合并相关程序规定等。

除了《独占禁止法》以外，以该法为主要法律依据，立足日本独特的商业惯例习俗、产业政策实施特点、产业组织模式、个别领域市场化改革进程或政府放松规制的情况等所制定的各类具体实施指南，是日本竞争政策体系中非常重要的组成部分。这些实施指南是深入结合日本本国特色、伴随《独占禁止法》执法实践逐渐丰富发展而来的，是推动日本竞争政策从"舶来品"制度文化到逐步融入日本本地经济社会国情，最终实现日本本土化发展的重要媒介。因此，从某种意义上来说，实施指南不仅仅是对《独占禁止法》的解释或补充，弥补《独占禁止法》条文本身过于原则的问题，更是能够体现日本竞争政策内在精髓和时代发展特征的重要执法依据。更为重要的是，这种制定实施指南的方式，成为建立产业政策与竞争政策之间协调的重要机制之一。

二、日本竞争政策的发展与变迁

日本竞争政策自1947年实施75年来，呈现出跌宕起伏的历史画面，经历了由形同虚设到不断增强的重大转变，并逐渐使公平竞争、经济民主的理念被社会各层面所接纳、理解和尊重[59]。由于不适应日本经济社会的特殊体制，以《独占禁止法》为核心的竞争政策作为美国移植法，在相当长的时期都并没有发挥应有的作用，备受企业界和产业政策实施部门的排斥，甚至被修改、弱化。之后，围绕竞争政策中的相关问题，经过具有日本特色的学理解释、司法解释和执法实践，其所体现的基本理念日渐契合日本经济社会发展的特殊体制和现实需求，使竞争政策被不断重视、强化，乃至得到社会各界的广泛支持，并逐渐稳固下来，成为日本"自由主义经济的基本法"[62]。

（一）竞争政策"寒冬时代"

战后的日本，为了应对战败后的经济混乱局面，实施了以促进产业合理化等目标的产业政策措施，政界和产业界对市场竞争的意义缺乏足够认识和理解，竞争政策的作用并未发挥出来。日本学界普遍认为，《独占禁止法》在20世纪50年进入"寒冬时代"[50,63]，《独占禁止法》实施运用处于低潮甚至停滞状态，公正交易委员会的职能受到约束，竞争政策沦为产业政策的辅助工具。

1947年颁布实施的《独占禁止法》深受美国《反托拉斯法》以及当时美国罗斯福新政思想流派的影响，其中有些实体性规定甚至比作为其母法的美国《反托拉斯法》更为严苛。其规制内容主要包括集中规制、共同行为规制以及不公正竞争方法规制三部分，对集中规制及共同行为的规制尤其严格[18-19]。例如，对经营能力过大导致经营能力差距的经营者实施业务拆分（转让），禁止设立控股公司，原则禁止公司持有其他公司股份，全面禁止与价格、数量、销路、技术、设备等相关的卡特尔行为，禁止独家购买和独家销售，对企业合并实施事前许可制度等。严格的规定，对破除日本战时形成的统制经济、解体财阀以及应对战后混乱经济状况起到了重要的积极作用。但是其实施一段时间后，随着统制经济的渐次废除、国内企业经济活动的逐渐恢复，企业合并等限制性规定备受产业界诟病，要求对其进行修改的呼声日益强烈。加之，过于严苛和理想化的竞争政策与当时日本政府致力于迅速实现经济振兴的发展目标格格不入，产业界的部分要求被接纳，该法在1949年、1953年被弱化修改。

其中，1949年的修改内容主要包括：①将禁止公司持有股份债券的情形限定在对竞争产生实质性削弱或限制、使用不公正竞争方法以及持有竞争公司股份的特定情形下；②将禁止管理人员兼职的情形限定在禁止兼任竞争公司的情形；③对企业合并、经营转让由事前许可制改为事前申请制，并删除了对生产、销售及经营合理化不起作用的禁止性规定；④将开展国际协定的相关规定由事前许可制改为事前申请制；⑤删除了之前禁止在国际协定中限制经营活动所需科学技术相关知识以及信息交换的规定，即允许对这些知识、信息的交换施加限制。通过本次修法，日本《独占禁止法》的宽严程度基本实现与美国《反托拉斯法》同等，是竞争政策从外来植入实现日本本土化发展的第一步[63]。

20 世纪 50 年代，伴随朝鲜战争结束后特殊需求的降低，日本产业界开始出现生产过剩的问题。1952 年 2—3 月，通产省针对生产过剩问题，对棉纺织业、合成化纤业、橡胶业等进行旨在限制生产的"行政指导"，并制定了相应的惩罚措施，这使得"行政指导"具有了强制命令的实质。通产省通过事先与经营者开展信息交换和商议之后，经营者实施减产等行为，其实质是卡特尔行为，本应受到《独占禁止法》的追究。当时《独占禁止法》中虽然规定了不正当交易限制行为的禁止性条款（第 2 条 6 款），但是公正交易委员会在法律解释中认为，在该行政指导下实施的行为缺少经营者间"行为共同性"这一要件，因而对其不予追究。这一时期，公正交易委员会的执法力度不足问题也常被诟病。以此为开端，对于通产省以"行政指导"方式实施的实质上的卡特尔行为，公正交易委员虽极力抵抗，但却事实上无力对抗的状态也一直持续。此外，通产省为了应对经济的不景气，通过产业政策立法将一些行为排除《独占禁止法》适用，创设了诸多适用除外条款，如 1952 年 8 月制定的《特定中小企业安定临时措施法》及《出口交易法》。此后，通产省为了能通过卡特尔行为抑制大企业之间的破坏性竞争行为，欲制定《重要产业安定法案》，只是最终未来得及立法便终了。但足以看到，当时通产省通过一系列的变相措施——行政指导、适用除外等方式，积极将卡特尔行为合法化，大大削弱了竞争政策的实施。

随着 1952 年 4 月联合国占领政策的结束，《独占禁止法》的实施开始急速缓和，最终日本于 1953 年对《独占禁止法》进行了第二次修法。本次修改的主要内容包括：①删除全面禁止共同行为的规定，放宽了不正当交易限制的规制标准。②设立"不景气卡特尔"和"合理卡特尔"的适用除外制度，规定为应对不景气而实行的卡特尔行为以及合理卡特尔行为，在取得公正交易委员会认可的基础上，可以排除《独占禁止法》的适用。③进一步放宽了对集中规制的限制。"对经营能力过大导致经营能力差距的经营者实施业务转让"的原规定，有可能会影响企业的经营动力，对其进行了删除；将企业合并的限制标准统一规定为对竞争产生实质性限制和使用不公正交易方法的两种情形；删除了对持有公司股份债券的限制性规定，同时，将金融公司的股份持有比例由原来的5%提升为10%。④调整不公正竞争方法的规制，修改为"不公正交易方法"，增加了滥用优势地位、对竞争公司的内部干扰行为的规制。⑤废除了1952年8月已经进行弱化修改的《事业者团体法》，将其规定纳入到《独占禁止法》中，降低了对经济力集中的防范力度。⑥将带有商标的日用商品以及出版物的"维持转售价格协议行为"规定为《独占禁止法》的适用除外情形。虽然这次的诸多修改，对集中规制等造成了不可弥补的负面影响，可以说是日本竞争政策的一次倒退，但是，从日本竞争政策的本土化发展历程来看，实际上本次修改之后的《独占禁止法》才真正走向发展日本本国竞争政策的道路[63]。

此后，基于预防过当竞争、强化产业发展根基、振兴出口等诸多理由，日本又提出了两次缓和《独占禁止法》的修法提案，虽遭到强烈反对被废止，但是，通产省仍然通过行政劝告、行政指导等的方式实施限制竞争的措施，制定了大部分的对特殊卡特尔的适用除外法律法规，加之当时公正交易委员会执法活动的消极对应，1955年前后，《独占禁止法》的运用和执法一度处于停滞状态，进入"寒冬时期"。

（二）竞争政策迎来转机

1973年是日本经济发展的分水岭。经历两次石油危机后，日本政府虽然仍继续干预经济，但与高速成长期的产业政策显著不同。政界、学界开始对产业政策进行反思，重新审视产业政策和竞争政策的关系。"产业政策只有在政府对产业活动不介入就无法实现资源有效配置和收入合理分配的情况下，才能予以考虑，除此之外的情况，都应该积极发挥市场竞争机制的作用"等观点也在这一时期被提出[64]，竞争政策及竞争理念逐渐受到社会重视，这一时期成为日本竞争政策发展史中具有里程碑意义的关键时期[65]。以下3个在历史上具有转变节点意义的事件，对推动日本竞争政策的发展产生了深远影响。

第一，富士·八幡合并案，引发对垄断问题的大讨论，提升了民众对竞争政策重要性的认知。1950年，作为第二次世界大战后GHQ占领时期实施竞争政策的重要举措之一，依据《过度经济力集中排除法》，日本制铁公司被分为八幡制铁公司和富士制铁公司。历经20年后，八幡制铁公司和富士制铁公司合并，重新成立"新日铁公司"。作为战后最大的合并案件——富士·八幡合并案是提升日本国民和社会对日本《独占禁止法》认知的标志性案件。当时政界和产业界都积极促成该合并的实施，背后掺杂着各种政治势力的互动，作为竞争执法机构的公正交易委员会面临巨大压力，该案件的最终走向是对《独占禁止法》实际执行力的巨大考验。同时，围绕富士、八幡两家制铁公司实施合并是否会产生垄断问题相关的讨论，也考验着产业政策部门和竞争执法部门之间的紧张关系和地位博弈。

同时，由于合并双方分别属于拥有业界国内市场份额第一和第二地位（44.5%、35.4%）的大规模经营者，公正交易委员会和经济学家对该合并行为对市场竞争秩序产生的负面影响表示担忧，该合并案件历经诸多波折。一方面，该合并旨在追求规模效应，改变经营者之间过度竞争问题，提升企业实力，这与当时作为产业政策实施机构的通产省致力于强化国际竞争力、提高经济效益和技术水平的立场相一致。但另一方面，日本竞争政策自战后实施以来，一直背负有名无实的指责，其对市场价格形成、竞争环境保障等方面是否能够发挥实际作用受到质疑。同时，业界排名第一和第二的企业合并，是否带有通过竞争者间协调以保障稳定利润的目的，并由此损害资源分配的效率等问题，引发经济学界的广泛讨论[65]。该案件历经共计13次审判讨论，1970年，公正交易委员会最终同意裁决附条件合并，即在认可企业提出的恢复竞争《措施计划》的前提下，同意两家公司合并成立新日铁公司①。

虽然几经周折，新日铁公司最终还是得以成立，但是，该合并案件对当时日本整个社会都带来了较强的冲击。这场关于垄断问题的大讨论不仅提升了民众对竞争政策重要性的认识，开始关注这些大规模企业对经济的影响，同时，对竞争政策实施力度的强化、竞争执法部门地位的提升、执法实践的积累等都具有重要的意义[66]。

第二，石油联盟价格卡特尔案，明确了对"行政指导"等产业干预行为的规制原则。这一时期，产业政策与竞争政策发生正面交锋与冲突的标志性

---

① 八幡·富士合并同意审决昭44·10·30。

事件是石油联盟价格卡特尔案件①，该案直接将《独占禁止法》与《石油产业法》的冲突关系推向矛盾焦点，通产省与公正交易委员会之间的对立观点深刻影响了当时的司法判决[67]。20世纪70年代，在石油危机背景下，石油联盟作为代表日本石油界利益的团体组织，在通产省的"行政指导"下，对石油产量等实施了相关生产调整（生产调整行为）；同时，作为石油联盟加盟成员的日本石油、出光兴产等12家石油公司，暗中达成了价格协议（价格协议行为），对石油制品的价格、产量与销售等作了统一调整。公正交易委员会以石油联盟、石油公司相关行为分别违反了《独占禁止法》第8条、第3条规定为由，向东京高等检察厅提起诉讼[68]②。一审东京高等法院于1980年9月26日做出判决，认定石油联盟实施的生产调整行为无罪，石油公司实施的价格协定行为有罪。无罪的理由主要是，石油联盟所实施的生产调整行为虽然形式上构成《独占禁止法》所禁止的垄断行为，但是，该行为是在通产省的"行政指导"下所做出的，通产省依据1962年颁布实施的《石油业法》对石油产业的生产调整等实施监督、指导，已经成为一种惯例，并没有认识到在通产省"行政指导"下所实施的生产调整行为会存在违反《独占禁止法》的风险，即存在"违法性认识错误"，因而认定其无罪，仅对12家石油公司的价格协定行为做出刑事处罚。

虽然本案对石油联盟在通产省"行政指导"下实施的生产调整行为认定无罪，但是，东京高等法院在一审具体判决中，围绕产业政策与竞争政策关系的相关讨论与判断，对于反思当时日本产业政策实施理念和实施方式具有划时代意义。基于石油产业的重要战略意义，当时日本石油产业是带有浓重"官商协调"色彩的规制型产业。政府最初颁布《石油产业法》的目的，是为了应对20世纪60年代贸易自由化过程中，外资对本国市场的侵蚀和冲击，保护本国石油企业和资本，产业界对通产省所实施的相关保护政策是认可支持的。通过这部法律，通产省对石油精炼产业拥有市场进入的审批权，通产大臣可以对石油制品的销售价格制定标准，并可以根据石油制品生产计划和

---

① 石油ヤミカルテル事件刑事判决（生産調整事件）：一审（東京高裁昭和55年9月26日判决）；二审（日本最高裁1982年3月9日判决）。
② 石油価格カルテル刑事事件最判昭59・2・24。

需求的变化等制定和变更相应的产业干预政策,实施劝告和指导(即"行政指导")。自 1962 年到 1972 年的 10 年间,石油产业一直按照通产省的"行政指导"实施生产调整行为,本案中石油联盟所实施的生产调整行为亦是如此,是在通产省所赋予的权限下实施的行为。如何处理该行为与《独占禁止法》的关系成为焦点。对此,东京高等法院分析认为,虽然存在上述特殊之处,但是,通产省人为实施的产业协调干预行为,扰乱了石油市场的供给和价格,阻碍市场价格机制的调节机能,违背以维护公正竞争秩序为目标的《独占禁止法》的精神。即使法院基于"违法性认知错误"理由,判决石油联盟无罪,但是,不可否认的是,通产省作为行政机构,指示石油联盟所实施的生产协调行为本身是违反《独占禁止法》宗旨的。由于在此之前,对政府产业政策、市场干预行为等提出其违反《独占禁止法》相关质疑的仅限于法学界和经济学界的学者,本案是首次从司法层面明确指出"行政指导"等政府干预行为也需要尊重竞争法的精神,对于当时的日本政府和民众反思产业政策、明确产业政策与竞争政策的关系、提升竞争政策的地位都具有重要的划时代意义。

第三,《独占禁止法》迎来首次强化修改。1965 年后半期开始,日本经济开始由高速成长期转为稳定成长甚至低成长时期,经济寡头垄断带来的限制竞争危害日益加剧。尤其到了 20 世纪 70 年代初期,在爆发的石油危机中,靠股票和土地发达起来的一些综合商社趁机对木材、大豆、米、纤维、蛋奶肉等生活必需品实施囤积惜售等投机活动,大企业借石油危机、原油价格上涨,大肆实施扰乱市场秩序的行为,实施价格合谋,谋取暴利,侵害消费者的利益。一时商品供应不足,物价急速上涨,消费者反感情绪高涨。为稳定物价,应对经济混乱状况,通产省相继出台了《生活关联物资等买断囤积惜售紧急措施法律》《国民生活安定紧急措施法》《石油供需调整法》,但产业界寡头垄断产业结构导致的垄断问题依然无法得到根治。随着物价飞涨、公害严重、投机等一系列行为的发生,强化大企业社会责任、加强《独占禁止法》实施、制止价格卡特尔行为的需求迫切,公正交易委员会开始发动对相关企业的制裁。虽几经波折,最终在公正交易委员会的积极主动争取下,1977 年《独占禁止法》迎来首次强化修改,成为日本竞争政策发展史上具有突破性的事件。这次修改主要包括：①对卡特尔行为设立罚金制度（课征金制度）；②强化了对垄断状态的规制，公正交易委员会具有转让（拆分）经营者部分业务的权力；③对寡头垄断等市场集中度较高产业中的协商提价行为实施报告制度；④限制大规模公司持有股份的总额，将金融公司的持有股份比率限制降低为5%。这些举措大大提升了《独占禁止法》的法律强制力和执行力。相比实体规定的强化，更为重要的是，本次修改提升了国民各阶层对竞争政策的理解和期待，在这一背景下，公正交易委员会开始积极发挥作用，更加主动实施其虽已拥有却被压制已久的法定职权[62]。

第四，《日美结构问题协议》（1989年）为日本竞争政策的强化提供了外部驱动力。自1985年广场协议以来，美国对日贸易逆差每年约为500亿美元，日美之间爆发贸易摩擦，在这一背景下，为消除日美之间贸易不平衡问题，在1989年召开的日美首脑会谈上，时任美国总统布什提出两国围绕结构问题开展协议的提议。《日美结构问题协议》被称为推动日本战后经济社会"第二次变革"的重大事件。同时，《日美结构问题协议》对推动《独占禁止法》作用的发挥，也提供了巨大助推力。以《日美结构问题协议》为契机，竞争政策在法律体系、执行体制方面都得到加强。基于此，日本自1991年开始10年间将公共投资扩大到430万亿日元，并放宽了《大规模零售店法》等的相关市场限制。1991年5月，美国控诉日本市场的封闭性，要求其修改《商法》等。此外，日本在电气、通信、住宅、医疗器械、医药品、金融服务、能源等领域的规制缓和，以及提升竞争政策和流通体系透明度、规范政府行为等方面展开了广泛协商。以《日美结构问题协议》为契机，日本的竞争政策在法律政策体系、执行体制方面都得到加强，进入真正的强化实施阶段，成为推动日本将市场原理和竞争机制嵌入本国经济政策核心位置的重要转折点[62]。

（三）竞争政策稳步发展

进入20世纪90年代后，在国际形势以及日本国内规制缓和、规制改革的大环境下，竞争政策的重要性在日本逐渐得到广泛认可，竞争政策开始逐渐步入稳定并积极发挥基础性作用的时期。同时，为构建适合21世纪发展形势的日本竞争政策体系，《独占禁止法》在实体性规定、程序性规定和配套执法指南等层面都不断细化和完善，进入21世纪至今，共进行了4次大规模的修法活动。

《日美结构问题协议》之后，日本公正交易委员会事务总局的人员到2005年已经增加到706人，但串通招投标、价格卡特尔等违法行为仍然频发。为了从根本上提升竞争政策的执法力度，日本2005年对《独占禁止法》进行了强化修改，修改内容主要包括：①修改完善征缴课征金的行政处罚制度。包括扩大课征金征收对象的行为类型，将"不正当交易限制行为"和"支配型私人垄断"行为列入适用范围；提高课征金的征缴比例，由6%提高到10%；对一年内再次实施垄断行为的企业加重征缴课征金，进一步强化课征金的惩罚性质。②引入了"课征金宽恕减免制度"。鼓励卡特尔等行为的参与企业主动退出，停止违法行为，主动向公正交易委员会报告并积极配合调查。根据具体情节，可对退出者实施免除或减轻课征金征收金额。其中，首家退出者完全免除，第二家退出者减免50%，第三家退出者和调查启动后退出者减免30%（最多减免3家）。随之也废除了协商提高价格行为的理由报告制度。③优化审判程序，废除了审判程序中的劝告制度。当事人承认违法事实行为时，直接下达排除措施命令或交付罚款的行政命令；对该行政命令不服时，事后再通过审判解决纷争，有利于提升案件处理的速度和效率。④赋予公正交易委员会询问、现场检查、搜查、扣押物品等刑事调查权，从而在反垄断案件中建立刑事调查制度，并进一步提升了刑事罚金的额度。本次修改，整体上增强了公正交易委员会对卡特尔、私人垄断等重点行为的制裁打击力度，简化了审判和处理程序，使《独占禁止法》的执法力度和执法效能得到显著提升[69]。

2009年，日本进一步强化了《独占禁止法》的实施力度，并理顺了《独占禁止法》中行政、民事、刑事等救济措施的关系以及执法、诉讼程序，为日本竞争政策的体系化发展完善了相关的制度和机制。具体修改内容主要包括：①进一步扩大课征金行政处罚的适用对象范围，增加对"排除型私人垄断行为"和低价销售、差别定价、共同拒绝交易、不当限制转售价格、滥用相对优势地位等法定的5种不公正交易方法的适用。②进一步提升处罚力度，在原有加重处罚制度的基础上,进一步规定对卡特尔、串通招投标等不正当交易限制行为中发挥主导作用的经营者额外加征50%的课征金。③完善课征金宽恕减免制度,扩充了不正当交易限制行为申请课征金减免的适用范围,可以申请减免的企业数由之前的最多3家改为5家,并规定企业集团也可共同申请宽恕减免。④将排除措施命令、缴纳课征金行政命令的除斥期间由3年延长为5年,即经营者违法行为终止之后的5年以内,执法部门可以发布相关行政命令,实际上延长了公正交易委员会行政处罚权的行使期限。⑤强化了刑事处罚力度,对构成不正当交易限制等个人犯罪的刑期由3年延长至5年,罚金由200万日元以下提升为500万日元以下。⑥修改完善企业合并相关规制内容,将取得股份、转让共有股份的申报程序由事后提前到事前,强化事前预防作用;将取得股份、合并、公司拆分、转让共有股份、转让经营业务等的申报标准统一为国内销售额,并对国内公司和外国公司采用相同申报规定。⑦其他一些制度完善性修改,包括增设公正交易委员会与其他国家竞争当局之间的信息交换规则;增设存在正当理由下限制利害关系人审阅、复制审判案件相关记录的规定;在损害赔偿案件中,法院对于损害赔偿额向公正交易委员会征求意见的"义务性"修改为"任意性";在停止侵害诉讼中,增设无正当理由可以要求其提出包括营业秘密等相关文件资料命令的规定;废除了经营者团体的申请制度等。此外,2009年对作为特别法的《不当赠品和不当标识防止法》也进行了修改,将该法的目的由"确保公正竞争"修改为"确保消费者自主且合理的选择",进一步明确了该法作为消费者保护相关法律的职能定位。

此后,日本又分别在2013年和2019年对《独占禁止法》实施了两次修改,对相关制度和程序进行更加精细化的完善。其中,2013年的修改主要围绕优化完善公正交易委员会审判制度,提升行政处罚透明性展开,具体包括:①废除公正交易委员会的审判制度及其相关配套程序规定。此前所实施的审判制度主要是当行为当事人对公正交易委员会的行政处罚(排除措施命令、征收课征金命令)不服时提出申请,由公正交易委员会启动审判。但是,该制度实质上是公正交易委员会自己审查自己做出的行政命令,审判制度的中立性受到质疑。对该制度的修改早在2009年修改《独占禁止法》时曾被提出,最终在本次修法中得以实现。该审判制度被废除后，行为当事人如果对公正交易委员会的行政处罚不服，可以向东京地方法院提出不服申请，由东京地方法院进行判断，之后再根据具体需要，按照东京高等法院、最高法院的顺序进行审判。②设立行政处罚事前意见听取程序。在做出排除措施命令等行政处罚之前，将处罚内容事先告知行为当事人，在听取其意见、允许其抗辩之后，再根据具体证据情况做出最终的行政处罚决定；对意见听取程序制定具体的实施规则，以提升行政处罚程序的公正性和透明性。此后，为推进本次法律修改的具体实施，公正交易委员会又针对性地制定了相关政令及规则。

2019年的修改是日本《独占禁止法》实施的最新一次修改，修改目的主要是引入更加符合现实发展情况、更加灵活的课征金处罚制度。课征金 = 课征金计算基础 × 征收比例 − 减免金额。本次修改主要围绕3部分来修改完善，具体内容包括：①完善课征金的计算基础。将课征金的计算年限由调查开始日之前往前追溯3年延长至10年；除斥期间由之前的5年延长至7年；增加课征金的计算基础，在企业违法所得之外，增加了密切相关业务领域的销售额，两者加总之后的10%作为课程金处罚的第一部分，所获其他财产利益的全部所得作为课征金处罚的第二部分，两部分共同构成课征金的计算基础。之后再考虑是否存在减免情形。②统一课征金处罚的征收比例。此前根据不同行业领域和企业规模设定了不同的征收比例。例如，对于不正当交易限制行为，课征金的征收比例为制造业10%（中小企业4%）、批发业2%（中小企业1%）、零售业3%（中小企业1.2%）。本次修改废除了行业领域征收比例的差异制度，统一为10%（中小企业4%）。③进一步完善"课征金宽恕减免制度"，在此前根据违法行为退出顺序确定课征金减免额度的基础之上，又新引入了"协助调查减免制度"，即根据行为当事人在协助公正交易委员会开展调查方面的配合程度，再额外减免其所要缴纳的课征金金额。该制度能够缓和行为当事人与执法部门之间的对立紧张关系，提升行为人协助调查的积极性。其中，在调查开始前的"协助调查减免率"最高可达40%，调查开始后的"协助调查减免率"最高可达20%。对于需要行为人具体开展协作的内容及其对应的减免率，由行为人与公正交易委员会协商一致后决定。

此外，进入21世纪以来，除了推进法律本身的修订工作以外，公正交易委员会还制定更加具有问题针对性、符合行业发展特点及更具有操作指导性的各类实施指南（详见表2-2），这些指南成为日本竞争政策体系中非常重要的组成部分，是《独占禁止法》作为"经济宪法"，发挥基础性作用的重要体现之一。

三、本章小结

通过上述对日本竞争政策产生及其发展历程的回顾，可以对日本竞争政策的特点及其与产业政策的差异总结如下。

日本竞争政策是外来移植与本国实践相结合的产物。如前所述，1947年颁布的《独占禁止法》是第二次世界大战后，基于经济民主政策，由美国强制推行的经济政策，带有一定的经济制裁性质。日本此时推行的竞争政策深受美国《反托拉斯法》以及当时美国罗斯福"新政"思想流派的强烈影响，其中有些实体性规定甚至比当时作为其母法的美国《反托拉斯法》更为严格。对于当时缺少竞争政策传统和现实氛围的日本来说，这部法律受到产业界和产业政策当局的敌视。从执法机构的地位来看，公正交易委员会作为竞争政策颁布后新成立的执法机构，相比作为产业政策执法机构的通商产业省，不论在历史传统还是在实际执法能力等各方面均处于弱势。庆幸的是，市场竞争机制的重要作用终会被历史认可，自20世纪70年代，在日本国内经济变动和发展需求、民众对垄断势力危害的认识、美国等外部国际形势压力共同作用下，日本竞争政策才得以从崭露头角到发挥重要作用。在这期间，公正交易委员会逆风而上、积极争取，法学家和经济学家开展深层探讨，国民对自由公平竞争秩序的期盼与关注，本国竞争文化和氛围的培育以及与国际规则之间的碰撞和切磋等，都推动了日本竞争政策不断修改和完善，并最终使其成功从外来物种内化为与日本风土人情相互适配的日本的竞争政策。

日本竞争政策是寻求经营者自主权与行为约束之间平衡的产物。一方面，日本竞争政策的目的之一是保障经营者的经营自由权，这一目标的前提是将经营者作为独立的存在主体。该主体不受他人指使和限制，可以根据自己的判断自由实施经营活动，并对自己的经营活动承担相应的责任，即奉行经营者"自我责任"原则。在该原则下,最大限度发挥市场机制的作用,保障企业发挥活力和创造性。与此同时,因市场竞争淘汰机制而被迫退出市场的经营者也必须遵照"自我责任"原则,承担市场竞争选择的结果[62]。另一方面,竞争政策虽然尊重经营者的经营自由,但并不是自由放任。为了最大限度保障经营者经营活动的自由,还需要对单个企业的自由设定必要的限制,对妨碍公平竞争的经营行为采取干预。这种限制和干预既包括对通过不正当手段限制、影响其他经营者经营活动自由的限制,也包括经营者之间回避竞争行为的限制,而后者对贯彻竞争政策基本理念的影响意义更为深远。例如,对于日本通产省通过运用"特殊卡特尔""不景气卡特尔"等方式减少企业之间竞争的政策手段,竞争政策应积极干预,极力避免此类产业政策的滥用[70]。

日本竞争政策具有推进经济民主的目标导向,尊重市场进入自由和权利。日本竞争政策颁布之初受到美国民主主义政治思想的影响,被赋予了排除经济力集中,实现经济民主化的重要使命。基于此,日本竞争政策极为重视经营者的市场进入自由,这不仅是因为市场进入自由是关乎经营者自身经营活动的一项自由,更是因为市场进入的自由对于实现日本经济民主化、自由经济社会及竞争社会息息相关,成为经营活动自由中最为重要的内容。这一点也是竞争政策与产业政策之间的重要区别之一。在日本经济发展过程中,曾经存在基于调整产业结构、控制产业规模等原因,限制市场进入数量的相关产业政策。而伴随时代的发展,只要市场存在潜在进入者的可能性,就应该最大限度尊重经营者进入该市场的自由,即使该市场中已经存在众多既有经营者,这一观点已经成为日本经济政策的基本共识。竞争政策鼓励潜在市场进入者根据自我判断决定是否进入市场,产业政策也在减少或放宽对市场进入的相关限制,降低经营者进入市场的成本,通过维护潜在市场进入者参与市场的原始动力,维持市场竞争活力,并迫使既有经营者在竞争压力的环境下,维持不断创新。

日本的产业政策与竞争政策之所以成为两种不同的经济政策,是因为日本政府在战后对今后发展方式选取了两种不同的政策立场和发展理念[71]。一种立场是,反思为获取海外资源发起军事侵略的起因,转而关注本国资源开发和市场的开拓，寻求自主性经济循环的发展道路，致力于实现产业的规模集约化发展，对特定产业实施积极的政府干预，提升本国产业结构升级，因而形成了战后积极的产业政策形态；另一种立场是，基于日本资源匮乏的国情，以积极对外大力发展国际贸易为核心，通过推进贸易和资本自由化，与海外企业开展竞争，依托市场的竞争机制实现优胜劣汰，提高本国企业和产业的核心竞争力，因而提倡实施竞争政策[72]。对于两者之间的区别，日本学者认为，竞争政策并不是为了直接满足特定需求，而是通过维护一个公平、自由的竞争环境，公平、透明地保障每个经济主体拥有自主追求各自目标的机会（即机会的平等）。与此相对，产业政策正好相反，产业政策是为了实现对战略性产业的保护、扶持等政策目标，通过影响个别经济主体的行动机，运用政府规制的手段对经济主体的选择机会行使裁量性行政干预的微观经济政策[49]。

虽然产业政策和竞争政策都将实现国民经济发展作为根本目标，但是，在具体目标和实施手段层面存在差异。首先，产业政策作为政府宏观调整手段，可以运用的调控手段广泛多样，既包括财政、金融、税收、外汇、补贴等扶持或发展型政策，也包括政府设立许可制度、注册制度、审批制度、禁止制度、配额制度等直接的管控手段。相比之下，竞争政策的调控手段较为单一，主要以竞争法为核心手段，明确所规制的具体行为类型及其行为要件、判断依据和执法程序等。其次，产业政策多以鼓励、扶持、引导、监督等为主要目的，调控手段具有一定的灵活性和动态调整性；而竞争政策以法律为核心调控手段，判断依据和执法规则总体变化不大，稳定性和法律强制性更强。最后，产业政策主要以事前规制方式为主，明确相关监管内容，有时也会运用一些事中或事后规制方式；而竞争政策中除了企业合并行为规制需要事前申报之外，以事后禁令或惩罚性措施为主要规制方式。竞争政策无法主动去干预产业或企业，或者去积极主动构筑一个竞争性市场，因而，相比产业政策具有被动性、滞后性。

日本的产业政策与竞争政策在适用范围上亦存在差异。产业政策一般针对特定产业或企业，制定较为具体的政府干预措施。虽然日本产业政策转型之后侧重宏观经济制度环境的构筑，但是，其最终目标仍然是服务于特定产业发展或中小型企业振兴等，因此，产业政策的制定和实施都具有较为明确的针对性。而竞争政策具有普遍适用性，作为竞争政策核心依据的竞争法，具有"经济宪法"的地位，用以调整所有产业或整个市场中的企业行为，其保护的是整个市场竞争秩序而不保护特定竞争者，规制所有行业、所有企业损害或限制竞争的行为，因而具有普适性。

从本质上来看，日本的产业政策与竞争政策所体现的政府立场存在差异。产业政策是政府行使宏观调控权的体现，强调政府（产业政策执法部门）视角的特定产业或重点企业的人为选择职能，政策文本的本质是明确了政府与产业、企业之间的关系，即政府的宏观调控权力超越特定产业、重点企业的经营自由权，政府拥有"家长式"的权威性身份，同时为这些产业或企业的利益代言。而作为竞争政策核心依据的竞争法，法律条文的本质是明确企业行为的边界，为企业遵守公平、自由的市场秩序提供行为规则，政府（竞争政策执法部门）以超脱特定产业或企业利益的视角，作为中立性的"裁判官"对企业行为的后果影响进行判断，即拥有"准司法权"。

第三章　日本产业政策与竞争政策的关系变迁

如何看待产业政策和竞争政策的关系，是一个历久弥新的争议问题。21世纪的当下，对两者关系的看法依然众说纷纭，尚无定论。通过前两章分别对日本产业政策和竞争政策的考察分析可以发现，在漫长的历史周期中，两者自身都经历了自我发展和动态变迁过程，其中日本产业政策的转型和蜕变更为显著。同时，作为政府干预经济社会的两种不同手段，两者相互之间又是彼此影响、密切相关的，两者的相互关系也并非一成不变，在多重因素的共同影响之下，两者在长历史周期内彼此较量，关系此消彼长、富有张力。因此，对两者之间互动关系的认识也应该秉持动态、发展和客观的视角去剖析。总体来看，日本产业政策与竞争政策的关系呈现"分立对峙"→"接触对话"→"协调互补"3种形态，最终使日本政府规制的整体架构展现出阶段性和动态发展的特点。

一、分立对峙

如前所述，第二次世界大战后，日本虽然受到经济民主化政策实施的影响，但是，产业政策一直保持强势发展状态。竞争政策作为一种战后移植产物，在美国竞争文化和民主文化强势输出下，并没有立即与日本传统的风土人情相适配，致使《独占禁止法》在颁布后很长一段时间都没有发挥作用，竞争政策的这种弱势局面一直持续到20世纪70年代末期。在产业政策一枝独秀主导下，两者关系呈现彼此分立的状态。同时，在这一时期，伴随战后新制度的移植，其与传统旧思想之间相互冲击和对撞，产业政策与竞争政策也开始发生对峙甚至冲突。

（一）时代背景

第一，日本尚处于经济追赶时期。在经济追赶时期，产业政策往往是后发展国家实现经济追赶目标的常规手段。后发国家基于基本生存、经济增长或实现追赶先发国家目的，由政府积极主动作为，实施贸易和产业保护政策往往是常规做法，不能说日本在战后实施带有强经济干预性的做法属于特立独行[31]。如学者所说，日本选择产业政策的决定性动因之一，是作为后发展国家的工业化落后的历史经验[73]。从历史来看，德法等欧洲国家为了对抗和追赶英国，也曾通过实施关税政策、限制进口等贸易保护和产业保护政策[74]。对这些后发展国家来说，经济增长的目的主要是为了实现赶超，速度往往被看作是缩短差距和考核政府绩效的主要标志，这类国家常常以政府替代的方式打破社会经济发展的自然生成过程，在落后的经济基础上设计生成一个对实现赶超至关重要的重化工业体系[75]。不同产业具有不同的产业特性，在特定发展阶段也会存在仅仅依靠竞争机制无法顺利实现规制目标的情形。从现实来看，日本这一阶段实施的产业政策也的确产生了促进本国产业化发展的效果，提升了特定产业的规模生产能力和国际竞争力。通产省通过制定一系列扶植新兴产业的政策举措，在短时间内推动了石油化工、机械制造等产业的兴起。Johnson（1982）将日本"奇迹"成因归结为，日本政府（通产省为首）在这种官产协作关系基础上，制定符合产业界发展需求的产业政策，积极干预国民经济[8]。Freeman对日本官产之间的协作关系作为基础案例进行考察，提出了国家创新系统的概念和理论框架，并认为日本政府实施的一系列产业政策对其经济取得成功发挥了重要作用[7]。即政府发挥"引导之手"，与产业界密切沟通，具有为产业发展服务的职能定位；企业接受政府在市场进入、设备投资、产出数量、价格水平等方面的统制和干预，在政府组织或集团协调下，不同企业能够实施协调型生产调整，实现产业整体效率。基于此，在战后复兴、追赶欧美的特殊发展阶段，日本政府更多采用产业政策的干预手段，主要以特定产业为规制对象，基于促进产业界协调目的实施的政府干预行为，属于竞争政策或竞争法的适用除外范围，从而使两者之间

第三章
日本产业政策与竞争政策的关系变迁

的关系更多呈现彼此分立、互不干涉的对峙状态。

第二，执政理念层面，"新制度"与"旧思想"之间发生碰撞与冲突，战前统制思想仍然根深蒂固。产业政策的实施部门不仅仅有通产省，大藏省、运输省、建设省、农林省等诸多部门都在直接或间接实施各种形式的产业政策，官僚集团对产业政策实施理念的认识方向和认知程度影响产业政策的策划和实施。第二次世界大战后，在美国为主的占领军总部的管理下，日本开始实施非军事化和民主化改革，并在美国的指导下，制定了新的《日本国宪法》，建立三权分立制国家机构体系和议会内阁制政治制度，对行政机构、公务员制度、教育和劳动制度等实施广泛改革，建立了现代资本主义民主政治制度。但是，战前业已形成的"统制政策思想"依旧残存在官僚群体之中，并成为战后产业政策实施理念的根源之一[31]。战后日本官僚对统制政策思想的路径依赖特征，在外务省发表于1946年的《重建日本经济的基本问题》[76]报告书中可见一斑。该报告书一方面迎合美式经济民主理念，提出尊重自由竞争，但另一方面又强调政府有必要推进经济的计划性和一定程度的国家统制。作为战前统制思想的残留物，这一"旧思想"与美国实际所欲推行的经济民主理念和市场竞争体制在本质上是背道而驰的，长期来看，"旧思想"与"新体制"之间必然会带来碰撞与冲突。

第三，当时的经济理论对产业政策的制定也产生了影响。第二次世界大战后，为了克服战后经济社会萧条，资本主义国家普遍采取了凯恩斯主义政策，通过政府规制积极干预经济、社会和福利等。此后，在新的经济历史条件下，将凯恩斯的政府干预理论与以马歇尔为代表的新古典学派学说综合起来的"新古典综合派"经济学理论开始产生广泛影响。"新古典综合派"经济学理论也被称为"后凯恩斯主流派经济学"，由萨缪尔森所提出，其在诠释、扩展凯恩斯主义的基础上，主张市场和政府必须结合起来。即当市场自身能够高效运转的时候，尊重市场机制；而当市场出现"失灵"的时候，政府可以通过制定宏观调控政策，将市场引导到有效运转的方向上来[77]。"新古典综合派"为日本政府能够在一定范围内干预经济活动提供了合理性依据，对日本战后实施的弱小产业扶持政策等各类产业政策产生了重要影响，并为日本政府不断强化对产业活动干预的指向性和体系化提供了理论支撑。

（二）具体表现

日本产业政策与竞争政策之间的分立对峙关系，是指两者在规制理念、规制内容、规制手法、规制机构等方面存在冲突与矛盾之处，在对特定行业或特定行为进行规制时，两者无法同时适用，而采取非此即彼、彼此分立的规制状态。在两者的发展历程中，分立对峙关系集中体现在第二次世界大战后直到20世纪70年代末期。这一时期，产业政策一直保持强势发展状态，竞争政策作为一种战后移植产物，属于美国竞争文化和民主文化强势输出，并没有立即与日本传统的风土人情相适配，致使《独占禁止法》在颁布后很长一段时间都没有发挥作用，规制内容频繁被弱化修改。尤其以不景气卡特尔、合理化卡特尔等各类依照产业政策法实施的卡特尔行为，行政指导行为及《独占禁止法》中被设立的各种适用除外制度最为典型。

产业政策"一枝独秀"，通过适用除外制度，竞争政策在诸多领域受到排斥。如前所述，第二次世界大战后，日本为重振本国经济，加快产业化发展进程，提出"加工型贸易立国"，优先发展钢铁、发电、煤炭、造船等基础性资源产业。通商产业省利用以产业政策为核心的微观经济政策调控个别产业的发展，实施被称为"倾斜式生产方式"和"循环式生产方式"①的产业政策，有针对性地增加重点产业的生产；同时，综合运用税收优惠、财政投融资、限制进口、出口补贴等政策，对那些符合国家发展目标的产业予以大力扶持，推动了石油、机械、电子等产业的兴起；对棉纺织业、合成化纤业、橡胶业等过剩产能实行部分停产、缩短生产时间等停产歇业（"操业短缩"）措施。加之朝鲜战争后日本经济再一次陷入低迷，为迅速推动出口贸易增长，通产省得到产业界的更多拥护，而《独占禁止法》由于过于严苛备受产业界诟病，大量用以规避《独占禁止法》适用可能性的"适用除外情形"纷纷出现。这些适用除外情形主要用于：①作为实现政府规制目的的补充手段；②保护中小企业的目的；③避免贸易摩擦以及其他维护贸易秩序的目的；④应对经济严重不景气目的；⑤促进企业合理化调整的目的[62]等多种目的。梳理来看，属于《独占禁止法》适用除外的情形主要

---

① 例如，为了增加煤炭的生产，使钢铁投入到煤炭生产中；为了增加钢铁生产，使煤炭重点投入到钢铁产业中。通过这种循环的方式，增加重点产业的生产。

包括 3 类（表 3-1）。

表 3-1 《独占禁止法》的"适用除外制度"

类型	法律依据（时间）	适用除外领域
第一类：《独占禁止法》规定的适用除外情形	《独占禁止法》第 21 条（1947 年）	自然垄断领域
	《独占禁止法》第 22 条（1947 年）	依据产业政策法实施的正当行为
	《独占禁止法》第 23 条（1947 年）	行使知识产权的行为
	《独占禁止法》第 24 条（1947 年）	依法成立的协会、联合会实施的行为
	《独占禁止法》第 24 条第 2 款（1953 年）	维持转售价格协议的行为
	《独占禁止法》第 24 条第 3 款（1953 年）	不景气卡特尔
	《独占禁止法》第 24 条第 4 款（1953 年）	合理化卡特尔
	《独占禁止法》第 103 条（1947 年）	依据《企业重组法》实施的重组计划
	《独占禁止法》第 103 条（1947 年）	依据《金融机构重组法》实施的重组计划
	《独占禁止法》第 106 条（1947 年）	东北开发株式会社实施的行为
第二类：《适用除外法》规定的适用除外情形	《适用除外法》（1948 年）	陆上交通产业、水产业
第三类：产业政策法规定的适用除外情形	《特定中小企业安定临时措施法》（通产省，1952 年）、《进出口交易法》（通产省，1953 年）、《出口交易法》（通产省）、《机械工业振兴临时措施法》（通产省，1956 年）、《电子工业振兴临时措施法》（通产省，1957 年）、《重要产业安定法案》（通产省）、《中小企业团体组织法》（通产省，1958 年）、《特定产业结构改善临时措施法》（通产省，1978 年）、《环境卫生营业运营适当化法》（厚生省）、《仓库产业法》（运输省）、《内航海运协会法》（运输省）、《海上运输法》（运输省）、《出口水产业振兴法》（农林水产省）、《酒税安全及酒业协会法》（大藏省）、《农业协同组合法》（1947 年）、《道路运输法》（运输省，1947 年）、《产业组合法》（第 6 条）、《地方铁道法》（第 7 条）、《环境卫生营业运营适当化法》、《批发市场法》、《证券投资信托法》等。	

第一类，《独占禁止法》中直接明文规定的适用除外情形。在1949年、1953年，《独占禁止法》被不断修改、弱化，放松了对卡特尔的限制，制定了一定条件下的大量卡特尔作为《独占禁止法》的适用除外情形[78]，如自然垄断产业（第21条）、依据产业政策法实施的正当行为（第22条）、行使知识产权的行为（第23条）、协会和联合会的行为（第24条）、维持转售价格协议的行为（第24条第2款）、不景气卡特尔（第24条第3款）、合理化卡特尔（第24条第4款）等。

第二类，依据《适用除外法》设立的适用除外情形。该法第1条规定，根据《陆上交通事业调整法》等法律或条款等，实施的正当行为不适用《独占禁止法》；该法第2条规定，根据《水产业合作社法》等法律成立的合作或其他组织以及符合一定要求的组织，不适用《独占禁止法》。

第三类，依据各省厅颁布的各类产业政策法设立的适用除外情形，积极推行卡特尔行为合法化[62,79]。例如，通产省制定的《特定中小企业安定临时措施法》（1952年8月）、《进出口交易法》（1953年）、《出口交易法》、《机械工业振兴临时措施法》（1956年）、《电子工业振兴临时措施法》（1957年）、《重要产业安定法案》、《中小企业团体组织法》（1958年）等，为诸多特殊卡特尔行为排除《独占禁止法》适用提供了法律依据。除了通产省，厚生省、运输省、农林水产省、大藏省等其他省厅也在所管辖产业范围内颁布了诸多的卡特尔适用除外情形[49]。

20世纪60年代，各类适用除外的卡特尔数量达到高峰时期。据统计，1966年左右，作为《独占禁止法》适用除外的不景气卡特尔、合理化卡特尔数量合计有30件，依据各类产业政策法准予《独占禁止法》适用除外的卡特尔数量更是高达上千件[80]。

此外，除了上述具有法律依据的产业政策，一些没有明确依据的柔性、灵活的产业政策也被广泛应用。例如，通产省通常以行政劝告、行政指导等方式劝告或指导企业实际经营活动。这些形式多样的产业政策虽然没有法律依据，但由于制定了相应的惩罚措施，实质上具有强制性质。1964年日本实现贸易自由化，并成为OECD成员国，为了在经济层面开始回归国际社会，日本虽然基本不再采用限制进口、限制外资并购等直接干预手段，但仍然采

第三章 日本产业政策与竞争政策的关系变迁

用说服、劝诫、指导等引导性间接干预手段。

20 世纪 60 年代,产业政策走向全盛,竞争政策陷于停滞。通产省已经在重化工业、钢铁、合成纤维、炼油、石化、造纸、农业等领域制定了形式多样的产业政策,并将政策目标由产业振兴提升为增强产业国际竞争力。在对汽车、计算机、农作物等重点产业实行限制进口的同时,为避免产业内部过度竞争,通产省于 1962 年 3 月向国会提出《特定产业振兴临时措施法》(简称《特振法》),意图在重化工业领域实施生产标准化、产业联合、企业兼并,加大推进国内产业集中①。此外,由于重化工业的激进式发展,环境污染成为严重的社会问题,治理各类环境公害开始成为产业政策的另一项重要任务。这一时期日本颁布了《水质污染防止法》(1966 年)、《公害对策基本法》(1967 年)、《噪音规制法》(1968 年)和《大气污染防止法》(1968 年)等。此时,日本产业政策在诸多领域全面开花,逐渐走向全盛时期。而竞争政策在防止过度竞争、强化产业发展根基、振兴出口等理由下,被再次要求修改,成为服从产业政策和生产集中的辅助工具[13,78]。虽然由于消费者、农民以及中小企业的反对,修正案最终未通过,但是在 1953 年之后长达 10 年的时间里,日本产业政策保持一枝独秀的强劲状态,竞争政策的实施处于停滞,进入"寒冬时期"。

二、接触对话

自二十世纪七八十年代,西方国家开始提出规制缓和(Deregulation)。以此为契机,日本政府在对产业政策的实施效果及其必要性等开始反思,诸多领域开始打破产业政策的"封闭式保护之门",降低对政府的过度依赖,以自我责任迎接市场竞争机制的风暴。与此同时,竞争政策的理念逐渐被社会接受,竞争政策的重要性得到更多重视。这种调整驱动两者之间关系发生变化,产业政策与竞争政策开始打破分立对峙的界限,逐渐走向对话与接触。

---

① 由于受到金融机构和民众的强烈反对,该法案最终未被通过。

（一）时代背景

经济进入成熟期，解决经济成长带来的各类"副作用"、转变经济增长方式成为核心目标，推动了日本产业政策转型升级。这种转变尤其体现在20世纪70年代的日本。对于日本政府来说，20世纪70年代是日本经济开始由高速增长转入稳定成熟期的重要时期。同时，这一时期也是充满危机和挑战的时期，日本国内外接踵而来的诸多经济社会压力，为此后日本公共政策的转变产生了深刻影响，具有分水岭意义。战后日本在"贸易立国"和"重工业化"两大经济发展战略指引下，用10年时间从战后废墟中顺利实现经济复苏甚至赶超。1956年，日本宣告结束战后复兴进入经济成长时期。在"国民所得倍增计划"等经济政策和国际贸易政策刺激下，20世纪60年代日本跃升为全球GNP占比超一成的经济大国[81]，并保持了超10%的经济增长率，进入经济高速成长时期。然而，进入20世纪70年代，形势发生急剧转折，泡沫经济破灭后，日本经济陷入不景气状况，高速成长时期潜藏的发展短板和积累的一些"副作用"开始显露。

第一，内部忧患重重，政府财政危机显现。①资源能源条件束缚，严重影响经济安全和社会稳定。众所周知，日本是资源能源匮乏的岛国，彼时所需能源的89%依赖进口。国际局势动荡、国际能源价格波动、外汇汇率浮动等都对日本经济产生重要影响。进入20世纪70年代，在美元防卫政策（Dollar Defense Policy）①、石油危机、日本列岛改造计划（Plan for the Remodeling of the Japanese Archipelago）等系列因素刺激下，日本国内爆发严重通货膨胀，物价暴涨引发国民抢购恐慌，经济受到重创[81]。②劳动力成本上升，经济增长方式亟须转变。在经济高速增长期，日本依托优质低廉的劳动力资源，发展偏重制造业、销售业、流通业等劳动密集型产业，以钢铁为首的制造业对经济增长的贡献率一度高达46.6%[43]，出口繁荣、贸易顺差优势明显。但是，进入20世纪70年代，日本开始出现人口老龄化②和劳动力人口高龄

---

① 1971年，美国总统尼克松实施"美元防卫政策"（Dollar Defense Policy），日本被动实行浮动汇率导致日元升值，日本政府为提振经济采取积极的财政政策，通过发行赤字国债来刺激经济，最终导致货币供应剧增，产生流动性过剩（Excess Liquidity）。

② 根据日本《1980年科学技术白皮书》统计，1975年日本65岁以上老年人口占总人口的比重达到7.9%。

第三章 日本产业政策与竞争政策的关系变迁

化①,伴随石油危机和劳动力成本上升[82],制造业成本不断攀升,增长率从138.2%下降到69.7%,经济成长贡献率下降到25.1%[43]。改变劳动力密集型产业为主的高耗能、低附加值产业结构,转向以电子计算机、飞机、通信设备、软件等低能耗、高技术含量的"创造性知识集约型"产业结构,成为日本政府面临的艰巨任务[45]。③环境承载能力达到上限,严重威胁民众生命健康。日本政府大力发展重化学工业带来经济高速增长的同时,也产生了环境污染、都市化问题等一系列"副作用"。由于人口、工业的高密度集聚,以大城市为中心的都市防灾能力降低,大气污染、噪音污染、自然环境恶化等环境公害问题频发。日本民众对政府和企业过度追求经济效益、忽视环境保护和民众健康的发展模式极为不满,展开了激烈的示威活动。

第二,外部危机四伏,日美贸易摩擦频发。①日本产品冲击美国市场,美国要求日本开放国内市场。早在20世纪50年代,日本制造业飞速发展,质优价廉的日本商品大量涌入美国市场,日美之间在纤维、钢铁等产业领域出现贸易摩擦端倪。随着日美间美国贸易优势的持续下降,1965年美国转为逆差国[83],采取限制进口和销售、个别领域磋商等多种方式向日本施压,日本被迫作出妥协,在钢铁(1972年)、彩电(1977年)、牛肉(1978年)、柑橘(1978年)和汽车(1981年)等领域与美国达成协议,在减少、放松政府规制和实施自由化的要求下,日本不断放开国内市场[83]。②国际贸易争端战线前移至高技术领域,引发技术摩擦和技术封锁。20世纪70年代以来,依靠美国技术供应,日本的半导体、存储芯片、计算机等尖端产业发展起来,商品在全球市场的扩大开始冲击美国尖端产业商品的市场份额,日美贸易摩擦升级为高技术领域摩擦[84]。尤其在20世纪70年代,日本在超大规模集成电路(超LSI)等半导体器件领域取得的成绩,使美国感到威胁,并开始实施带有强烈保护主义色彩的贸易政策[84]。1974年,美国修订《贸易法》,启动针对性打击日本贸易中的所谓不公平行为、保护本国企业利益的"超级301条款"[85]。与此同时,欧美国家对日本"基础研究搭便车"行为展开强烈谴责,并采取技术封锁政策,对日技术输出一度处于停滞状态[86]。里根政权以后,美国更是大规模限制外国人进入特定学会和研究设施,限制外国企业参与研

---

① 29岁以下年轻劳动力比例大幅减少,50岁以上劳动力比例增加,劳动力人口呈现中高龄化。

发项目，日本越来越难以获得欧美先进技术[87]。③英美规制缓和和民营化改革实践，开始影响日本。1979 年，OECD 在发表的报告书中指出，"虽然政府规制在最初实施时具有一定的依据，但是，从目前形势来看，政府规制在很多情况下反而带来损害，应该撤销或大幅放松不必要的规制"[88]；政府规制除了具有"实施规制的直接成本"以外，还存在"由于无法避免的滞后性和缺乏灵活性而带来的成本和损失，因缺乏合适成本削减措施、技术创新激励措施等而造成的损失以及政府决策所依据的数据、条件不可靠和不确定而造成的损失"等[89]。因此，应该反思政府规制的实施依据，对那些能够依靠有效竞争的产业部门，应该减少或放松规制，减少因不恰当政府规制导致的经济资源错配问题。因此，OECD 强烈建议成员国推进政府规制缓和，放松相关监管的政策举措。随着对产业政策利弊分析以及规制成本、"政府失灵"等问题的认识，放松规制开始被提上议程，英美等发达国家率先实施放松政府规制的措施。在撒切尔首相领导下，英国在 1986 年以实施证券行业规制缓和为开端，自 20 世纪 80 年代到 90 年代，相继对那些效率低下的国有企业，如航空、石油、汽车、电信、燃气、电力和铁路等领域实施民营化，积极引入竞争机制[90]。美国自 1975 年推进纽约证券交易所佣金自由化改革后，在 20 世纪 80 年代里根总统执政时期，进一步在航空、运输、铁路、银行、电信和燃气等广泛领域引入市场竞争机制，实施缓和规制的相关改革[90]。在世界主要发达国家陆续开始倡导政府规制缓和以及英美等发达国家规制缓和实践的影响下，日本也开始反思本国的规制制度以及产业政策的实施效果。

总体来看，这一时期，转变经济增长方式、缓解资源能源和环境承载压力、保障国民生命健康等多元经济社会发展目标成为阶段性发展目标。因此，进入 20 世纪 80 年代，实施规制缓和成为寻求"突破困境"的现实选择。真正带来日本经济高速增长的究竟是企业自身的不断摸索，还是产业政策及其政策实施者通产省的作用，需要更加客观地评估[91-92]。自 20 世纪 80 年代后半期之后，减少政府干预范围和干预强度推动了日本产业政策的转型升级，成为纠正日本高成本产业结构、激发民间活力的重要手段[49]。

（二）具体表现

首先，适用除外情形大幅缩减，竞争政策的适用范围不断扩大。进入 20 世纪 80 年代，在放松规制的背景下，日本产业政策中纷繁林立的竞争法适用除外规定也纷纷做出修改或删除，适用除外情形大大缩减。同时，伴随市场规模和技术进步等原因，一些政府规制产业也开始呈现新的业态，以往被认为自然垄断的行业也开始放开或降低市场准入门槛，允许多元经营主体的进入。伴随市场参与主体的增加，市场竞争机制开始发挥作用，竞争法的适用也成为可能，竞争政策和竞争法的适用范围得到拓展。自此之后，日本竞争政策虽然不算急速发展，但再也没有出现之前频被弱化修改的倒退情形，这也标志着竞争政策真正在日本稳定下来[49]。

其次，公正交易委员会积极作为，执法力度得到强化。以 1979 年 OECD 发布的报告书为契机，公正交易委员会开始为推动政府规制缓和、减少《独占禁止法》适用除外领域等积极作为，并与负责监督行政审批许可认可制度实施的行政管理厅合作，从竞争政策的视角共同对政府规制的法律依据以及蚕丝、肉类、银行、证券、保险、交通运输等 16 类规制产业开展调查研究，1982 年 8 月，对外公布此次调查的《报告》，并且明确表明了公正交易委员会的政策立场。虽然此次调查研究在当时并没有立刻受到重视，其他省厅也没有给予关注，但是，在此之后，公正交易委员会为了强化执法力度，更好行使职权，召集学者等有识之士组织各类研究会议，如"电气通信产业竞争政策研究会"（1984 年成立）、"信息通信产业竞争政策研究会"（1986 年改编成立）、"政府规制与竞争政策研究会"（1988 年成立）等，对外发布研究结论和政策建议，这些建议有些在几年后成为推动竞争政策及其相关制度改革的重要依据，最终得以践行[62]。此外，以这些研究报告作为重要的理论支撑，公正交易委员会在参与其他省厅实施的改革中，与其他省厅开展讨论与协商，成为推动竞争政策理念，与其他省厅建立协调机制的重要途径。此时的公正交易委员会以一种不受重视的"先驱者"积极姿态，持续推进竞争政策理论的丰富，加强与通产省及其他省厅之间的协调、对话和合作，积极推动竞争政策的宣传普及和实施力度[93]。

再次，在两类机构之间的正面冲突中，通产省开始作出妥协并调整产业政策。如前所述，为应对两次石油危机带来的经济不景气，通产省先后于1978年、1983年颁布针对特定不景气产业的《特定不景气产业安定临时措施法》（简称《特安法》）和改善产业结构援助政策的《特定产业结构改善临时措施法》（简称《产构法》）。由于这两部法律存在限制竞争的内容，公正交易委员会提出反对意见，并与通产省展开了直接对立。最终在公正交易委员会的极力反对下，通产省作出妥协，在《特安法》中明确规定产业政策部门在制定竞争政策适用除外规定时，必须事先与公正交易委员会交换意见、征求其同意，设立调整方案，并删除了对违反本法的企业实施制裁的强制性条款。至此，面对势力强大的通产省，公正交易委员会开始彰显力量，坚守竞争政策的执法理念，并取得了实质性成果。在此之后，日本产业政策的实施方式也开始发生转变，较少实施针对特定产业的政府干预行为，并开始考虑政策举措对市场竞争的影响[94]。《产构法》是通产省所实施的最后一部以特定产业为规制对象的产业政策。更为重要的是，经过此次对决，公正交易委员会对通产省的政策和立法行为积极发声，在产业政策的策划、制定和实施过程中，其意见成为需要考虑的重要因素。

最后，通过统筹推进机构，建立不同省厅之间的对话机制。与世界上很多国家一样，在日本现有的统治机构和行政体制下，各省厅对现存的制度、政策等具有墨守成规的倾向。在各种利益和利害关系错综复杂的形势下，如果不到问题不去处置将会更加严重、受到内外强烈批判或者改革所带来的利益不够显著等情况下，规制机构比较缺乏积极主动的改革，尤其是对于放松规制这类削减自身行政权力的事项，是持消极态度的。鉴于各省厅缺乏主动改革动力的现实情况，由总理府①所属机构之一的总务厅具体负责规制缓和、行政改革的统筹推进工作，通过《新设许可认可等的审查和定期调整》（简称《审查和定期调整》），开展各省厅之间的协调与协商。《审查和定期调整》中规定，对新设立的许可认可等规制内容，以各省厅具有综合协调职能的部

---

① 总理府设立于1949年，是承担由内阁总理大臣亲自分管的事务，并具有综合协调各省厅行政职能的行政机构，后在2001年实施的中央省厅改革中统合为内阁府。总务厅作为当时总理府的外局单位，属于总理府所属行政机构之一，具有对行政机构立改废以及人员增减等进行审查、管理和综合调整的职能。

门、局等为中心，对许可认可的必要性及合理性进行审查；相关制度与其他省厅存在关联时，需事前与其进行充分协商，并明确了审查的重点事项，包括是否具有增进公共福祉的积极意义、是否能够确保实施效果、减少行政负担、是否秉持必要最低限度等。同时，内阁法制局、总务厅行政管理局以及大藏省主计局在对新设立的许可认可制度的合理性进行考虑的基础上，基于各自的管理权限进行进一步审查。其次，关于许可认可制度的定期调整，《审查和定期调整》中规定各省厅每5年对所实施的许可认可等制度进行定期审查和调整，还明确了定期调整中的具体审查事项，包括是否适用环境形势的变化、是否存在相互竞合或重复关系的制度内容、是否真的实现了效率等。此外，经济企划厅、内阁官房及总务厅内部的行政监察局等机构也在各自的职能范围内，实施相关省厅之间的综合协调工作，推动规制缓和的顺畅、协调推进。1981年设立"临时行政调查会"，1983年设立"临时行政改革推进审议会"作为第三方调查和审议机构，对规制缓和和行政改革的具体措施开展研究并提供改革建议，为内阁总理大臣提供决策支撑[95]。具体讨论范围涉及资格认定制度，检查认定制度，金融、运输、石油资源能源、都市建设、进出口、医药品、流通、物流、信息通信、金融、农作物等广泛领域中的具体改革方向。在这些统筹推进机构的媒介作用下，产业政策和竞争政策及其执行机构之间逐步走向对话与协调。

　　总结来看，虽然这一时期仍然存在产业政策属于竞争政策适用除外的观念，竞争政策执法机关在某些情况下也不得不做出让步，无法完全约束产业政策中的限制竞争行为。但是，总体来看，产业政策与竞争政策之间的完全对抗状态有所缓和，寻求两者之间对话和共存的"两立"，开始成为这一时期探讨的重要课题和现实需求[96]。同时，在处理产业政策和竞争政策的紧张关系时，竞争政策执法机关积极发声，竞争政策开始彰显力量，不少产业政策被取消、修改。更为重要的是，在竞争执法机构和司法机构约束的强大压力之下，通产省自身也开始做出调整，开始尊重竞争执法机关的意见，并尝试建立两类执法机构间的对话协调模式，也使此时的产业政策开始逐步朝向尊重竞争政策的方向发展[49]。

三、协调互补

（一）时代背景

第一，规制改革潮流。20世纪90年代以后，由"规制缓和"到"规制改革"，产业政策进一步调整[97]。自二十世纪七八十年代，日本在对传统产业政策实施效果及其必要性等开始反思的同时，竞争政策的重要性也逐渐得到更多重视，诸多规制产业领域开始降低对政府的过度依赖，以自我责任迎接市场竞争机制的风暴。到了20世纪90年代，这一潮流更是愈演愈烈，对竞争理念的推崇更为彻底，甚至通商产业省也开始将"促进竞争才是产业政策的根本"作为其制定产业政策的新理念[62]。日本产业政策进一步转型与拓展，其在调整规制目标和实施手法的基础上，以更为崭新的面貌成为与竞争政策相辅相成、协调推进的"新型产业政策"（竞争促进型产业政策），以更加灵活、丰富的方式继续发挥着对经济社会的调整作用，由此推动了产业政策与竞争政策的关系呈现新的发展局面，两者一改曾经的对立冲突关系，开始走向协调互补或"相互浸透"[98]。

1999年4月，在规制缓和时期成立的"行政改革推进委员会"更名为"规制改革委员会"作为推进规制改革的核心机构，推动竞争政策和竞争法的全面贯彻和严格实施，强化对限制竞争行为的规制，构筑有利于竞争机制发挥作用的体制机制，全面实施政府规制的改革[99-100]。规制改革委员会的职责主要包括调查审议规制改革相关事项、推进实施政府规制的缓和或者撤销相关事项、推进政府规制由"事前干预型行政"向"事后监督型行政"的转变，同时，创设新的政府规制规则，将规制缓和与积极实施竞争政策同步推进[100]。

由"规制缓和"到"规制改革"，虽只有一词之差，但对于产业政策整体走向及其与竞争政策关系的影响不可忽视。具体来说，这种变化主要体现在以下两个方面：①"做减法"。相比规制缓和，规制改革对传统政府规制的改革力度更大，在更广范围、以更加积极主动的姿态缓和、改善或削减那些缺乏合理性的、单纯以保护幼稚产业或特定企业为目的的限制竞争的政府规制内容，促进政府规制的自我约束，减少政府干预的范围，引入市场竞争机

第三章
日本产业政策与竞争政策的关系变迁

制、限制或删除法律法规中不符合竞争理念的规制条款。②"做加法"。除了对传统政府规制"做减法"之外，产业政策自身开始主动从促进竞争的角度和理念出发，综合运用立法、政策等方式增加、新设一些带有与竞争政策理念具有一致性的新规则、新条款，"竞争促进型"产业政策开始作为一种新型产业政策成为政府规制的重要内容之一[101]。改善和调整政府规制的实施手法，将政府对经济活动的干预由事前监管型转变为事后监督型，主动完善市场竞争环境，从促进竞争的角度实施相关立法论证。对竞争限制行为，产业政策也开始采用禁令等规制手法，与公正交易委员会实施的竞争政策在实施手法层面开始出现一些相似性。以"规制改革"为契机，由于增加了维护市场竞争的相关内容，产业政策因而呈现得更为丰富[100]。相比规制缓和时期，规制改革的实施对竞争理念的推崇更为彻底。广义的产业政策中开始包含具有竞争政策理念的举措，广义的竞争政策也开始部分深入到产业领域的范畴，两者在规制理念、规制手法等层面开始体现竞合之处。竞争政策逐渐成为产业政策必须考虑的基本政策，其市场经济国家"经济宪法"的基础性地位开始确立起来。同时，对于政府来说，寻求产业政策和竞争政策的协调适用开始成为新的课题。

第二，数字经济时代的协调规制需求。数字产业带来传统产业重构，对产业政策和竞争政策都带来挑战，多元化监管目标客观要求构建相互协调的规制体系。鼓励发展的同时，如何对数字产业进行更好规范，寻求产业政策与竞争政策的协调规制，逐渐成为重点课题。第四次产业革命背景下，新一代信息技术创新及其技术的社会化应用，使传统产业、行业间壁垒不断降低，技术创新能够轻易地打破传统的市场进入壁垒，改变了原来的市场格局，不同产业间的合作与竞争、吞噬与融合趋势明显，新的经济社会体系正在加速发展，这种发展局势也使数字产业结构愈加复杂。数字产业是高度竞争的产业，这体现在产业的兴起源于创新和竞争，其被颠覆也是由于新的创新和竞争。

这一特点对传统的竞争政策和产业政策都带来新的挑战。对于竞争政策来说，市场竞争是推动经济增长的核心动力，这也是自传统工业经济时代以来，竞争政策所追求的目标。但是，我们也不得不承认，竞争政策对工业时代控制力的相关分析路径已经面临一些新时代挑战[102]。产业社会改变的同时，也需要对以规范市场竞争秩序、促进创新为目的的竞争政策不断调整，以适应新的产业社会形式。对于产业政策来说，产业政策从促进和保护产业发展的角度，对传统产业的作用依旧存在。但是，不同于传统产业政策以产业纵向分割的监管方式，数字产业的产生机理和运行逻辑都有别于传统经济，生态系统式的发展模式对产业政策也带来挑战，继续沿用现有规制体系是否会损害数字产业的发展活力等，成为摆在传统产业政策面前的重要课题。产业政策面临放松和调整传统产业规制（"监管做减法"）的同时，也面临如何设计新的监管方案，应对新型数字产业监管缺失、"捉襟见肘"窘境（"监管做加法"）的双重任务。此外，随着社会各界对数字产业认识的不断深入，人们普遍认识到数字产业面临的问题更加多样，除了推进数字化转型、鼓励产业投资等发展问题，还包括垄断问题、消费者权益保护问题、数据流通与开发、数据安全、个人隐私、虚假宣传、网络诈骗、知识产权以及不正当竞争等各类问题。

正如日本公正交易委员会所指出的那样，完善数字产业的竞争环境，不仅需要竞争法的执行，还需要产业法和产业政策的适当干预，建立数据流通和开放的机制，保护个人信息等各种视角下的综合规制[103]。维护数字产业的稳定有序发展，其面临的挑战和政策需求也更加多元化，需要产业政策、竞争政策等跨领域的规制体系以及经济产业省、公正交易委员会和总务省等建立跨部门协作机制。"多法共治、协同监管"已经成为日本数字产业规制的特点之一[72]。

（二）具体表现

政府与市场的关系一直是经济学讨论的经典命题。现代市场经济运行的现实是，世界上不可能存在完全有效的市场和能力无缺的政府，也不存在标准和完美的"政府与市场关系"，每个国家都在寻求有效市场和有效调控的有机结合点[104]。现实的经济世界中，既没完全竞争的产业，也没完全不竞争的产业，与两者同时具有密切关联、需要两者共同作用的"中间地带"才是常态（图3-1）。随着一国更加丰富、多元化政策目标的追求，运用多种政策工具，实现协调规制成为寻求"中间地带"更好发展的必然趋势。产业政策和竞争政策执法机关之间逐渐确立了共同管理、相互协作以及有机融合的关系，使之间的不协调尽可能降到最低[48]。寻求两者的协调规制为政府规制提供了新的转型思路，成为一种发展趋势。从理论层面来说，实现国家政策目标和整体利益的最大化，离不开产业政策与竞争政策的协调配合。但是，在实践中，两者协调关系的最终实现并非一蹴而就，往往伴随政策内容的冲突、机构间管辖权优先地位的争议、协调机制的落地保障等。两者之间实现真正的协调，需要解决上述3个方面的问题。

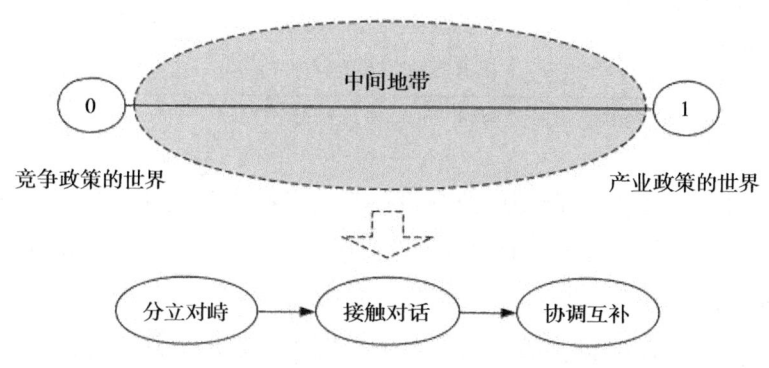

图3-1 产业政策与竞争政策的协调规制

来源：本图部分参考松村敏弘（2010年），笔者绘制。

第一，政策内容层面实现协调。促进市场竞争成为共同目标，"竞争促进型"产业政策开始出现。"竞争促进型"产业政策也被称为"市场机能扩张性政策"，其实质是日本产业政策在自身的转型升级过程中，用于实现动态性资源配置效率的新视角或新方式[105]。究竟选择哪种政策组合方式，如何更好促进创新、实现效率最大化，在不同国家或者同一国家的不同阶段不尽一致，但都需要与其整体的经济社会体系相适配。而"竞争促进型"产业政策就是传统产业政策在新时期的转变和升级。其改变了传统产业政策中的决策惯性，更加着眼于政策本身与市场、民间经济活动的协调，旨在为市场主体提供多样化的选择空间，为创新主体提供更好的市场环境，基于民间活力实现动态化资源配置效率的提升。与竞争无缘的传统产业政策开始转变为与竞争政策具有共同的促进竞争的目的，甚至出现与竞争政策近似的规制手法。产业政策与竞争政策由分立对峙走向接近对话，伴随产业政策规制边界的不断拓展，在促进竞争机制更好发挥作用的共同目标下，产业政策与竞争政策开始出现交集与竞合。若按照产业政策与竞争目标之间的关系，可以将这一阶段的日本产业政策进行重新分类[101]（表3-2）。

表3-2 基于竞争目标的日本产业政策分类

竞争限制型	竞争促进型	竞争中立型
·市场准入规制 ·价格审批制度等	·变更命令制度 ·开放必要基础设施 ·提升基础设施透明性等	（基于社会性目标） ·资质认可或备案 ·外部补助等

来源：根据岸井大太郎（2002年），笔者整理绘制[106]。

具体而言，"竞争限制型产业政策"是指具有维护垄断或限制竞争内容的规制内容，主要体现在基于产业的经济或技术特性，不适宜实施竞争机制的个别行业领域或这些领域的某些环节。基于调整生产数量和供需规模的目的所实施的市场准入规制、基于成本主义实施的价格审批制度等都属于此类产业政策类型。"竞争促进型产业政策"与竞争政策或竞争法在促进竞争机制有效发挥的目标层面具有一致性。例如，对掠夺性或歧视性定价行为，以及蓄意排除竞争者进入市场或制定不公平交易条件等各类排除或限制竞争的行为，由产业政策执行机构通过发布禁止或变更命令的方式予以规制。"竞争中立型产业政策"的实施，更多为实现保障公共服务的持续稳定提供、环境保护等社会性目标，对市场进入主体设定资质要件，或者设立吸引外部补助的公共基金等，一般不具有主观限制或扭曲市场竞争机制的风险。

但是，不同于竞争政策属于跨产业领域、具有普遍适用性的基础性规则，"竞争促进型产业政策"具有自身的产生逻辑，是基于传统产业政策之上进行修改完善或新设立的带有竞争促进目的的新型产业政策。如经济产业省在推进电力、电信、煤气等产业领域市场化改革过程中新设的"竞争促进型"产业政策，以及近些年来伴随数字产业的迅猛发展，经济产业省、总务省等部门出台的各类更为常见的"竞争促进型"产业政策。这类产业政策仍然具有立足特定产业或行业的适用范围局限性。因此，这类"竞争促进型产业政策"也可以被称为具有促进竞争理念的特定领域规制（Sector-Specific Regulation）[106]。对于规制机构来说，传统的特定领域规制也开始转变为"竞争性规制"（Competition Regulation）。1999年OECD发布的报告书中，明确提出这些"特定领域规制"应以"促进竞争和防止垄断权力的滥用为目的"[107]。

第二，从法律层面，明确产业政策部门职能及其与竞争政策执法部门的关系定位。明确产业政策部门与竞争政策部门之间的管辖权分工，有利于缓解两机构之间的职能争议。规范产业政策部门的具体权限，有利于确立产业政策部门与竞争政策部门协调关系的处理原则。对此，日本政府首先从推动产业政策向促进竞争型目标的调整转型，提升产业政策实施的规范化（Rule-Based 政策）[108] 开始着手，以实施行政改革为龙头，系统梳理和调整机构间及机构内部职责，在法律层面对产业政策部门的具体权限作出明文规定[108]。1998年，日本颁布《中央省厅等改革基本法》，将通商产业省改组为经济产业省，在该法第21条中明确了经济产业省的职能定位：①推动产业政策转型，尊重市场原理，不再实施或者减少以振兴个别产业或者调整产业间再分配为目的的产业政策措施（第21条第2款）；②防止经济产业省与公正交易委员会围绕竞争政策相关事项产生摩擦，规定设立后的经济产业省不再涉足竞争政策相关事项，交由公正交易委员会专门负责（第21条第10款）；③根据产业政策调整转型的进展，适时调整产业振兴部门内部组织（第21条第14款），等等。1999年，日本政府进一步颁布《经济产业省设置法》，在第4条分60项对经济产业省的管辖权范围作出规定，并明文规定，经济产业省在竞争政策相关领域需要充分尊重公正交易委员会的意见和决定。从法律层面对两大机关的权限予以明确，不仅可以减少产业政策与竞争政策在竞合适用领域产生过多的协调成本，更重要的是深入到产业政策与竞争政策矛盾冲突领域，明确产业政策部门对竞争政策部门的尊重，确立了公正交易委员会的独立、权威地位。例如，对于企业合并，产业政策部门开始改变事先对其实施直接干预的传统做法，可以向竞争政策执法部门提供相关提案，在明确两机构管辖权地位的基础上，建立两部门间的柔性沟通机制。

第三，司法判例中确立"明文适用除外原则"，规范两政策间的适用关系。各种产业政策法与《独占禁止法》是日本产业政策与竞争政策主要实施依据，两者之间的法律定位和关系，也直接影响产业政策与竞争政策在实施中的适用情况。司法判例中，围绕产业政策法与竞争法适用关系的相关司法判例的判决内容及其所展现的司法理念，无疑是推动两者关系形成共识并赋予法定强制意义的重要动力。对此，"大阪巴士协会案件"判决（1995年）[①] 明确了产业法的存在在多大程度上影响竞争法的适用、产业法和竞争法是否可以同时适用于同一行为等焦点问题。在本案中，对于依据《道路运输法》实施的被认可的"共同涨价行为"是否适用《独占禁止法》，主要存在3派观点[109]：①主张竞争法的全面适用。即《独占禁止法》和《道路运输法》是不同层面的法律规制，只要不存在竞争法适用除外规定，产业规制法就不能排斥和否定竞争法的普遍适用[110-111]。②主张"特别法优于一般法"。即《独占禁止法》属于一般法，《道路运输法》属于特别法，按照"特别法优于一般法"原则，交通运输领域属于排除自由竞争的领域，依据该法制定的、具有行业特殊性的规则，超出一般法的规制范围，即使不存在竞争法适用除外规定，基于行业特别法的政府特殊监管行为也不属于竞争法的适用范围[112]。③违法性阻断说。即虽肯定竞争法对特殊行业领域有适用性，但那些为了维护社会整体秩序、具有某种合理性的特殊行为，属于合理卡特尔行为，从而阻断了竞争法的违法性[113]。经过探讨争论，本案判决最终否定了两者属于"一般法和特别法"关系，即产业政策法中的特别规定无法构成排除竞争法约束的事由，并进一步明确，对于两者的适用关系，只要没有竞争法适用除外的明文规定，就不能直接排斥竞争法对产业领域的适用，不论该领域是否属于产业法规制的特别领域，从而确立产业政策法与竞争法之间的"明文适用除外原则"[68]。这一争论发生在20世纪末期，此时日本的竞争法已经颁布实施近50年，仍然面临具有更加悠久历史传统的产业政策、产业法主导的行政干预理念的挑战。现在日本学界主流观点以及公正交易委员会的执法实践也已经形成共识，即产业法规制的存在并不能直接排除竞争法的适用，而不论该产业法或产业政策规制的内容是否

---

① 大阪バス協会運賃等カルテル事件。

第三章
日本产业政策与竞争政策的关系变迁

具有合理性或基于维护公共利益等其他事由,即使其属于受到政府产业政策规制的特殊产业领域[114]。

第四,部门之间协调机制的逐渐确立。作为法律或政策的制定主体,日本的产业政策部门与竞争政策部门从彼此对峙到走向对话,再发展到当下的协调规制,其背后的机制设计发挥着不可或缺的作用。实践中,推动产业政策部门与竞争政策部门实现协调规制的相关机制主要体现在以下3个方面:一是,法律政策出台前的共同商讨机制。即竞争政策部门参与到产业政策部门的相关法律、政策或改革方案的制定过程中,两部门基于各自的规制理念和立场等,经过几轮联合审议和共同商讨,最终上升到内阁层面实施讨论、审议、合议,其过程本身也是产业政策部门与竞争政策部门实现协调的过程。这种事前商讨机制不仅得益于日本决策过程中重视咨询、实施层层合议(咨询)和逐级禀报(决策)的决策传统,更源于竞争政策部门作为独立的权威性、综合性规制部门,拥有对产业政策部门相关决策的参与权和话语权。二是,政策评价制度和竞争影响评价制度。2002年,日本开始实施政策评价制度,在此基础上,2010年将对竞争的影响纳入政策评价指标体系中,实施竞争影响评价制度。在制定和实施这两项制度时,公正交易委员会与产业政策部门都积极参与,在共同探讨的基础上制定具体实施方案,对具体内容进行竞争影响分析和评价。通过政策评价制度和竞争影响评价制度,公正交易委员会能够在产业政策出台前参与其中,成为推动和强化竞争政策及其实施理念的重要力量。围绕政策开展的竞争影响评价,也成为产业政策部门和竞争政策部门开展事前协调的重要议题之一。三是,执行中的多部门协商机制。在具体的政策执行过程中,竞争政策部门和产业政策部门也建立有较为密切的协商机制。例如,对于特定行业领域,不同部门均具有一定的管辖权时,为了明确和协调各自的权限分工,由管辖部门之间开展共同探讨、联合推出各类《执法指南》的方式,是日本协调产业政策与竞争政策关系的常用手法之一[115]。这些《执法指南》并非停留在原则层面的指导性文件,往往通过明确该特定领域中不同机构各自的管辖范围和执法权限,明确竞争政策所禁止行为与产业政策所禁止行为之间在构成要件和判断标准等方面的不同,对促进两机构间的协调执法、为市场主体提供行为参考依据等都具有重要意义。此外，在一些具体的案件和纠纷处理中，竞争政策执法机构和产业政策执法机构也开展了较为密切的协商机制，是一种更为落地的协调模式。根据具体争议行为，产业政策与竞争政策执法部门分别从不同的角度，发挥各自执法优势，实施协调规制。

第二部分
传统产业案例考察：日本电力产业

> 电力是支撑社会生产和人们生活的基础必需品，是构成几乎所有商品、服务不可或缺的投入要素之一。电力产业处于社会生产活动的上游环节，电力产品的价格波动和供应稳定性等对下游各产业活动产生重要影响。鉴于电力产业对社会经济的深刻影响以及其技术经济特性的复杂性，从世界范围来看，电力产业都是较为典型的政府规制产业。自二十世纪七八十年代，随着技术和规制理论的发展，西方发达国家对电力实施民营化和市场化改革，继而在全球范围内掀起了电力产业变革的浪潮。电力改革的核心是打破"垂直一体化"的垄断运营结构，对具有竞争可行性的环节放开市场进入，引入市场机制，构建具有竞争性的市场结构，提升电力产业的整体运行绩效，并由此带来法律政策等制度层面的变化。
>
> 随着电力产业市场化改革的深入，产业政策中增加了促进竞争的相关内容，产业政策与竞争政策的关系开始走向竞合适用，如何处理两种政策之间的竞合及经济产业省与公正交易委员会的职能协调，成为当前课题。
>
> 本部分梳理回顾日本电力产业的发展历程，剖析电力市场化改革不同阶段其产业结构的变化，重点聚焦改革后产业政策与竞争政策等制度体系状况，对日本电力产业所构建的协调规制模式进行具体分析。

第四章 日本电力产业的发展历程

一、走向垄断：市场化改革前的电力产业

日本电力产业始于19世纪80年代初期，至20世纪90年代开始实施电力市场化改革之前，百年中历经几番调整，其变化主要体现在经营主体属性及其管理模式方面。总体来看，日本电力产业最初由民间电力企业的自主经营而发起，并逐渐形成了以民间主导的电力市场竞争格局。此后，作为当时电力产业规制机构的通信省基于公共利益和避免重复竞争的角度，颁布《电力事业法》，对电力产业实施市场准入规制。同时，作为由民间电力企业联合成立的自主性行业组织——电力联盟，对电力企业之间的价格和供电区域等实施协调。"民主官辅"的经营管理模式一直持续到第二次世界大战前。第二次世界大战时期，基于公共利益实施政府干预的需求更为强烈，电力产业逐步进入政府高度统制下的国营状态；战后，又再次恢复到民营状态。按照经营主体属性"民营—国营—民营"的变迁历程，可以将日本电力产业的发展划分为以下3个阶段。

（一）由竞争到规制

据史料记载，日本电力产业最早始于1883年获得经营许可、1887年开始正式运营的东京电灯公司（简称"东京电灯"）[116-117]①，使用美国爱迪生公司制造的三相直流250 V火力发电设备。此后，1888—1891年，除了东京以外，神户、京都、名古屋、横滨、熊本、北海道、大阪等城市也相继成立了

---

① 东京电灯公司（東京電灯会社）也是现在东京电力公司（東京電力）的前身。

中小规模电力公司[116]，到1891年左右大概有11家电力公司[118]。始创期的电力公司电源结构以火力发电为主，也有一些以水力发电为主的电力公司，集中在东北和北陆地区。此外，1880年后，在工业革命影响和带动下，还出现了一些工厂用的自发电设备。从整体来看，当时社会和民众对电力的需求较低，发电机容量效率也极低，尚没有必要建设全面的输电设备或变电站[117]。20世纪初期日俄战争之后，在经济逐渐繁荣的背景下，电力需求开始激增，随着发电、输配电等技术的进步，新的电力公司不断涌现。据统计，1907年日本已有私营电力企业106家，1910年近200家，装机容量也在迅速提升，日本电力产业开始进入早期的成长发展期[119]。同时，为了争夺市场份额，电力企业之间也开始进入谋求扩张的激烈竞争阶段[116-117]。

为了应对电力企业之间设备扩充和竞争引发的各类民事纷争问题，1911年3月29日，日本颁布了最初的《电力事业法》。该法在认可电力设备铺设拥有土地使用等特权的同时，明确电力公司向通信省事前申报电价的制度、自发电设备实施主任技术员制度以及对一般民众的相关规定等。该法带有对电力产业实施保护培育以及维护公益、安保等目的，在政府保护政策下，大规模电网逐渐遍布日本全国。但是，由于该法并没有禁止电力企业之间实施重复供电，电力企业之间围绕大规模电力用户开展了激烈的竞争，一度陷入混乱局面。例如，为了争夺东京等电力需求较为集中区域的市场份额，东京地区3家电力公司——东京电灯、东京市电气局、日本电灯展开了激烈竞争，最终在协商明确彼此优劣势的基础上，三方于1916年达成了关于供给区域和电价等方面的协议[120]。此外，20世纪20年代，当时被称为"日本五大电力"的东京电灯、东邦电力、大同电力、宇治川电气和日本电力，持续了大约10年的"电力竞争战"[116-117]，维持着以5家电力公司为核心的民间竞争市场结构。

一方面，民间电力公司之间的供给区域争夺战，带来了服务质量改善、电价降低等竞争效果，推动了电力产业的普及和发展。但另一方面，也出现了一些负面问题。当时的电力企业除了上述5家大型电力公司以外，还有其他大大小小近800家电力公司，无序竞争导致这些电力公司之间出现供电设备重复投资和资源浪费的问题。1918年第一次世界大战结束后出现世界性经济恐慌，日本经济也陷入不景气状况，无序竞争带来的重复建设问题导致一些经营不善的中小型电力公司资产状况和业绩恶化，经营难以为继，电力企业之间开始实施吸收合并，并开始严重依赖国家的扶植政策和金融资本[116]。在这一形势下，日本1931年修改《电力事业法》，强化了通信省对电力产业基于维护公共利益目的的相关规制，包括对电力设备的统合、对电价实施政府认可制等，对电力产业开始实施限制竞争的产业政策。1932年4月，电力企业自发成立了带有卡特尔性质的电力行业组织——电力联盟，组织电力企业实施自主规制，便于对生产规模、电力价格等实施行业内协调，为避免竞争不再进行重复供电。自此，在政府干预和电力联盟的协调下，日本电力产业才终结了无序竞争的状态，逐渐克服了经营不振问题，在政府规制下建立并维持着5家大规模电力企业的市场垄断地位，成为日本电力产业发展史上的一个重要转折点[121]。

（二）战时国家统制

第二次世界大战前，日本电力产业供给能力的大概60%集中在五大电力公司，但仍存在诸多中小型供电企业，电力企业之间仍然呈现较为激烈的竞争态势。随着日本侵华战争的爆发，日本国内开始呼吁强化战时体制。此外，此时欧洲、美国等也开始讨论实施综合性电力供给体制以减少资源浪费。在这些因素影响下，日本也开始讨论对电力产业实施政府统制，旨在对重要物资的生产、流通、分配实现统筹分配和一体化管理。第二次世界大战期间，日本电力产业的国家统制色彩日渐浓重。如果说在前一阶段，日本政府对电力产业开始实施规制多基于提高经济效益、避免资源浪费等经济理由，那么1939年之后日本政府对电力产业的规制更多源于国家主义和极权主义意识形态的兴起这一非经济因素[121]。为实现生产力扩充计划和经济军事化，政府不断强化对电力产业的控制范围和力度，由电力联盟企业自主规制为主、政府依据《电力事业法》行政干预为辅的规制方式，逐渐演变为政府"自上而下"统一管理的强势统制模式[116]。1937年12月12日，日本通过了《电力国策纲要》，决定将电力产业的"发送电领域"和"配电领域"拆分，即对发送电业务在全国范围内实施国家管理和统一运营，对配电业务实施划区域运营。在这一方针下，日本1938年颁布《电力管理法》和《日本发电输电株式会社法》，解散电力联盟，并于1939年成立了"日本发送电株式会社"，以民间企业水力、火力发电设备和输变电设施等强制入股的方式，收归于日本发送电株式会社，推进发送电领域业务的统一实施；根据《国家总动员法》，1941年颁布《配电统制令》，1942年4月，将全国400多家配电公司整合为按照区域划分的9家配电公司，旨在构建由9家区域性配电公司和日本发送电株式会社相互配合的国家管理体制和新的垄断体制[117]。同时，1939年4月1日将电气局和电力管理准备局合并，成立统一实施电力行政管理的"电气厅"作为电力产业的国家统制机构。由此，日本电力产业开始全面进入国家统制阶段[121]。电气厅根据《电力管理法》对负责与电力管理有关的事项，对电力相关业务实施监督、管理和审查，以及管理日本发送电株式会社相关事项。至此，日本电力产业的发送电和输电领域已经完全置于政府的管理和控制之下，国家主导的经营模式改变了民间主导的经济模式，在很大程度上抹杀了民间企业的自主活力。同时，由于此时日本的电源结构偏重水力发电，电力供应不稳定，发送电环节与配电环节实现拆分，从当时的技术条件来看，具有技术经济层面的不合理性。

（三）战后民营体制

第二次世界大战后，在GHQ管辖下，为了破除引发战争的势力源泉，解散财阀、分割战时统制时期过度集中的大型企业，日本颁布实施了《过度经济力集中排除法》，电力产业也属于需要调整的范围，由9家区域性配电公司和日本发送电株式会社构成的战时电力管理体制面临调整。围绕如何解决国家统制体制下形成的电力产业垄断问题，日本国内开始讨论推进民营化或实施拆分。

1950年11月，日本颁布《电力产业再编成命令》和《公益事业命令》，电力产业、燃气产业等被定位为法定的公益事业，实施区域垄断；同时，成立从民间选出、由大臣任命的委员所组成的公益事业委员会，作为日本电力产业新的规制机构；废除《电力管理法》，解散日本发送电株式会社，推动电力产业恢复民营化经营状态。1951年5月1日，在全国范围内重新成立了9家民营电力公司：北海道电力、东北电力、东京电力、北陆电力、中部电

第四章 日本电力产业的发展历程

力、关西电力、中国电力、四国电力、九州电力。这9家民营电力公司统一经营发送电业务和配电业务，实施"发电—输电—配电—供电"的垂直一体化运营模式。至此，日本的电力产业在内外因素共同推动下，基本结束了13年由政府统制的历史。

伴随战后复兴电力需求的增加，新电力体制尚无法迅速扩充供给能力，为了应对全国范围内的电力短缺问题，需要开发新的水力电源。但是，大规模水电开发需要较多投资，仅仅靠民间企业能力有限。1952年7月，日本颁布《电源开发促进法》，依据该法于1952年9月成立了"电源开发株式会社"（J-POWER），在政府投资支持下，用于开发大规模水力发电设施，与9家民间电力公司共同发挥作用。此外，为了开发商用核电，9家电力公司与电源开发株式会社共同出资，在1957年成立了日本原子力发电株式会社。

九大民营电力企业的电力运营体制确立后，伴随火力发电技术和发电效率的提升，相比水力发电，火力发电的成本优势逐渐凸显，火力发电企业和水力发电企业之间的差距开始拉开。为了尽可能消除不同公司之间的差距，日本提出实施"广域运营"的方式，在电力供需和电源开发方面，各公司从全国一体化的角度调整运营方式。此外，这一时期的电力供给也开始进入了"质量重于数量"的高质量发展时代，提高电力供给服务的质量开始成为社会需求。在推进实施广域运营、提升服务质量、优化电力产业安全保障等目标下，1964年7月，日本颁布新的《电力事业法》，从法律层面确立9家民营电力企业的区域垄断地位，具有划时代的意义[118]。1972年，冲绳"归属"日本后，加上冲绳电力公司，日本电力产业形成了十大民间电力公司"民营+垂直一体化+区域垄断"模式的电力供应格局。

这种电力供应格局为日本战后复兴和经济增长发挥了重要作用，9家（10家）电力公司在经营中积极发挥自主性，不断扩大供电设备及其相关建设的规模，推动了电源结构的多样化发展，为日本提供了低成本和稳定可靠的电力供应服务。这种格局一直被维持，直至二十世纪七八十年代，随着规制缓和潮流，日本电力产业开始实施市场化改革。"垂直一体化"和"区域垄断"存在的问题及其必要性等，成为讨论的焦点问题，以引入市场竞争机制、打破"垂直一体化"和"区域垄断"为主要目标的电力市场化改革正式拉开帷幕。

二、引入竞争：日本电力产业的市场化改革

从日本经济社会发展的大背景来看，如前所述，进入二十世纪七八十年代，日本在政府财政收入下滑、经济增速放缓、国际形势严峻以及市场主体成熟度提升、自主性增强等各类内外因素影响之下，以实施行政改革和财政改革为开端，大范围缩减行政干预职能和范围。从1985年开始，对日本专卖公社、日本电信电话公社和日本国有铁道实施民营化改革，此后又在电信、电力、大型零售、航空、金融、保险等广泛产业领域引入市场竞争机制，减少政府对市场进入、价格规制等方面的干预，促进新参与者的市场进入，发挥民间投资潜力。进入20世纪90年代，日本经济的主要特点是泡沫经济崩溃和经济开始进入长期衰退。但是，对电力产业等个别产业来说，这一时期是政府放松规制、全球竞争加剧和产业重组加快的时代。伴随电力市场需求和资本需求的不断增加，电力产业出现设备投资不足问题，加之发电领域电气化技术的发展，小规模、分散型电源具有进入市场的可行性，在技术和需求等市场环境变化和放松规制的潮流下，日本开始实施以引入市场竞争机制为核心目的的电力自由化改革。

（一）改革背景

电力公司经营业绩的不断恶化。战后日本电力产业虽然回归民营企业主导经营模式，但仍然保持着"垂直一体化+区域垄断"市场格局。到20世纪60年代，伴随日本产业结构的调整和转型，电力需求开始从工业用电向民用电转变，这种现象一直持续到20世纪90年代。尤其纺织、化学、钢铁、有色金属和采矿业等电力高耗型重工业的电力需求量持续下降。加之70年代爆发的石油危机，在原油价格上涨、电力需求增长缓慢、负荷率下降、电源开发迟缓以及环境问题加剧、资金成本上涨等多重因素影响下，日本电力产业处于发展困境，9家电力公司的负荷率自20世纪70年代初开始大幅下降，此后一直维持在较低水平，电力公司的经营业绩不断恶化。

电源选址推进困难，电源开发受到限制。电力企业经营业绩恶化以及环境问题等，大大削弱了企业开发的自主性，制约了电力投资和电源开发的进

第四章　日本电力产业的发展历程

度。为了加快电源发展和选址落地的进度，日本政府曾于1974年6月发布"电源三法"：①对电力企业征收电源开发促进税的《电源开发促进税法》；②用上述征税设立电源开发促进对策特别会计制度的《电源开发促进对策特别会计法》；③从该特别会计制度中向电源开发所在地支付公共设施补助金的《发电设施周边地区整备法》。通过以上3部法律明确大力发展核电开发，保障稳定、便宜的电力能源供给，同时规定国家给核电设施所在地的政府支付补助金，用于道路、港湾、医疗设施、教育文化设施等公共设施的建设和相关产业发展，解决因电源开发对所在地经济溢出效应较小导致电源选址困难等问题，以顺利推进电源选址的落地。此后，1981年10月，日本政府又新设了电源选址特别补助金制度，补充上述电源选址推进政策。尽管日本政府围绕电源开发在政策上做出了诸多调整，但电源选址问题仍然没有按照预期顺利解决，电源开发进度仍然一再延迟。尤其在核电站建设方面，受1979年3月美国三里岛核电站核泄漏事故的影响，电源选址更是难以推进。

电源结构呈现多元化发展趋势。为摆脱对石油资源的依赖，日本电力企业主要从两个方面改善电源结构：一是大力发展核能。到20世纪60年代后期，随着核燃料循环使用、核废料处理处置和快中子增殖反应堆的实用化，日本核能发电开始真正进入实用化阶段，对进口铀的依存度不断降低。但是，社会对核能安全性能的担忧和不信任感一直挥之不去。1974年，日本第一艘核动力船"陆奥"号发生核泄漏事故，核能安全成为制约核电发展的主要枷锁。1978年，日本修订《原子能基本法》，增加规定"以确保安全为宗旨"，并将原子能委员会的"安全审查"职责分离出来，另专门成立原子能安全委员会，明确核设施许可由原子能委员会和原子能安全委员会实施双重审查制度。二是发展LNG（液化天然气）和煤炭火力发电，减少石油火力发电。经历石油危机，液化天然气供给所展现的相对稳定性开始受到关注。1974—1985年，东京电力、东北电力、九州电力、关西电力和中部电力等5家电力公司开始将火力发电燃料由石油部分转化为液化天然气。但是，LNG需要建设接收站等设备，投资较大，因此，在燃料转移到LNG之外，并行考虑使用进口煤。1977年，进口煤首次低于日本国内煤的发电用基准煤价，从20世纪70年代末到20世纪80年代前半期，北海道电力、中国电力、四国电力、九州电力、东北电力等 5 家公司都增加了煤炭发电的比重。

电力公司同时涨价和降价，暴露垄断结构性问题。经历两次石油危机后，电力企业的经营业绩不断下滑，9 家电力公司已经无法维持较低价位的电力供应，分别在 1974 年 6 月、1976 年 6—8 月、1980 年 2—4 月进行了 3 次集体涨价。20 世纪 80 年代后期，因日元升值和油价走低，9 家电力公司又经常性实施同步降价行为。虽然电价浮动幅度与其他公共服务费用浮动幅度相比并不显著，9 家电力公司作为公共物品提供者，经常性同时涨价和降价的行为还是引发社会的批评，其背后也暴露了日本电力产业的垄断结构问题。过度依赖核能开发，对国家政策性保障产生依赖，9 家公司各自维持区域垄断的供给结构削弱了彼此之间的竞争意识，不利于电力产业的效率和服务质量等的提升，严重影响民营电力企业所应具有的经营活力等优势的发挥，这些成为日本在 20 世纪 90 年代开始推进市场化改革、引入市场竞争机制的重要因素。

电力改革的国际趋势影响。在政府规制缓和的潮流下，电力产业也成为不少国家放松政府规制的重要对象领域。1982 年，智利成为世界上第一个实施电力自由化的国家[90]。英国也在 20 世纪 90 年代初，将电力改革作为撒切尔政府推行的整体经济体制变革的重要一环，1989 年开始对中央发电局实施厂网分开和民营化重组，在发电和售电企业环节引入竞争，在此后的 20 多年中不断总结和调整改革模式，在英格兰和威尔士形成了发电、输电、配电环节结构拆分和以电力池（Electricity Pool）为特点的电力交易机制和供应体制，成为首个实现电力产业自由化的发达国家。此后，挪威（1991 年）、阿根廷（1992 年）、新西兰（1993 年）和澳大利亚（1994 年）等国也相继迈出了电力自由化改革的步伐。进入 21 世纪，电力自由化改革已经发展成为全球趋势[90]。

（二）四轮市场化改革

1995 年，战后日本首次对电力产业实施改革，也是时隔 31 年再次对《电力事业法》实施全面修订。迄今为止，共实施了 4 轮市场化改革，并持续至今。由于每次改革都以《电力事业法》的修改为前提，以该法为主要依据的电力相关产业政策也在不断调整。以下，在对日本电力市场化改革的进程进行详细考察的基础上，重点对电力产业政府规制内容的变化展开分析。

第四章
日本电力产业的发展历程

1. 第一轮电力市场改革：发电领域的市场放开

第一轮改革始于 1995 年，本次改革主要以放开发电领域政府准入规制，允许电力趸售/批发商进入为主要内容。在市场化改革以前，日本电力市场中，除了已有的 10 家电力公司（以下简称"一般电力经营者"）[①]之外，只有电源开发株式会社、日本原子力发电株式会社等国家政策性电力趸售公司。为了扩大电力供给来源，发挥多元主体的电力供给潜力，1993 年日本开始探讨放松发电环节的政府规制，鼓励新的电力经营者进入[122]。1995 年修改《电力事业法》，从法律层面废除了向一般电力经营者开展电力趸售/批发业务的经营许可制度（市场准入），即允许拥有发电或电力供应能力的经营者向一般电力经营者开展商业化的供电业务。改革后，一些拥有发电设备的企业，燃气公司、化工厂、钢铁厂等利用废热发电的企业，甚至一些新购买发电设备的商社等都开始从事趸售业务，被称为"独立发电经营者"（Independent Power Producer，IPP）或"趸售电力经营者"。法律仅对 IPP 的供电期限和供电规模作了一定要求，即 IPP 与一般电力经营者签订"供电 1000 kW 以上且 10 年以上"或"供电 100 000 kW 以上且 5 年以上"的长期合同。对其电源类型不作要求，IPP 可以利用光伏、风能等可再生能源提供供电业务，有利于实现供电主体和供电类型的多样性，对扩大电力供应、降低电价起到了积极作用。

实施电源招投标制度，在趸售市场建立市场竞争机制。随着大量 IPP 的新进入，日本开始在发电环节实施招投标制度，采用竞争方式确定一般电力经营者的购电价格。IPP 参与竞标，待中标时与一般电力经营者签订长期供电合同。招投标制度可以为一些具有经济效率的中小 IPP 企业提供平等参与竞争的机会，是促进发电市场竞争的重要机制。在电源招投标制度的实施初期，招标对象范围仅限于开发周期 7 年以内的短期火力发电企业。随着投标活动的活跃，2000 年，进一步扩大了招标对象范围，一些开发周期较长的发电企业也可以参与投标。2005 年，伴随电力批发交易市场（JEPX）的设立，所有具有市场竞争力的供电企业都有资格参与电力批发交易市场中，电源招投标制度失去意义被取消。

---

① 日本《电力事业法》中将 10 家电力公司称为"一般电力经营者"。

部分放开售电环节。允许一些具有发电设备和输配电网的企业，如铁路公司等，在限定区域内向用户直接供电（售电），这些企业被称为"特定电力经营者"。与一般电力经营者一样，这些特定电力经营者可以一体化经营"发电—输电—配电—售电"业务，只是其供电区域受到限制。该举措也是打破一般电力经营者完全垄断供电领域的一项突破，为以后电力产业推进售电领域的市场开放奠定了一定的制度基础。

改善电价监管制度，实施较灵活的电价制度。作为电力产业规制机构的通商产业省（2001年改组为"经济产业省"）对电价实施事前审批制度，在本轮改革中，优化和改善了电价的具体监管措施：①给予一般电力经营者一定的定价选择权。在电价审批制度外，允许一般电力经营者通过申报方式，设定可供电力用户（消费者）选择的多样化电价选项，以应对峰谷或季节差异时电力的不同需求，实现电力负荷均衡或提升电力设备使用效率。②引入标杆（Yardstick）竞争电价核定方式。在此之前，电价采用"总成本核算方式"确定，即将发电、输配电、售电环节的所有费用核算为"总成本"，乘以一定的报酬率确定最终电价。"总成本"包括发电站和输电设备的建设费、维护管理费、燃料费、运险费和营业费等。这种核算方式能够覆盖企业的所有成本，确保企业盈利，对于推动电力产业投资、振兴电力产业发挥了积极作用，但也会导致企业缺乏降低成本的主动性。作为一种激励性规制机制，本次改革引入了标杆（Yardstick）竞争核定方式，即在一般电力经营者中选取业绩优良者的成本或服务质量作为标杆，激励业绩较差的企业追赶业绩较好的企业[123]。根据电力企业的业务报表核算理想的成本水平，通过与理想成本水平的比较来评价各电力企业的经营效率。这种方式能够较好解决信息不对称问题，在维持电力公司区域垄断地位的同时，引导相互之间开展竞争。但是，由于仍以电力公司的总成本为核算基础，标杆竞争方式只是在一定程度上起到激励电价竞争的效果。③实施燃料费联动机制。为应对汇率变动、燃料价格上扬等外部因素影响，本次改革在引入标杆竞争核定方式的同时，开始实施燃料费联动调整机制，使电价及时反映经济形势变动。如对于火力发电型电力公司，允许其每月根据原油、LNG、煤炭等燃料价格变动适时调整电价。

2. 第二轮电力市场化改革：零售领域的部分放开

1999年5月，以再次修改《电力事业法》为契机，日本启动第二轮电力市场化改革，本次改革核心目标是在电力零售领域引入市场机制，鼓励新的电力企业进入[122]，进一步扩大电力产业中竞争机制的实施范围。

允许PPS进入售电市场。部分放开售电领域的市场准入规制，允许一些大型工厂、办公楼、百货公司等签约用电量在2000 kW以上的特别高压用户（受电条件为电压等级2万伏以上）自由选择供电企业，即除了可以向现有的一般电力经营者购电之外，还可以选择具有供电能力的其他企业。这些供电企业仅需要向监管部门申报，即可向上述用户开展供电服务。据统计，这部分用户的年销售电量已经占到日本电力产业整体销售量的26%[124]。对这部分用户市场的放开，吸引了大批具有剩余电力的自发电企业、工厂或者通过竞购市场向IPP购电等方式具有供电能力的新型售电企业的参与，被称为"特定规模电力经营者"（Power Producer and Supplier，PPS）①。PPS通过使用一般电力经营者所拥有的输配电网络，将电力销售给这些拥有自由选择权的电力终端用户，在售电领域与一般电力经营者展开市场竞争。

增加一般电力经营者的电力供应保障义务。对于实现自由选择的特别高压用户市场，原则上废除了规制机构之前所实施的市场准入规制、价格规制等，但是，为了保障PPS等新进入供电企业电力供给的稳定性和持续性，应对其由于各种原因无法向用户供电的突发情况，基于公共利益保障的角度，修改后的《电力事业法》又增加规定10家一般电力经营者负有对这些用户用电的最终保障义务，也被称为"兜底保障义务"[125]，有关电价、供应条件等"兜底保障条款"需要向监管部门提交申报[126]。

新设一般电力经营者的电力托送义务。如前所述，由于PPS等新进入供电企业虽然可以向最终用户供电，但是其只参与电力零售市场，本身并不拥有输配电线路和网络，因而必须使用一般电力经营者的输配电网，由一般电力经营者向其提供"电力委托输送服务"（简称托送服务或托运电服务）。PPS与一般电力经营者之间通过签订《电力委托输送合同》，确定相关托送费用及其他托送服务相关交易条件。

---

① 2012年3月，经济产业省将PPS统一改称为"新电力"。

除此之外，本次改革还优化了规制领域的相关举措。例如，改善了电价的更改程序，之前需要行政许可审批，本次改革放松了政府对电价的规制，允许一般电力经营者在不损害用户利益的前提下降低电价，并可通过申报制变更电价。但如果降价行为涉嫌存在不合理歧视等问题时，监管部门有权发布变更命令。同时，允许一般电力经营者增加电力供给类型，扩大多样化的服务模式供用户选择，提升企业的管理效能和自主范围。

3. 第三轮电力市场化改革：进一步放开售电领域

2003年，日本再次修改《电力事业法》，正式启动第三次电力市场化改革。改革的核心内容是进一步扩大可以自由选择供电企业的用户范围，继续提升零售领域的市场化程度，并为此完善了相关配套措施，用于提升输配电网络使用的公平性和透明度。

扩大电力零售领域的市场化范围。自2004年开始，允许中型工厂和超市、中小型建筑等签约用电量在500 kW以上的高压用户（受电条件为电压在6000伏以上）自由选择供电企业。这部分用户的年销售电量达到日本总销售电量的40%。2005年，进一步扩大电力零售环节的市场化范围，允许签约用电量不足500 kW的小型工厂用户自由选择供电企业。至此，日本电力产业中实现零售市场化的用户范围扩大到签约用电量在50 kW以上的所有高压用户，针对实现市场化的用户的年销售电量达到总销售电量的63%；监管部门对市场准入实施规制的范围仅保留在一般家庭和中小型商店等用户市场，这些用户仍然由一般电力经营者实施区域垄断。

提升输配电网络使用的公平性和透明度。随着零售环节市场化范围不断扩大，越来越多的新供电企业（PPS等）进入这些售电市场。这些企业需要借用一般电力经营者的输配电网络，输配电网络成为其开展业务的重要基础设施。但实际上，一般电力经营者与PPS等新供电企业在售电市场具有竞争关系，并不具备主动开放输配电网络的积极性，如何保障PPS等能够公平合理使用输配电网络、为PPS进入市场构建相对公平的竞争环境成为关键因素。最理想的方式是将一般电力经营者的输配电网络与其发电部门实施拆分（即"发送电分离"），提升输配电网络的中立性。为此，2001—2003年，日本的综合资源能源调查会讨论电力改革方案时首次正式提出对一般电力经营者实施"发送电分离"[127]。由于一些保守观点，如电力存在难以储存、即时平衡供需等技术局限性，保持发电和输配电设备一体化运营有利于电力稳定供应等，此次改革采用了保守路径，"发送电分离"被暂时搁置，维持了一般电力经营者的"垂直一体化"运营。但自此以后，实施"发送电分离"已经开始成为此后改革的重要方向。本次改革暂时从提升输配电网络的公平性和透明度方面强化监管，在一般电力经营者的发电环节和输配电环节构建一定程度的"防火墙"，提升输配电基础设施的中立性。例如：①引入行为规制。包括禁止一般电力经营者输配电部门为 PPS 提供托送服务时的歧视待遇行为，禁止一般电力经营者的输配电部门与发电部门之间的内部交叉补贴行为，禁止所获得商业信息等用于其他目的等。②实施"会计分离"。按照市场化程度的差异，区分"市场化零售领域""政府规制领域""一般需求领域"等不同部门，实施相互独立的会计管理制度，即实施不同部门之间的"会计分离"。③设立第三方监督机构。2004 年 2 月 10 日成立第三方机构——电力系统利用协议会（Electric Power System Council of Japan，ESCJ），监督输配电领域的市场公平性和透明度，由学者、一般电力经营者、PPS、IPP 等多元主体担任成员，负责制定确保输配电网络中立性的系统利用规则，监督电力系统运行以及处理相关纠纷等。

设立电力批发交易所（JEPX）。为了实现电源供应多样化，为 PPS 提供更便捷的电源供应，运用市场交易机制盘活剩余电力资源，2003 年 11 月 28 日，日本建立开展电力批发业务的电力交易市场——日本电力批发交易所（Japan Electric Power Exchange，JEPX）。参与交易市场的成员除了 10 家一般电力经营者外，还包括从事售电业务的 PPS、从事发电业务的 IPP 等多元主体。当 PPS 出现电力供应不足时，可以通过交易所向其他 PPS、一般电力经营者或者 IPP 购买余电。截至 2022 年 1 月 31 日，JEPX 已经有超过 280 家交易企业，一些企业集团和大型商社等也积极参与到电力交易市场中。2005 年 4 月，JEPX 开始运行现货交易（Spot Trading）① 和远期交易（Forward

---

① JEPX 的日前交易在电能量市场运行日前一日确定机组组合状态、发电出力计划和出清价格，以 30 分钟为单位，分成 48 个商品进行交易。

Exchange Transaction）①。2009年9月，JEPX开始运行1小时前交易。2012年6月，JEPX开始运行分散型和绿色电力交易。2019年4月，开始运行间接输电权交易。同年8月，启动基本负荷市场。截至2020年3月，JEPX的交易量（约定量）已经占到日本全部电力需求量的35.5%，约为上一年同期的1.1倍[128]。

调整跨区供电托送服务费核算方式。由于一般电力经营者实施区域垄断，PPS提供跨区域供电服务时，往往需要向所跨区域的一般电力经营者分别缴纳托送服务费，层层叠加容易导致PPS售电成本过高。本次改革取消了PPS跨区域托送服务费收取方式，即由购买PPS电力的终端用户负担跨区域托送服务费，由该终端用户所在地的一般电力经营者统一收取，由所跨区域的一般电力经营者之间进行结算。此举有利于PPS辐射日本全国供应电力，而不论其电源位置与终端用户之间的距离远近。

此外，在对电力零售市场化利弊、改善竞售市场竞争环境、同时同量不平衡制度、托送价格、电力稳定供应以及环保等议题进行广泛讨论的基础上，日本政府于2008年再次修改《电力事业法》，将"稳定供应""环境保护""竞争效率"作为主要目标：①建立针对不同电力供应商的调度机制，以保证电网的公平接入，但输电系统仍然保持垄断；②建立促进电源发展的体制机制，但仍保持一般电力经营者的垄断地位；③在全日本电力交易与配售机制中引入环境保护目标要求[129]。

4. 第四轮电力市场化改革：全面放开零售领域

2011年3月11日"东日本大地震"引发福岛第一核电站核泄漏事故，核电的安全神话破裂，日本面临战后最大的"电力危机"，日本电力系统的安全性和供电稳定性再次受到质疑，民众要求脱离核电、引入可再生能源的呼声日渐高涨。在这一背景下，日本政府启动第四次电力改革，开始对电力产业实施体系化调整。2013年4月2日，日本内阁会议通过了《电力系统改革方针》，明确了"确保电力稳定供应""最大程度控制电价""扩大用户选择和企业商业机会"三大改革目标。改革具体分3个阶段。

---

① 包括"远期定型交易"（将未来一年中交付的电力以1个月为单位进行交易）和"远期非定型交易"（采用可以自由书写的告示牌方式，进行非定型远期交易，也被称为"告示牌市场"）。

第一阶段：2015年4月，设立统筹日本全国电力融通的跨区域系统运营机构——广域运营推进机构（Organization for Cross-regional Coordination of Transmission Operators，OCCTO）。日本的所有电力公司都必须加入OCCTO，该机构在业务运营中保持中立。作为跨区域电力供应协调机构和指挥中枢机构，OCCTO的职能主要包括编制全国范围的电力供应计划；推进输电网、变频设备建设以及跨区域电力系统运用；在平时进行跨区域运行协调和频率调整；以中立的立场，接收PPS等新电力公司的上网需求，发布系统相关信息以及制定协调发电与输配电的相关规则等。例如，OCCTO监督检测电力使用量和发电量，在查明由于灾害等原因出现电力短缺地区时，向有余电的公司下达输电指令以避免发生停电事故，能够在全国范围内实现供需调配，打破了按区域划分的电力供需管理结构，有利于全国层面的电力供需稳定。此外，也有利于为存在较大波动的可再生能源提供电源支撑保障，促进可再生能源的市场参与。

第二阶段：2016年，实现售电领域的全面市场化。通过之前3轮改革，日本售电领域的开放程度已经达到63%（年销售量），本轮改革继续扩大允许自由选择供电企业的终端用户的范围。从2016年4月1日开始，包括普通家庭、商店、城镇工厂等低压用户在内的所有终端用户和消费者等，都允许其自由选择供电方以及更加多样化的收费和服务标准，从而实现了售电市场的全面放开，电力产业的市场竞争范围进一步扩大。

此外，随着售电市场的全面放开，日本进一步引入"负瓦特交易"。根据《能源基本计划》（2014年4月11日内阁决定），作为依据需求侧响应调节供需平衡的重要手段之一，日本将建立"负瓦交易市场"，以提高消费端节约用电的积极性，即所有电力用户不仅可以自主选择售电公司，还可以直接参与到需求响应（DR）和虚拟电厂（VPP）的市场交易中，电力供需平衡不再仅依靠发电侧"用多少发多少"的方式（可被称为"正瓦特"交易），而是通过供应和需求两侧的市场进行调节[130]。通过"正瓦特交易"和"负瓦特交易"两种不同方式的配合，更好地实现节约电能消费的目的。2017年4月，日本负瓦特市场正式启动，目前按交易主体和目的可以分为两大类：第一类是电力零售企业，主要目的是调控用户侧节电量与计划发电量的匹配；第二类是输配电企业，目的是通过增减负荷保障供需平衡[130]。其中，负荷集成商通过聚合调控分散式电源获取市场利益，企业通过自身的储能装置、备用电源和电动汽车等向负荷集成商提供电能而获益，通信和IT公司通过电力控制技术以及相关数据分析等获得商机，个人电力用户则可通过屋顶光伏、储能装置和电动汽车向负荷集成商提供电能[130]。

第三阶段：2020年，实现一般电力经营者的"发送电分离"。如前所述，早在21世纪初，日本就已经在讨论推进一般电力经营者发电部门和输配电网络部门之间的拆分，提升输配电网的中立性，为PPS等新的电力供应者提供自由、公平和平等使用输配电网络的环境，推动市场化改革的真正落地。随着售电市场的全面放开，PPS等新进入者数量进一步增加，2020年4月1日，日本政府开始实施一般电力经营者的发电部门与输配电部门"法律分离"。具体拆分模式包括两种（图4-1）：①控股公司模式。即对一般电力经营者采取控股公司体系下，分别成立"发电公司""输配电公司""零售公司"的拆分方式。东京电力公司、中部电力公司2家采用了该种方式。其中，东京电力公司在控股公司"東京電力ホールディングス（HD）"体系下，分别成立了发电公司"東京電力フユエル＆パワー（FP）"、输配电公司"東京電力パワーグリッド（PG）"和零售公司"東京電力エナジーパートナー（EP）"。②发售电母公司方式。即将一般电力经营者的发电和零售业务分离设立母公司，输配电业务分离设立为子公司。北海道电力公司、东北电力公司、北陆电力公司、关西电力公司、中国电力公司、四国电力公司、九州电力公司7家公司采用了这种方式。其中，由一般电力经营者拆分而来的电力零售公司被称为"准售电经营者"。与此相对应，PPS等新进入售电公司统一称为"新电力"。此外，值得注意的是，"法律分离"的方式仍存在一定的局限性。分离后，一般电力经营者的发电业务和售电业务仍然实施"垂直一体化"的统合经营模式。同时，分离出来的输配电经营者也可同时经营发电业务（表4-1）。

第四章
日本电力产业的发展历程

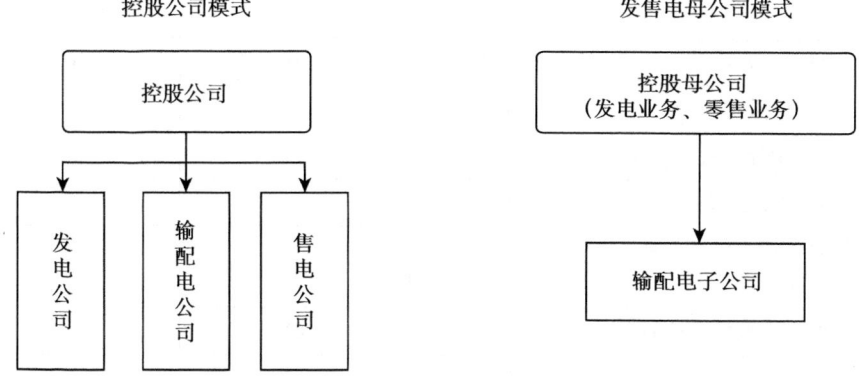

图 4-1　日本"发送电分离"模式（法律分离）

表 4-1　一般电力经营者"法律分离"后的业务分布情况

经营者名称	售电业务	输配电业务	发电业务
北海道電力株式会社	○		○
北海道電力ネットワーク株式会社		○	○
四国電力株式会社	○		○
東北電力株式会社	○		
東北電力ネットワーク株式会社		○	
東京電力ホールディングス株式会社			○
東京電力パワーグリッド株式会社		○	
東京電力エナジーパートナー株式会社	○		
東京電力リニューアブルパワー株式会社	○		○
中部電力株式会社			○
中部電力パワーグリッド株式会社		○	
中部電力ミライズ（株）	○		
北陸電力株式会社	○		○
北陸電力送配電株式会社		○	

89

续表

经营者名称	售电业务	输配电业务	发电业务
関西電力株式会社	○		○
関西電力送配電株式会社		○	
中国電力株式会社	○		○
中国電力ネットワーク株式会社		○	
四国電力送配電株式会社		○	
九州電力株式会社	○		○
九州電力送配電株式会社		○	
沖縄電力株式会社	○	○	○

来源：経済産業省 資源エネルギー庁《電力調査統計》[131]。

三、垄断中的竞争：日本电力产业的现状

自20世纪90年代至今，经过4次较大规模的电力市场化改革，日本取得了较为显著的改革成效，目前日本电力产业的结构体系如图4-2所示。

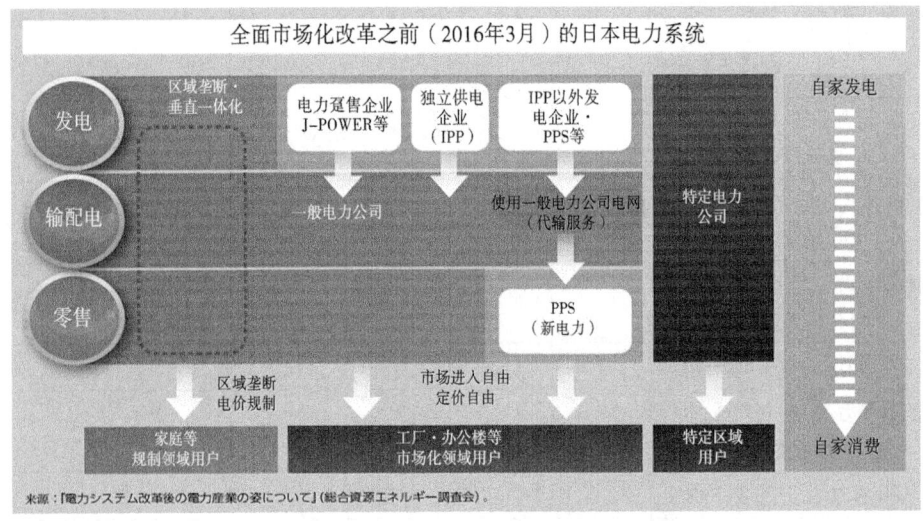

第四章 日本电力产业的发展历程

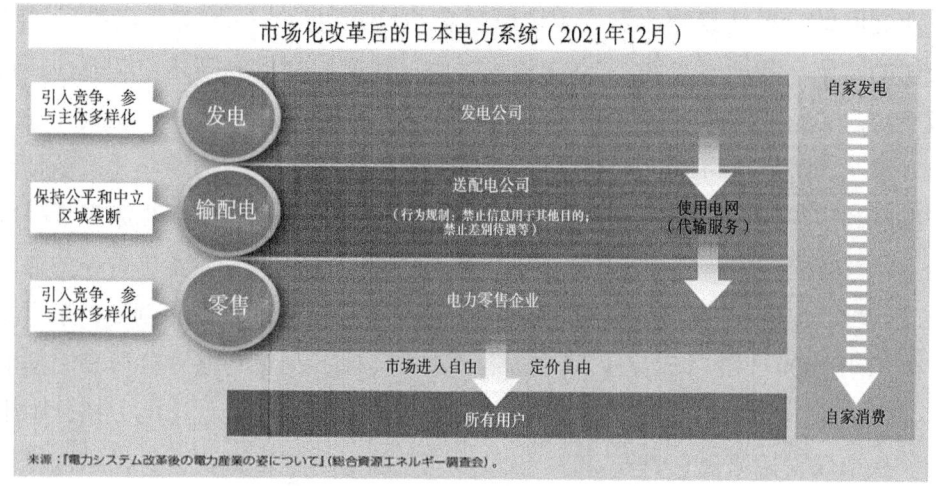

图 4-2　改革前后日本电力产业的结构体系对比

第一，促进和繁荣了电力市场的竞争。日本电力产业的市场化改革，最初由发电领域市场放开到部分售电市场放开，再到售电市场的完全放开，改革举措层层推进，采用市场机制的领域和范围不断扩大。电力市场化改革，一方面使包括一般家庭和公司等所有用户都能够自由选择多样化的供电公司，同时，打破一般电力经营者的市场垄断地位，为民间企业进入电力市场提供了广阔的商业机会，提振了各类民间资本投资电力市场的动力，有利于盘活市场活力，提升电力产业效率。改革后的日本电力产业，除了保留输配电等基础设施领域的垄断地位，发电领域和零售领域均已经引入市场竞争机制，市场新进入者与一般电力经营者之间已经呈现竞争局面。从市场的参与程度来看，截至 2022 年 1 月，售电领域的新进入电力企业（PPS 等）的注册数量已经达到近 800 家，实际经营的电力企业数量近 600 家，两者均呈逐年增长趋势。从企业的实际经营业绩来看，自 2016 年实现售电领域全面市场化以来，PPS 等新电力企业在低压、高压、特别高压用户市场领域的市场份额均有所提升，尤其低压用户市场增长更为迅速。2017 年 5 月，PPS 等新电力企业的市场份额首次超过 10%；2021 年 10 月，PPS 销售电量的市场份额达到 22.8%（特别高压用户市场 10.9%、高压用户市场 27.5%、低压用户市场 24.7%）[134]，其在东京都的售电市场份额已经达到 30.7%[135]。从用户在电力企业之间的选择转换率来看，售电领域全面放开以后，家庭签约转换到其他公司的案例不断增多，截至 2021 年 6 月底，转换案例已经高达 407 万件，转换率约占签约总数的 15.9%[136]。

第二，一般电力经营者跨区域竞争开始出现。日本的电力市场化改革打破了发电和零售领域的区域垄断，PPS 等新电力企业的市场进入，也激发了一般电力经营者之间的跨区域竞争。有些一般电力经营者已经开始走出曾经的电力供应区域，出现了跨区域参与全国范围内电力市场竞争的现象。例如，东京电力公司于 2000 年 3 月成立了 My Energy 株式会社，在东北电力公司和中部电力公司的供电区域内开展发电业务，并于 2002 年 3 月在仙台市电力招标中中标。从市场份额来看，截至 2021 年 6 月，一般电力经营者在自身供给区域外的电力销售份额大约占到其总销售额的 4.6%（其中，其全资子公司的区域外售电额占到 2.2%）。尤其是在高压领域，这些一般电力经营者的区域外销售额约为 7.1%（其中，其全资子公司的区域外高压售电额占到 2.6%）[136]。

第三，促进了可再生能源的市场进入。日本的电力市场化改革为可再生能源等新能源的进入提供了可能性，可再生能源固定价格收购制度（FIT 制度）的引入，为促进可再生能源普及，保障可再生能源售电商的利益，提供了制度保障。自 2000 年以来，日本在石油火力发电和部分核电停运的状况下，可再生能源的发电量和设备容量均有所提升，近些年来增加更加迅速。2012 年，日本可再生能源的发电量为 309 亿 kW·h，到 2018 年为 963 亿 kW·h，增长了 3.1 倍。可再生能源的市场进入，有利于改善和优化日本的电源结构。

据统计，1995—2005 年，日本电力价格呈现稳步下降趋势，下降幅度达到 18%[132]。自 2000 年售电领域对部分大规模用户实现市场放开后，也带动了普通用户等尚未实施市场化领域的电价的下降。尽管发电的燃料费等成本一直高涨，2000—2005 年，日本民用电价依然下降了约 10%[133]。总体来看，自电力市场化实施以来，日本电力产业基本实现了保障电力稳定供应的同时最大限度降低电价的改革目标。

第五章 日本电力产业的协调规制

从电力产业的发展史来看，传统政府规制认为，基于电力产业所具有的自然垄断、网络性等技术经济特性，以及电力产业的公共服务属性、国家安全保障意义、公共利益保障等各类原因，电力产业存在较广泛意义上的"市场失灵"问题，因而需要政府的直接和间接干预，在给予电力企业一定垄断地位（市场准入规制）的基础上，辅之以价格规制、供应条件保障等配套的约束条件[117]。

一、规制理由

（一）技术经济特性

电力产品的不可储存性。"电"作为电力产业的最终产品，与一般的货物（Goods）、商品（Commodity）并没有本质区别，均以生产后通过交易环节最终提供给消费者（或需求者）为目标。但是，与一般有形商品不同，在当前的技术条件下，电力尚无法实现有效和大规模储存。在现代社会，虽然人们尝试使用蓄电池（Storage Battery）等将电能转化为化学能的方式来储存电力，但是，其转换效率和存储容量都很有限，若要进行长时间、大容量存储，目前在技术和经济上仍然难以实现。而普遍采用输配电网络的传统供电方式，为了避免发生断电事故，需要时刻注意保障供需平衡。从这个角度来看，为了满足电力供应的即时性、连续性、等量性和不间断性等供应保障需求，克服电力不可储存的技术瓶颈，政府不得不对电力产品实施综合调控，确保电力产业的生产、输送、分配、交易和消费等各个环节的连续、稳定和安全。

准公共物品特征。准公共物品具有公共物品和私人物品的双重特征，其中一个重要的特点就是具有拥挤性（Congested）。即当消费者数量达到拥挤点之前，所增加的消费规模不会引发竞争，也不会增加成本，具有非竞争特征，使其具有公共物品的特性；而当消费者数量开始增加并超过拥挤点时，对该物品的消费就开始产生竞争性，新增消费者与原有消费者之间产生效用竞争，非竞争性消失，其开始呈现私人物品的特性。对于电力产业来说，拥挤点主要是指发电环节的设备容量或者输电环节的电网最大输送容量。在电力需求量尚未达到拥挤点时，电力产品具有非竞争性，此时如果单纯由市场来提供的话，需求低于设备容量出现设备闲置、资源配置低效率等问题；而当电力需求量超过拥挤点之后，电力产品的公共物品性开始弱化，随着需求量的增加，电力产品开始具有一定程度的竞争性，电力产品依靠市场提供的可能性增加。电力产业同时拥有公共物品和私人物品的双重属性特征，在理想的状态下，应该允许电力产业在不同需求规模下，选择由政府提供或由市场提供。但在事实上，由于电力需求具有随时间、随季节频繁变化的特征，为了保障电力供应的稳定性、持续性和即时性，即使电力需求的变化幅度很大，电力生产企业一般以满足最大需求或最高峰时电力需求为目标，以保障一定规模的电力生产设备容量。从目前的技术水平来看，电力产业需要以牺牲部分效率为代价来避免供电短缺。但即使这样，仍然会存在电力需求意外增加而导致供应不足的情形，对电力供需即使存在调控仍然无法完全避免供应的不确定性和意外风险[137]。

自然垄断属性（Natural Monopoly）。经济学研究认为，电力行业属于典型的自然垄断行业，即相比企业之间的竞争，由一家企业垄断市场的结构能够使其生产成本低于多家企业共同生产的成本，具有成本次可加性（Cost Sub Additivity），这种自然垄断状态是最优的结果[138]。在电力产业中，初期铺设输电线路需要投入较大沉没成本，如果允许多家企业自由进入市场，每家企业分别投资，会带来资源浪费和效率低下，由一家企业垄断市场的方式，可以使生产的总成本更低，效率也更高。基于传统的自然垄断理论，电力产业不适宜采用竞争机制，有必要通过公权力对市场进入实施干预，防止无效率的竞争和重复投资带来的低效率，将市场主体限定为1家或少数几家企业，并对其实施政府规制和有效监督，防止其滥用所拥有的垄断地位和市场支配力量[139-140]。

网络效应。电力产业也经常被称为"网络产业"[141]。所谓网络产业，是指以铁路网、输配电网、区域固定电话网、光纤网等"网络基础设施"作为重要手段提供服务的产业领域[141-142]。电力从生产到输送再到最终消费者手中，离不开输电网、配电网以及发电、变电设施等构成的网络，从而使电力的生产、输送、供应等各个环节之间具有很强的垂直互联关系，采取由一家企业"垂直一体化"的经营模式，往往成为最适宜的运营模式[142]。此外，电力产业等网络产业还存在其特有的网络外部经济效益。电力输配电网等网络的价值会随着加入到网络中的节点数量增加而提升，网络使用规模越大其价值效益也越大，更便于应对错峰、调峰、事故备用、事故支援、火水电调剂和水电跨流域调度等，提高电能质量，增加电网的安全性和可靠性[143]。同时，扩大电网规模也可以覆盖更多的供电区域，从而增加对电网的利用效能，降低每个用户所承担的平均固定成本，取得更大的规模经济效益。

（二）产业结构特征

按产业链划分，电力产业基本由4个环节构成：发电环节、输电环节、配电环节和售电环节。与之相匹配，电力产业中的参与主体也主要由4类主体构成：发电企业、输电企业、配电企业和售电企业。如前所述，由于电力产业存在连续性、即时性和等量性等供应需求，需要电力生产、输送到消费之间实现高度协调。这种高度协调性是决定电力供给是否稳定顺畅的重要因素[143]，也是目前许多国家尤其是尚未实施电力市场化改革的国家，更倾向于采用将发电环节、输电环节和配电环节纵向整合，以"垂直一体化"模式运营国家整个电力系统的主要原因[138]。1951年，日本在全国范围内最初重组设立了9家民间电力公司，也是实施从发电、输电、配电到售电的垂直化一体经营。这种运营模式便于开展电力设备投资的合理部署和资源分配的统筹设计，建立具有经济合理性的发电和输配电网络，避免过度投资和资源浪费。同时，电力公司可以统一调配和管理电力供应系统，在发生地震等重大灾害导致停电或供应短缺时，能够更有效、迅速开展恢复工作，因此其对保障资金投入、确保电网安全稳定运行等发挥了积极作用。但是,"垂直一体化"经营模式使产业链具有一定的封闭性,排斥了市场竞争,容易导致产业低效率和高价格等问题。

总结来看,不同国家或地区电力产业的具体运行模式不尽相同,但一般呈现如下产业结构特征[138]:第一,发电环节呈现独家垄断或寡头垄断结构。在发电环节,基于规模经济特性,传统上一般由1家或几家巨头发电企业占据全国大部分发电市场。近些年来,随着分散式、分布式发电技术的兴起和逐渐成熟,一些小型发电机组的发电效率也在不断提升,太阳能、风能等可再生能源的发电开始具备商业价值,对于优化电源结构和布局具有积极意义,从而打破了对发电环节自然垄断特性的传统认识。第二,输电环节一般实施全国性垄断或高度寡头垄断。输电环节企业以运营输电网、输电设备等物理基础设施为核心,具有较强的自然垄断性和规模经济性,在全国范围内仅由1家或少数几家寡头企业垄断经营的方式,能够避免低效率的重复建设。第三,配电环节呈现区域垄断结构。由于配电网是一种区域性电网,用于将高压电降低到生产生活所需要的电压级别,这种物理基础设施也具有一定的自然垄断属性。但是,与输电网络不同,配电网络主要服务特定区域,并非规模越大经济效益越大,因此,在许多国家一般允许配电领域采用区域垄断模式。第四,售电环节存在物流和商流分离的可能性。从物理输送角度(物流)来看,电能由生产者经由输配电网络到达终端用户;从商业关系角度(商流)来看,电能作为一种商品可以由非实际生产者的电力销售方销售给终端用户,通过借用输配电公司的物理基础设施完成电力销售,由此实现物流和商流的分离。售电领域具有竞争可能性,引入竞争的一个重要前提是实现电力输配电等网络基础设施的开放共享。

(三)社会性目标

除了上述技术经济特性和产业结构特性之外,政府对电力产业实施规制还存在一些经济社会发展目的。

公共服务目标[144]。维护公共利益、实现普遍服务(Universal Service)公共目标,是政府对包括电力、电信、煤气等公共领域实施规制的重要原因。

第五章
日本电力产业的协调规制

这些产业是保障社会生产和人民生活所必不可少的基础性服务,是国民生存的基本权利保障,政府有义务保障使任何人在任何地方以统一的标准平等享受服务,而不受地理条件和用户群体的影响,以实现社会基本公平和平等,即普遍服务的政治理念[145]。作为公共服务事业,电力产业需要满足那些供电成本较高、人口稀少或者输配电网络等设备设置难度较高的区域及低收入阶层的电力基本需求[90]。虽然对于企业来说,供给区域和用户群体在服务成本、需求结构等方面存在差异,但是,为实现公共服务目标,政府一般规定电力企业具有普遍、公平供给义务。例如,日本《电力事业法》规定,"电力企业无正当理由不得拒绝在其服务区域内供电"。我国《电力法》第26条也规定,"供电营业区内的供电营业机构,对本营业区内的用户有按照国家规定供电的义务;不得违反国家规定对其营业区内申请用电的单位和个人拒绝供电"。同时,为实现按照统一价格向用户提供无差别服务,电力公司通常通过公司内部补贴的方式维持整体收益。

维护国民经济稳定安全运行。电力等公共服务产业是关系国民经济安全的基础性产业,为了维护国民经济稳定运行、增加政府财政收入以及保护产业自主安全等,也通常由国家直接经营或者委托国有企业经营。日本在20世纪30年代将电力产业确立为公共事业后,也在一段时间由国家统制运营,实施保护与扶植[146]。我国自新中国成立以来,国有企业大量存在并受到重视,也与维护以公有制为主导的社会主义基本经济制度有关,将水、电、热、气、邮政、交通运输等产业作为国民经济的重要基础性产业,由国有企业经营,这些国有企业,特别是国有大中型企业仍然是国民经济的重要支柱,发挥着主导作用[147]。

应对环境污染等负外部性问题。由于较为粗放的发展方式和火电为主的电源结构,电力产业一直是污染较严重行业。随着人类环境保护意识的增强,如何解决电力产业的环境负外部性问题也成为重要的规制课题。为降低电力产业的环境影响程度,政府通过制定环境影响评价制度等规制,鼓励企业技术创新、实施循环化发展、使用清洁能源等方式,实现产业转型升级和电源结构优化[148]。例如,2020年9月,我国提出二氧化碳排放力争于2030年前达到峰值,努力争取2060年前实现碳中和的战略发展目标。围绕这一目标,我国将持续加快构建清洁低碳安全高效能源体系,强化能源消费强度和总量双控,大幅提升能源利用效率,严格控制化石能源消费,积极发展非化石能源,深化能源体制机制改革。对于日本这样资源能源紧张的国家来说,在电力产业环境规制中,也面临经济效益与生态效益选择的难题。2011年福岛核电站泄漏事故,暴露日本能源供应体系的脆弱性,以"核"为主的能源架构开始动摇[149],政府不得不重新考虑其能源战略,降低核电依赖,推动电力自由化改革,实施固定价格收购制度,推动太阳能、风能、地热能等可再生能源的快速普及等。应对环境污染、核电安全等外部性问题,已经成为各国政府实施产业规制的重要原因。

二、竞争促进型产业政策

回顾历史可以发现,日本电力产业是一个由自由竞争或者无序竞争逐渐走向国家干预的"有组织的竞争",并最终实现"民营主导"下"官民协商"的电力产业组织运营模式。在这一过程中,产业政策已经成为实现产业振兴、助推产业发展以及保障公共利益的重要政策手段。值得关注的是,电力产业政策的目标并非一成不变。在不同发展阶段,随着电力产业的发展和经济社会发展需求,电力产业政策的实施目的也在发展变化。至今,主动构建并维护公平、自由的市场竞争环境,鼓励更加多元化竞争主体的市场参与,已经逐渐成为日本电力产业政策中非常重要的规制职能。

(一)变迁概览

1. 政策目的变迁

保障电力产业运行安全,实施经营行政许可。日本政府对电力产业的规制最早开始于1883年,即作为日本首家电力公司的东京电灯公司向东京政府申请经营许可并获得批准[150]。1896年,日本颁布《电气事业取缔规则》,开始对电力产业实施规范化监管,由通信省对电力产业经营实施行政许可。这一时期,日本实施的电力产业政策更多基于维护电力产业安全稳定运行的目的,将电力作为一种"危险物品",实施以安全保障为核心目的的电力产业政

策,尚不具备促进和培育产业发展的目的。

实现"殖产兴业"目标,实施组织化的竞争。进入20世纪,作为工业动力的重要能源之一,电力在军事上、战略上的重要性以及对一国经济的影响意义更加凸显,电力产业成为重要的能源资源产业。在"殖产兴业"发展目标下,日本政府开始为推动电力产业发展实施产业政策。1911年颁布最初的《电力事业法》,明文规定政府监管部门"推动电力使用、促进电力产业兴盛和增进社会公共福利的目的"[151],带有产业保护培育及维护公共利益、安全保障等目的,内容包括对电力企业的保护扶助(高压电线建设土地使用权等)、通过竞争促进电力使用和普及推广(允许多家企业竞争)等。同时,为防止过度竞争对公共利益的损害,对电价实施事先许可制度,由经营者事前将电价及其他供应条件等提交监管部门申请许可。此外,为了发展重工业,政府对大规模工业用电和小规模民众用电采用不对称的监管方式,即对于电灯用电等小规模用户市场实施市场进入规制,通过行使经营许可权,维持一定程度的区域垄断,避免恶性竞争和重复投资,保障电力企业收入;对大规模用户市场,鼓励通过竞争为重工业发展提供低廉丰富的电力供应,促进大规模电源开发的同时,降低重工业用电成本。1911年颁布实施的《电力事业法》,作为真正意义上的产业政策(产业政策法)的地位开始确立下来。在该法所确立的产业保护培育政策鼓励下,1919—1929年成为日本电力产业快速发展的10年黄金期,电力产业的投资额和发电量都增长了近4倍。

基于公共利益目的,强化政府干预。保障电力产品低廉、稳定供给这一公益目的深刻影响了日本20世纪30年代的电力产业政策。第二次世界大战前,日本政府对电力产业的干预整体来看都是相对比较弱的[150]。1932年,日本对电力产业的规制尚采用由电力企业共同成立的"电力联盟"实施产业自主规制的模式。此后,随着政府对电力产业基础性地位和公益属性的认识进一步加深,开始强化对电力产业的监管力度。正如当时通信省技术官僚涩泽元治所描述的那样,"电力产业已经成为全体国民的必需品,几乎成为所有经济活动的原动力"[152],"支配电力者,即支配所有产业者"[153]。作为影响国民经济的基础性产业,电力产业已经不再局限于私人企业间竞争的层面,基于维护公共利益的角度,需要对电力产业实施更加强有力的干预政策。进入20世纪30年代后半期,日本开始进入军国主义时代,电力产业的公共利益概念逐渐演变为为国防建设提供支撑,电力产业由私人自治转变为国家统制管理的形式。对于这种变化,日本学者认为,这更多是基于国家主义和极权主义意识形态等非经济性的因素,对电力实施国家管理并没有经济上的必然性,应被视为日本电力产业发展史上的一段弯路[121,154]。但是,不可否认的是,基于电力产业特有的技术经济特征,为保障电力设施运维安全、资源能源安全,应对战争危机等政治风险等,需要维持电力供给平衡等公共利益,这是电力产业走向国家规制的主要因素。

鼓励和促进竞争,激发民营主体经营活力。战后,日本恢复民营主导的电力经营体制,颁布新的《电力事业法》(1964年公布,1965年施行),在"区域垄断"和"垂直一体化"经营结构的基础上,电力产业政策的侧重逐渐转变为如何更好发挥民营企业的经营活力以及日本电源开发株式会社等政策性企业的补充作用等。"民间主导"下的"官民协调"模式,成为战后日本电力产业运营和监管模式的主旋律。自20世纪末开始实施的电力市场化改革,更是在这一大前提下企划实施的。随着社会经济环境变迁和技术的发展,推进电力产业的规制缓和和规制改革,尽可能减少政府干预范围,主动构建竞争性市场,引入更加多元化的发电、售电等经营主体,并为市场竞争的真正有效开展开放输配电网络等,为新进入竞争者提供更加公平、自由的市场竞争环境,逐渐成为电力产业政策中非常重要的规制职能。

2. 政策理念变迁

从政策理念层面来看,电力产业政策已经融入竞争政策的规制理念。1995年开始的日本电力产业市场化改革的基本方向是逐渐引入市场竞争机制,扩大电力市场化的范围,随着改革的不断深入,电力产业政策逐渐明确了实现电力稳定供给、控制电价、扩大用户选择范围和电力企业商机三大主要发展目标。例如,《能源政策基本法》明确了日本能源领域的"基本政策",主要包括以下3类:①确保稳定的能源供应(稳定供应)(第2条);②充分考虑到提高能源效率和防止全球变暖(环境保护)(第3条);③推动能源市场自由化等相关的经济结构改革(运用市场竞争机制)(第4条)。并对三大"基本政策"之间的关系,进一步明确③运用市场竞争机制是①和②的

基础和前提,即日本整个能源政策将在运用市场竞争机制的前提下,保证能源的稳定供给和环境保护[155]。电力产业的产业政策属于日本整体能源政策的框架体系,基本理念也符合和服从于能源领域的整体发展理念。根据日本电力产业政策制定部门对《电力事业法》立法目标的解释,可以看出,在理念层面,其已经开始向"竞争促进型"产业政策(或产业政策法)方向转型。例如,对于是否符合《电力事业法》中"保障电力产业平稳合理运营"的标准,明确提出不仅仅需要考虑是否有利于电力产业的稳定运行,还需要考虑是否有利于维护电力市场的公平竞争,即"电力是国民生活和经济不可缺少的能源,国家致力于实现以低廉价格丰富且稳定地供应电力。《电力事业法》既认可在一定范围实施区域垄断,又需要施行相应的竞争促进型规制,以消除区域垄断造成的有害影响,同时允许对电力供应商具有议价能力的用户自主选择电力供应商,通过改善电网接续等相关规制确保电力供应商之间的公平、有效竞争,保护电力用户的利益,促进电力产业健康发展"[126]。作为推动电力产业市场化改革的法律和政策,《电力事业法》在基本理念中已经将确保或促进竞争作为其立法目的之一。

3. 政策内容变迁

从规制内容来看,取消市场准入规制、价格规制等传统政府规制内容,提升网络基础设施的开放性和中立性,为竞争机制的有效运行提供制度保障,已经成为当下日本电力产业政策的一项重要内容。日本电力产业在具体规制内容方面,也体现了构筑和促进竞争的理念。

第一,大刀阔斧开放市场,积极构筑竞争性市场,引入并激励多元主体进入市场。如上所述,日本电力的市场化改革主要以《电力事业法》等产业政策法为依据,在构筑电力市场方面,产业政策的规制缓和或规制改革是重要前提,对于积极构筑竞争性市场发挥无可替代的作用,是日本电力产业实现竞争可能性的第一步。同时,增加了外部监管、行为规制、会计分离、法律分离等多种规制内容,致力于不断提升作为基础设施的输配电部门的中立性和透明度,为新进入电力企业提供更加公平、合理、开放的电力托送服务。并对电力托送服务费用进行改善,为新进入者降低市场进入门槛和业务运营成本,以尽可能保障在传统垄断者之外的多元化主体能够进入市场,且能够平等参与市场竞争,确保电力市场化改革的实施效果。

第二,完善结构规制和事前规制,防止垄断结构潜在的竞争损害行为。基于保持供需平衡的管理目的、自然垄断和规模经济、避免重复投资等技术经济原因,日本电力产业维持了输配电领域的区域垄断结构,给予法定的垄断结构特权,对输配电领域实施市场准入许可制度。但是,从维护公共利益的角度,对输配电企业规定了保障孤岛地区平等用电、对用户的最终供电保障等相应的法律义务。与此同时,为激励输配电垄断企业降低成本的动力,提升运营效率,减轻市场新进入者的竞争负担,促进售电领域市场竞争的有效开展,对政府的价格规制方式进行不断优化。例如,将于 2023 年 4 月开始实施的收入上限制度(Revenue Cap 制度),将进一步控制输配电企业所收取的电力托送服务费。

第三,实施行为规制和事后规制,责令停止相关垄断行为。事前规制和结构规制是产业政策的一般规制手法,但是,随着日本电力市场化改革的深入,事后规制和行为规制开始成为产业政策的重要实施手法,规定输配电企业有义务构建确保供电企业之间开展公平竞争关系的体制。这些"竞争促进型"产业政策已成为日本电力产业中非常重要的内容,并直接影响电力市场化改革举措的推进和实施效果,《电力事业法》及监管部门既具有传统政府规制职能,又具有促进竞争、规制垄断行为的职能。例如,如果电力托送服务者制定的服务条款会导致电力托送服务需求者经营显著困难、涉嫌不当的差别待遇或者其他损害公共利益的情形时,经济产业大臣拥有命令其变更的权力。实施行为规制,规定输配电企业有义务确保不同供电企业之间开展公平竞争关系,不得实施其他妨碍供电企业之间竞争关系的行为。若实施所禁止的行为,经济产业省大臣拥有责令其停止该行为的权力。这种行为规制的手法在实施方式和所禁止的行为内容层面,都已经开始与竞争政策存在一定的相似性。

总结来看,产业政策与竞争政策基于不同的政策目标、实施理念和实施手法等,各自所发挥的作用具有不可替代性和互补性。对于电力产业来说,伴随日本电力市场化改革的不断深化,产业政策与竞争政策对于推动电力产业市场竞争机制各自发挥着不同的作用,两者在规制内容层面的侧重互不相同,各有优劣,互为补充[156]。

第五章
日本电力产业的协调规制

第一，电力产业政策中维护竞争的规制内容，侧重维护产业安全稳定运行，判断标准存在模糊之处。在日本电力市场化改革中，对输配电经营者实施的相关规制内容，有些也涉及维护公平竞争的内容，如没有正当理由禁止实施差别待遇、禁止拒绝服务等行为。这些举措某种程度上具有与竞争政策规制内容的一致性，对鼓励和保障市场新进入者的市场参与发挥重要作用。但与竞争政策不同的是，电力产业政策在对是否"具有正当理由"进行分析和判断时，其依据更多是考虑是否会对电力产业的安全稳定运行产生不利影响。例如，《电力事业法》中禁止输配电企业无"正当理由"拒绝电力托送服务、禁止其在托送服务条款中对特定用户实施不公平差别待遇行为。对于此处的"正当理由"，从产业政策视角进行判断的标准主要包括：①阻碍该输配电企业对其电力用户的电力供应；②未支付电力托送服务费而被解除合同者，再次申请电力托送服务并未支付滞纳金时；③屡次违反"同时同量"供应义务且拒不纠正，持续对电网系统造成不良影响，影响电网正常运行时。可以看出，从产业政策角度对行为合理与否的判断，主要基于行为者对电网系统、电力用户等是否造成不良影响及其可能性的角度来判断[157]。但是，仅仅基于产业政策视角的这些标准，并无法很好应对那些"事实上"的违法行为。实际上，日本在实施电力市场化改革后，相比传统的一般电力经营者，PPS等新的电力企业的市场份额依然处于较低水平。其中，输配电经营者对新进入的电力经营者采取的一些事实上的妨碍行为，例如，以输电线没有足够容量，不能输送其他公司的电或可能会影响到对其他用户的电力供应等理由拒绝提供电力托送服务等，实施变相拒绝或不公平的差别待遇行为，也是导致新进入者市场份额低迷的原因之一[158]。而这些"事实上"的违法行为背后是否存在损害公平竞争的可能性，并不属于产业政策的关注重心，仅仅根据电力产业政策或产业法上的违法标准进行判断，可能无法有效规制。并且，相比竞争政策（主要为《独占禁止法》）上更为明确、稳定的分析手法和判断标准，产业政策中的判断标准含糊不明，尤其对于产业政策执行部门与被监管电力企业之间一直以来存在密切关系的国家来说，监管过程中往往存在着裁量权过大、监管过程不透明等问题，产业政策部门是否能够完全中立、独立、公平、科学地实施监管，存在一定的风险。因此仅仅依据产业政策来判断，会带来一定的不确定性和不稳定性[101]。

第二，竞争政策具有领域普适性，在判断时还需结合产业领域的规制特性。对于电力产业来说，竞争执法部门在判断某一特定行为是否违反竞争法的精神理念时，还必须立足电力产业的产业特征及其规制特性。例如，在判断输配电企业拒绝电力托送服务、制定具有差异性的托送服务费等行为是否构成滥用其所拥有的垄断地位时，除了按照《独占禁止法》所规定的行为要件和效果要件等进行分析，还需要综合考虑输配电企业在整个电力系统中，所负担的确保向最终用户稳定供应的义务以及维护整个系统电压和频率的义务等。《电力事业法》中为了防止 PPS 等新进入者对电网系统的无序使用，要求其在利用输配电企业的电网设施时遵守"30 分钟同时同量"原则，使发电量和需求量尽量匹配①。根据该原则，PPS 等新进入者供电量的"浮动范围"应保持在"每 30 分钟内，签约用电量的 3% 以内"（30 分钟 3%）。在判断输配电企业的拒绝托送服务行为是否具有正当理由时，仅依靠《独占禁止法》等竞争法来判断也是远远不够的。此外，判断输配电企业所收取的电力托送服务费是否涉嫌差别待遇时，由于不同的托送服务需求者之间托送服务的具体使用方式等存在差异，《电力事业法》及其相关法律解释中，往往允许托送服务费的定价或其他供应条件保留合理范围内的差异[157]。对于输配电企业的上述行为，还需要结合《电力事业法》以及配套实施规则等所规定的一些专业技术性标准等，考虑确保电力商品稳定供应等产业发展利益[101]，做出综合分析和判断。只依靠竞争法或竞争执法机构来完成这些技术性、专业性分析也是不合适的。此外，在救济措施层面，《电力事业法》对于相关违法行为拥有直接命令行为人停止或变更的权力，具有行业针对性和应对的及时性、灵活性。相比之下，竞争法的排除措施命令、处以罚款等救济措施缺乏行业针对性，且一般需要较为漫长的诉讼或解决周期，在及时性方面存在不足。因此，综合来看，产业政策与竞争政策两者在判断标准、救济措施等规制内容层面具有较强的互补性。

（二）现状考察

从电力产业的规制体系来看，日本电力产业政策以《电力事业法》《可再

---

① 『電気事業法施行規則』（平成 7 年 10 月 18 日通商産業省第 77 号）第 39 条第 2 项第 2 号。

生能源特别措施法》《独立行政法人石油天然气、金属矿物资源机构法》(简称《JOGMEC法》)等电力产业政策法为核心依据。2020年6月通过最新修法，将三者共同纳入《能源供给强韧法》体系中，并于2022年4月1日开始实施。产业政策法主要从保障资源有效利用和供应稳定的角度出发，明确规定了以供需平衡为原则的市场准入规制。同时，在收费标准、供应义务和市场退出等方面规定了电力企业的运营原则，以减少电力企业垄断带来的损害[123]。

1.《电力事业法》

《电力事业法》是日本制定电力产业相关规制举措和推进实施电力市场化改革的重要依据。日本最早的《电力事业法》可以追溯到1911年。现行的《电力事业法》于1964年第46届国会通过，同年7月11日颁布，于1965年7月1日开始施行。关于《电力事业法》的目的，该法第1条规定，"通过保障电力产业的平稳合理运营，保护电力用户利益，促进电力产业健康发展，同时，规范电力设施和设备建设、维护和运用，确保公共安全和保护环境。"伴随电力改革，该法经过几轮修改。发展至今，电力产业成为政府规制领域（输配电领域）和市场竞争领域（发电售电领域）并存的产业形态，根据规制对象领域的不同，《电力事业法》的规制内容有所侧重。当下，日本电力产业的规制现状如图5-1所示。

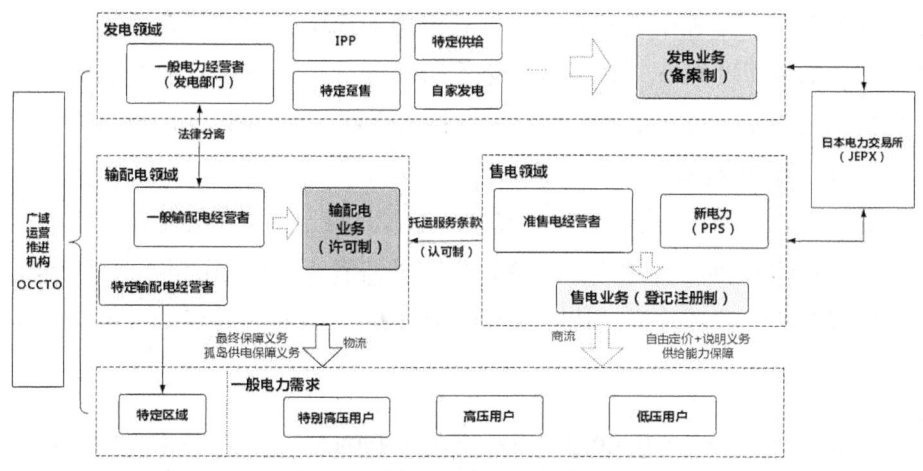

图 5-1　日本电力产业的规制现状

来源：根据现行《电力事业法》条文，笔者整理绘制。

（1）输配电领域

第一，市场准入规制。输配电领域是电力产业中由政府实施较强规制的领域。依据《电力事业法》第 3 条规定，政府对输配电业务实施许可批准制，从事输配电业务必须获得经济产业大臣的许可。在发放输配电业务许可证时，经济产业大臣以下列条件作为判断标准（许可标准）：是否符合服务区域的需求，是否具备开展业务的财务和技术条件，业务规划是否可靠，是否会导致服务区域内的设备出现显著过剩的问题，是否对增进公共利益具有贡献等（第 5 条）。其中，防止输配电领域的多重投资或设备过剩是重要的判断要件[123]。目前日本具有输配电经营权的仅有从 10 家一般电力经营者中通过"法律分离"成立的输配电公司。例如，从原东京电力公司中分离出来的输配电公司"東京電力パワーグリッド（PG）"等共 10 家[①]，这些输配电公司具有区域垄断地位，被称为"一般输配电经营者"。

对一般输配电经营者在自身供给区域外设置输配电设施用以实施供电业务的行为实施许可。当一般输配电经营者在供电区域中提供电力存在困难或不适宜时，其他一般输配电经营者可以在获得经济产业大臣许可的前提下，在自身供电区域之外设置输配电线路从事供电业务，但该供电业务不能存在严重损害区域内电力使用者利益的可能性（第 24 条）。

对专门从事委托输送电业务的经营者实施许可制度。即通过自身维护的输电设备向一般输配电经营者提供委托电力输送服务的经营者必须获得经济产业大臣的许可（第 27 条之 4）。截至 2022 年 2 月，从事该业务的经营者主要包括"電源開発送変電ネットワーク株式会社""北海道北部風力送電株式会社""福島送電株式会社"3 家公司。

对"特定输配电业务"实施备案制。通过自身所维护的输电或配电设施，在特定区域内提供电力供应，或者向售电经营者、一般输配电经营者提供电力托送服务的经营者称为"特定输配电经营者"，其从事特定输配电业务需要

---

① "一般输配电经营者"具体包括以下 10 家公司：北海道電力ネットワーク株式会社、東北電力ネットワーク株式会社、東京電力パワーグリッド株式会社、中部電力パワーグリッド株式会社、北陸電力送配電株式会社、関西電力送配電株式会社、中国電力ネットワーク株式会社、四国電力送配電株式会社、九州電力送配電株式会社、沖縄電力株式会社。

事前备案告知经济产业大臣（"届出制"）（第27条之13）。若该特定输配电经营者在特定区域内提供电力供给（电力零售业务），还需要进行事前注册（"登录制"）。截至2022年2月，特定输配电经营者共有35家，其中，已经完成电力零售业务注册的特定输配电经营者约30家[159]。

第二，托送服务义务和供给保障义务。《电力产业法》在给予输配电经营者（一般输配电经营者）法定垄断地位的同时，规定其在经营中具有托送服务义务和供给保障义务。该法第17条规定，一般输配电经营者无正当理由，不得拒绝其供给区域内的托送服务需求；无正当理由，不得拒绝其供给区域内的电力调配供给；无正当理由，不得拒绝电力的最终保障供给以及向孤岛等地区的供电保障；对于最终保障供给或者孤岛供给接受方围绕供给方法、供给电价及其他供给条件等提出的投诉或咨询等，一般输配电经营者需采取措施及时、妥当地处理；无正当理由，一般输配电经营者不得拒绝其他发电企业的网络接续需求，应及时、妥当处理。

对于托送服务供给或电力调配供给的供给价格及其供给条件等（《托送服务供给条款》），由经济产业省具体规定，并由经济产业大臣予以认可，变更相关供给价格及其供给条件等也需要经济产业大臣的认可，不得在所认可的供给条件之外实施托送服务（第18条之1）。经济产业大臣主要从电价设定是否合理、电价的计算方式是否妥当和明确、是否会对托送服务需求方带来显著困难、对电力供给接受方相关责任和费用负担方式等是否规定明确妥当、是否对特定经营者产生了不正当的差别待遇以及是否对增进公共利益带来障碍等（第18条之3）进行判断。与此相同，当《托送服务供给条款》存在为托送服务接受方带来显著困难、价格设定方法不合理、相关责任和负担方式等不明确、对特定经营者带来不正当差别待遇或者为公共利益带来损害等事项时，经济产业大臣可以勒令一般送配电经营者在一定期限内予以变更（第18条之6）。

第三，"托送服务费用"规制。目前，日本对"托送服务费用"采用政府定价方式，以保障输配电企业稳定运营为目标，采用总成本核算法。即费用加上适当利润的总额作为总成本，输配电企业能够保证充分回收成本。但是，这种方式不利于提升输配电企业的经营效率，容易导致具有托送服务需求的新进入者负担过大的问题。为了改善政府规制状况，根据2020年6月新制定的《能源供给强韧法》，日本参考借鉴英德法等欧洲国家的做法，将于2023年4月实施一种新的托送服务费用核算制度——"收入上限制度"，以实现鼓励网络设备投资和减轻国民负担的双重目标。对一般输配电经营者可以收取的托运服务费用，由经济产业省根据其投资计划，每隔一定时间核算一次收入上限（Revenue Cap），实施定期批准机制，在收入上限的框架内制定更有利于提升效率的托运服务费核算制度（第17条之2）。

第四，对违背市场竞争行为的规制。经济产业省除了通过对输配电企业收取的托送服务费用实施审核和变更权，以防止造成被托运者经营显著困难，或者对特定经营者的不正当差别待遇等情形以外，还制定了一些规制条款，以进一步提升输配电环节的透明性和公平性，有利于经营者更加公平开展竞争。例如，第22条之2对输配电环节的业务进行了限制性规定，其不可从事电力的零售业务和发电业务；第22条之3对一般输配电经营者管理人员的兼职行为进行了限制，不可在与其存在特定关系的电力零售企业或者发电企业中担任职务。第23条明确了禁止一般输配电经营者实施的各类行为，包括禁止特定信息用于其他用途；不可对特定供电企业进行不合理的优待或给予利益，或对其实施不合理的待遇或造成不利；输配电企业有义务确保不同供电企业之间开展公平竞争关系，不得实施其他妨碍供电企业之间竞争关系的行为。具体包括：不得以不同的交易条件或者损害供电企业之间竞争关系的条件，与特定关系的经营者进行交易；不得将托送服务或电量调节服务等其他服务委托给具有特定关系的企业或其子公司等违背市场公平竞争的行为。

（2）发售电领域

日本电力产业市场化改革实施至今，发电领域和售电领域的政府规制已经很少，原有的市场准入规制和价格规制等"经济性规制"均被取消，一些市场进入规制由事前审批、许可等调整为备案、注册制度等。此外，基于技术保障、发电相关设备安全等，政府实施部分"社会性规制"。

第一，在发电领域，废除严格的市场准入规制，实施备案制度。发电企业在开展业务之前，按照通产省政令的规定，必须向经济产业大臣告知如下事项：①名称及住址、法定代表人姓名；②主要营业地及其他营业地的名称和地址;③发电相关设施设备的安装地点、动力类型、频率及输出功率等;④计划开始业务的日期及其他由经产省政令所规定的事项。以上事项发生变更时,也应及时备案告知经济产业大臣。同时,对发电企业规定发电义务,其一旦同意向一般输配电经营者或配电经营者实施供电,无正当理由不得拒绝发电或供电(第27条之27、第27条之28)。同时,扩大对新能源等发电设备的安全审查和监督范围。在对新能源设备进行技术标准、技术人员的选任、安保措施等方面的事前审查之外,还对包括小规模发电设备($<50\,kW$)在内的所有太阳能发电设施、$<20\,kW$的小规模在内的所有风力发电设备实施事故上报,进行现场检查等行政检查。

第二,售电领域取消严格的市场准入规制和价格规制。售电领域完全市场化改革后,除了从原有的一般电力经营者之中分离出来的售电公司(准售电经营者)之外,PPS等新晋供电者也被允许进入售电市场,且所有规模的电力用户或消费者均可以自由选择供电商。对售电企业的市场准入规制已经没有意义,调整为向经济产业省大臣提交申请书,实施登记注册制(第2条之2)。申请书内容主要包括:①名称及住址、法定代表人姓名;②主要营业地及其他营业地的名称和地址;③能够确保具有满足用户电力需求的供给能力的相关事项;④计划开始业务的日期及其他由经产省政令所规定的事项。对于售电企业来说,经济产业省对其实施的审查,主要侧重是否能够确保相应的供给能力(第2条之12)。发现存在损害电力用户利益或可能性时,经济产业省可以命令其采取必要措施,以确保电力供应能力。

在实施售电市场全面自由化之前,为了保障售电价格的公平性和透明度,根据《一般电气事业供电条款核定规则》(1999年通商产业省令第105号)的规定,政府采用总成本核算方式确定售电价格,费用加上适当利润的总额作为总成本,确保售电企业获得一定的业务收益。售电领域实施全面市场化后,为了保护用户的利益,设定一段过渡期(原则上为2018—2020年),仍采用由一般电力经营者的零售部门按照规制价格向家庭等小规模用户供电。之后售电领域的价格规制也被废除,原则上由售电市场交易双方自由定价。但是,关于售电价格及其他相关供给条件等,有义务向交易对方做出说明(第2条之13)。

2.《可再生能源特别措施法》

围绕可再生能源发电，日本制定相关产业政策的核心目标是在促进太阳能等新能源发电和设备投资的同时，兼顾减轻国民负担以及对自然环境的保护。《可再生能源特别措施法》是其新能源发电领域产业政策的核心法律依据。该法制定于2011年，至今经过了多次修改，最近修改为2020年，并于2022年4月开始实施。根据该法第1条规定，该法以促进可再生能源的市场供应为目标，通过采取政府补贴及其他特别措施，促进可再生能源的普及，增强日本的国际竞争力，促进工业发展、区域振兴以及国民经济的健康发展。以该法为依据，日本在新能源发电领域的主要制度设计包括以下3个方面。

第一，可再生能源固定价格收购制度（FIT制度）。为促进可再生能源普及，保障可再生能源的售电商利益，依据《可再生能源特别措施法》，2012年7月日本开始实施"可再生能源固定价格收购制度"（Feed-in Tariff，FIT制度）。在该制度下，电力公司有义务在一定期间以一定价格收购使用可再生能源所发的电，加快新能源发电设备投入成本回收，促进新能源的普及。收购费用以国家向国民征收税金[①]的方式筹集，并核算在每月的电费中。对于收购价格，在听取外部中立机构"采购价格核算委员会"意见的基础上，由经济产业大臣最终决定。收购的对象主要包括太阳能、风力、水力、地热、生物能5类新能源发电类型。制度实施之初，对于太阳能发电，规定对住宅系统（装机量＜10 kW）的收购价格是42日元/kW·h，收购期间为10年；工厂、经营场所等商业发电项目（装机量≥10 kW）的收购价格是40日元/kW·h，收购期间为20年；装机量超过500 kW的发电项目由发电者与电力公司协商决定。在该制度作用下，光伏发电等得到了广泛推广，可再生能源的使用量比制度实施前增加了约4倍。截至2020年9月底，FIT制度实施后新投入运营的设施容量约为5824万kW，被FIT制度所认定的设施容量约为9347万kW，2020年度的收购总额已达到3.8万亿日元[160]。

与此同时，该制度的实施也引发了增加国民负担、设备未实际运行、环境破坏及其与当地政府和居民产生纠纷等问题。由于该制度最终将成本平摊到所有电力消费者身上，随着收购量的不断增加，国民负担也随之增加。据

---

① 具体名称为"可再生能源发电促进赋课金"，核算方式为：使用电量 × 3.36日元/（kW·h）。

日本经济产业省统计，2014财年家庭每月支付的新能源负担税升至225日元（以每月电力使用量300 kW·h为计算标准），与2012年制度实施当初的66日元/月相比增长迅速；2017年进一步升至792日元/月[161]。为此，日本政府自2014年开始，逐步下调新能源收购价格（2016年装机量≥10 kW收购价格降到24日元/kW·h，2020年装机量≥10 kW收购价格降到12~13日元/kW·h，2022年将进一步下调为10~11日元/kW·h[162]。日本政府还在2017年4月对FIT制度进行了重新评估，调整FIT制度的认证方式，即由过去对"设备"的认证转变为对"经营计划"的认证，对新能源发电者实施运行的真实性进行核验，并要求发电公司制定实施必要的设备维护计划。若发电企业在获得认证后超过一定时间仍未开始发电业务，则会缩短收购时间。对装机容量在2000 kW以上的光伏发电设施实施招投标制度（同法第5条第2款）。此外，在一些地区由于建设光伏电站等发电设施，出现了土地开垦、砍伐树木、泥沙外流、水质变差、影响景观以及动植物栖息和生长等环境恶化问题，对生态系统造成较大负面影响。为了使发电设施安装与自然环境相协调，许多地方政府制定了地方条例以规范其安装和处理等。本次修法增加规定"遵守所在地地方政府条例的义务"和"建议与当地居民进行协商沟通"等内容。

第二，可再生能源售电溢价制度（FIP制度）。通过2020年修法，日本在FIT制度之外，引入FIP制度，并于2022年4月开始实施（第2条之2至第2条之7）。所谓"FIP制度"，是指可再生能源发电企业售电时可以在市场价格上加收一定溢价（补贴金额）的制度，旨在促进可再生能源的进一步普及以及收购价格的市场竞争。相比FIT制度，FIP制度允许发电公司在电力交易市场上出售所生产的电力，并可以根据发电量收取溢价，具有市场联动性，通过市场交易增加溢价对可再生能源发电公司带来投资激励。虽然FIP制度的溢价金额也将由国民承担，但通过招标方式有利于促进竞争，降低成本，从而部分减轻民众的负担。

第三，完善新能源发电设备建设和系统运行相关制度。本次修改明确在全国范围内设立新的税收制度，用于资助跨区域连接线路等电网建设的部分费用，推动新能源普及（第28条至第30条之2）。同时，本次修改还新增了商用光伏发电站企业具有实施适当的废弃义务，并配备用于设施拆卸和废弃等相关事项的费用（第15条之6至第15条之16）。

3.《JOGMEC法》

JOGMEC是日本独立行政法人"石油天然气、金属矿物资源机构"（Japan Oil, Gas and Metals National Corporation）的简称。JOGMEC隶属于日本经济产业省，是日本国内唯一一个为石油、天然气、金属矿物资源上游开发提供外交、资金、技术、人才支持的政府机构。《JOGMEC法》是设立该机构的法律依据，具体明确了该机构的组织架构及业务内容等事项。该法颁布于2002年7月26日，依据该法将1967年成立的日本石油公团与1963年成立的金属矿物事业团合并，于2004年2月29日正式成立JOGMEC。

JOGMEC的职能目标是为石油、天然气、煤炭、地热和金属矿物等的勘探开发活动提供必要资金，为促进石油、天然气、煤炭、地热资源和金属矿物资源探勘开发、储备等实施相关业务，促进石油、煤、地热和金属矿产品的稳定、廉价供应，并为防止金属采矿等造成的采矿污染提供所需的资金贷款和其他业务，以实现保护国民健康和生活环境，为金属采矿事业等的健康发展作出贡献（第3条）。机构成立之初，主要用于鼓励日本本土企业积极在海外参与油气勘探开发，以保障日本国内的能源安全供应，实施地质勘探调查、油气勘探开发出资、债务担保、油气技术研发与资源外交、石油战略储备、全球油气情报收集等业务。为了保证民营企业的电力供应保障能力，2020年修法，增加了该机构紧急情况下的燃料保障义务，即在紧急情况下，如果私营公司难以采购发电燃料，JOGMEC可以在经济产业大臣的要求下，依据《电力事业法》第33之3的规定，采购发电燃料（第11条第2款3）。

三、竞争政策的拓展

通过实施电力市场化改革，依托《电力事业法》等产业政策法的修改，日本电力产业中的市场准入规制已经逐步削减，从产业结构上来说，日本电力产业已经在发电、售电领域为新的市场竞争者提供了参与市场的机会。但是，依托产业政策事前构建的竞争性市场环境和市场进入的机会，并不等于就完全实现了有效竞争的目标。从日本电力市场的发展现状来看，虽然新进入者的市场份额在不断增加，但是，从发展规模上来看，尚未达到充分竞争的状态，仍存在一些直接或间接阻碍竞争的行为[163]。在电力产业实施完全市场化改革之前，传统的10家一般电力经营者拥有长达60多年的市场垄断地位，新进入者相对处于弱势地位，在市场竞争中，其是否能够真正实现与原有的市场垄断者公平、公正地开展竞争，直接影响电力市场化改革的成效。对这些排除或限制市场竞争的行为，单纯依靠产业政策是无法规制的，需要竞争政策的积极介入。具体来说，在日本电力产业中，竞争政策主要在以下领域围绕一些特定行为发挥作用。

（一）发电领域

如前所述，早在1995年第一轮电力市场化改革中，发电领域市场就已经放开，原则上取消了对发电业务的市场准入限制。作为基本法的《独占禁止法》适用于所有具备市场竞争性的市场领域。独立发电企业（IPP）具有与一般电力经营者平等的参与资格。尽管一般电力经营者的输配电部门从法律上被分离出来，一般电力经营者发电部门和售电部门垂直一体化的统合运营结构仍然存在，并且一般电力经营者与新进入者之间在发电领域装机容量上也存在显著的不均衡分布状态，竞争状况并不理想，约83%的装机容量仍集中在十大一般电力经营者的发电部门[131]，其市场份额占压倒性优势。在发电市场和零售市场中占据主导地位的经营者在各自的区域实施垂直一体化经营，依然是日本电力市场的一个显著特征。因此，竞争政策需要重点关注这种市场结构可能引发的问题，并制定针对性的举措。

发电部门竞争尚不充分的原因主要包括以下3个方面：首先，从发电领域的市场结构来看，原有一般电力经营者的发电部门仍然占据市场优势地位，新进入者短时间内很难形成竞争力。这些原有的大型发电公司具有规模经济优势，可以通过降低电价和采取其他新参与者无法竞争的价格战略，排除中小型发电公司的市场竞争。其次，建设时间和资金成本的限制。建设发电设施需要较长时间和巨大投资，一般中小型企业较难承受。并且，根据《环境影响评价法》需要实施环境评估，平均建设一个发电站需要三年半到四年时间，若从规划阶段开始，最快也需要六七年[164]。最后，由于电力产业的公益属性，电力公司被授予了一些公共事业相关特权，其中有些并不适用于新发电企业。例如，根据《土地征用法》（昭和26年法律第219号）可以使用、征用他人土地，根据《森林法》（昭和26年法律第249号）开发行为免除许可，根据《公共用地征用特别措施法》（昭和36年法律第150号）可以使用、征用公共用地，以及依据《城市绿地法》（昭和48年法律第72号）对绿地保护区内建设电力设施行为的免申报、许可特权等[165]，而这些特权并不适用于新进入发电企业。

从竞争政策的角度来看，原有的十大一般电力经营者的发电部门与售电部门，在考虑机会成本的基础上，以利润最大化为目的，理性选择电力销售对象，通过电力交易所销售，或者能够以与其内部的售电公司交易同等的条件与新电力公司（PPS）进行相对交易，是竞争政策所追求的理想的市场状态。但是，目前电力产业尚未形成这样理想的市场状态，需要规制部门重点监测市场中是否存在由于市场封闭或内部补贴行为而导致的竞争机制扭曲，尤其是监测一般电力经营者的发电公司是否将其市场优势地位传导至电力零售市场，以实施不公平的低价销售或其他不公平交易行为。这需要监管机构能够根据需要，掌握企业不同部门的收支和内部交易的实际情况以及对竞争产生具体影响的相关证据。

（二）输配电领域

在竞争政策研究领域，"必要设施理论"（Essential Facility）简称"EF理论"，是围绕输配电网络讨论的焦点问题之一。"EF理论"起源于20世纪70年代末的美国反托拉斯判例，进入20世纪80年代以后，该理论经常出现在下级法院的判例中。由于对该理论既有肯定的判例情形，也有否定的判例情形，因而成为具有争议的理论探讨话题。"EF理论"的基本思想是，那些拥有对竞争影响至关重要的设施的经营者（EF所有者），除非其有正当的理由，否则必须在合理、无歧视的条件下以适当的对价向其竞争者提供该设施。由于这些设施仅由特定经营者所有，因此，EF所有者很有可能会拒绝竞争者使用该设施，或者在其他经营者使用该设施时实施差别待遇，妨碍竞争

第五章 日本电力产业的协调规制

者进入相关市场领域，从而形成竞争壁垒。关于"EF 理论"的适用要件，比较典型的情形是：①垄断者支配着该必要设施；②竞争者无法实际或合理地在该 EF 所有者之外建设另一套设施；③该垄断者拒绝竞争者使用其所有的必要设施；④设施可供竞争者等使用。此时，除非 EF 所有者在业务上有合理的理由，否则必须以合理、无歧视的条件允许竞争者使用该必要设施[166]。对于该理论，有批评者认为其侵犯了设施所有者选择交易对象的自由权[167]；强制要求经营者与其他企业共享其所有的设施，会损害经营者对设施的投资动力①；所谓合理、无歧视的必要设施使用费等使用条件涉及政府干预，这实质上与持续的价格规制没有区别[168]。

在日本电力产业中，"EF 理论"被广泛讨论并得到运用。日本电力产业在发电和零售领域引入了竞争，但如果发电和零售领域的新进入者不能公平合理地利用作为必要设施的输配电网，实际上无法公平参与竞争，电力市场化改革可能也就失去了意义。因此，构建一个开放的输配电网络使用环境，以及允许经营者公平合理使用输配电网络，是真正实现电力产业竞争的前提。2003 年 10 月，日本独占禁止法研究会在其发布的《报告书》中提议，应在《独占禁止法》中明文规定"EF 理论"。2016 年，通过实施"法律分离"，一般电力经营者的输配电网络的中立性得到强化。但是，输配电企业仍然可以开展发电业务，或者与发电企业、售电企业之间存在资本关联。如果其拒绝开放输配电网，制定高额的托送服务费，或者制定严格的、带有差别待遇的网络使用交易条件，新的市场进入者生存空间有限。近年来，在公正交易委员会的执法实践和所制定的《电力交易指南》中，也体现了与"EF 理论"具有相同理念的观点。例如，在《电力交易指南》（2021 年）中，规定一般输配电经营者在提供电力托送服务时，通过不充分披露相关必要信息、不采购必要的设备材料、拖延托送服务手续等行为，实质上构成拒绝向售电经营者提供电力托送服务的行为；或者与和自己具有特定关联的售电经营者相比，使其他

---

① 例如，美国 Trinko 案的判决表达了这种批评的观点：①允许竞争者等使用竞争上的关键设施一般并不是强制性义务。此外，对单独经营者拒绝交易是否构成违反《反托拉斯法》，应具体案件具体判断。②《反托拉斯法》的过度干预可能会扼杀经营者为进行革新和发展经济而进行的有风险的自由活动（如基础设施投资的积极性等）。因此，为了实现通过事业法消除垄断、确保公平竞争的目的，在已有反竞争行为纠正机制时，应该避免运用《反托拉斯法》进行纠正。

售电经营者处于交易上的不利地位时，可能会构成《独占禁止法》的私人垄断、拒绝交易、差别待遇等禁止行为[169]。此外，禁止输配电企业将交易信息用于其他目的。输配电企业在实施托送服务时，会获得有关发电企业、售电企业及其客户的信息，若其在商业活动中不公平地使用，或用于其他违背市场竞争的目的，将会构成《独占禁止法》的私人垄断或妨碍交易等不公正交易方法等禁止行为。若输配电企业在与其有特定关联的企业和其他发电或售电企业之间实施差别待遇，导致其他发电或售电企业经营困难，也可能构成《独占禁止法》上所禁止的私人垄断或拒绝交易、差别待遇等不公正交易方法等禁止行为。

（三）售电领域

从售电领域的市场结构来看，虽然法律上对于售电领域不再划分和限定销售区域，跨区域售电交易也已经出现，但是，在原有的供电区域内，一般电力经营者的市场优势依然比较显著，一般电力经营者之间开展跨区域供电竞争的情况仍然较为有限，且隐藏着交易协调的风险。梳理来看，影响PPS等新售电经营者的因素主要包括以下几个方面。

首先，物理设施层面的约束。在长期的区域垄断体制和供电义务下，一般电力经营者在原有供电区域内建立了较为完善的设备和销售体制，区域外的供电业务需要完善配套的销售和售后服务等，需要一定投资，存在动力不足的问题[170]。一般电力经营者优先考虑其原有供电区域内的稳定供电。并且，不同供应区域之间依靠"连接线路"实现区域间互联互通，同时，东日本和西日本之间频率不同，东西日本之间进行输电时，必须通过变频装置（FC）①来转换频率，对区域间电力输送造成了一定的物理限制。跨区域供电时发生一定的托运费用和输送损耗等，也成为电力公司考虑的成本之一。

其次，限制竞争行为的存在。在一般电力经营者发电部门和售电部门仍实施垂直一体化经营模式下，其发电和售电部门也会存在内部交易、内部交叉补贴等可能性，或者通过签订较长期趸售或零售合同，从而导致市场产生

---

① 日本的变频装置（FC）一处位于东西频率边界上的长野县（新信浓FC），另一处位于静冈县（佐久间FC和东清水FC）。

封闭性，限制市场竞争的有效运行。并且，由占有市场支配地位的发电企业和售电企业所签订的长期售电合同，按照交易惯例，往往伴有较高的解约违约金，在不同售电企业之间进行选择存在一定的转换成本，强化了市场的封闭性，这种交易惯例也是竞争政策上需要关注的问题。在发电市场具有市场优势地位的企业很有可能利用其优势，引发趸售或零售市场竞争的扭曲。此外，现实中也存在一些差别待遇的案例。例如，一般电力经营者的售电企业针对那些意图转换到PPS等新售电企业的特定用户提供非常低的价格，试图阻碍其向竞争对手的转移。对于上述这些竞争风险问题，需要从竞争政策角度及时关注并在必要时采取适当措施[163]。

最后，电力托送费用存在进一步降低的空间。PPS新电力企业使用一般输配电经营者的网络基础设施向用户售电，并向一般输配电经营者支付电力托送服务费，托送服务费的定价直接影响PPS售电业务的市场竞争力。虽然日本自电力市场化改革以来，电力托送服务费呈现不断降低的发展趋势，但是，与美国相比，日本在特别高压领域的电力托送服务费仍然处于较高水平，是美国（伊利诺伊州）电力托送服务费的3倍左右。在电力销售价格中，电力托送服务费的占比，美国不到10%，日本超过20%。这也成为削弱售电领域PPS等新售电企业市场进入动力及其市场竞争力的重要因素之一。

四、机制设计

日本产业政策和竞争政策的关系经历了由对立—交集—协调的漫长变迁过程，电力产业政策从产业垄断保护到引入竞争机制、促进竞争的转变经历了立法理念、政策内容的变化。伴随日本产业政策自身向"竞争促进型"产业政策的转型，产业政策与竞争政策之间的协调机制主要体现在以下几个方面。

（一）事前协调机制

第一，竞争政策执行机构与产业政策执行机构共同推动电力市场化改革方案的制定与完善。日本的电力市场化改革虽然由产业政策执行机构经济产业省主导推进，推出了具有力度的改革举措，但是，作为竞争政策执行机构的公正交易委员会在改革论证、方案制定等阶段都在积极参与，并对日本电力市场的竞争状况开展评估，基于竞争政策的理念和视角，提出改革实施方案。总体来看，日本电力市场化改革方案并非产业政策执行机构单方独自推行，而是由两类执行机构在共同探讨的基础上制定完成。早在1982年，公正交易委员会在对日本国内所有行业领域的政府规制状况进行摸底调查的时候，围绕电力产业的政府规制调整和完善，就与经济产业省开展探讨，对电力产业中政府规制的实施内容、实施方式等提出政策建议[171]。在2012年4月3日日本内阁会议通过的《能源领域规制、制度改革相关方针》中，公正交易委员会在对日本电力产业市场竞争状况做出评估的基础上，指出日本电力产业尚存在一般电力经营者拥有市场支配力量、市场新进入者市场份额持续低迷、一般电力经营者区域间缺乏竞争等问题，对电力市场中的竞争应有方式提出了政策建议，并于2012年9月21日发布了《关于电力市场中的竞争方式》[170]等报告书。公正交易委员会从促进竞争的角度，对日本电力产业各个环节市场竞争状况开展详细的调查、分析，并提出政策建议等，对于客观评估产业政策的实施效果、电力市场化改革的进展状况、明确产业政策及其规制内容的不足以及推动下一步改革举措的策划和实施等，都发挥了重要的作用。

第二，对产业政策及其相关法律实施事前竞争影响评价，竞争政策执行部门是重要的评估实施主体。2002年开始，日本正式实施政策评价制度。由此，对政策、法律等开展事前的全面评价成为政策、法律等制定发布前必不可缺的环节。该制度是对各省厅在新制定一项政策、法律或者对已有政策、法律进行修改、废止时，对该政策、法律预期会产生的效果及其成本收益等进行多角度预测、分析和评估，旨在考察或提升政策、法律的制定和实施质量。在该制度基础上，2010年日本政府进一步丰富政策评价的相关指标体系，将"政策或法律等对竞争状况的影响"纳入到政策评价制度体系中。自此，在一项政策或法律制定之前，评估部门对该政策或法律对竞争产生的影响等进行评估，将评估结果作为该政策或法律制定、实施的成本之一进行考量。此项事前政策评价工作由日本总务省组织，并由其召集组成"政策评价审议会"具体开展评估工作。以2020年新颁布的《能源供给强韧化法》为例，在该法正式颁布前，围绕该法增设的"灾害应对供给保障义务""配电业务许可""特定零售业务许可""电力托送服务费上限制度""电力数据的使用"等内容，政策评价审议会对这些规制内容的设立理由、合理性、具体措施及其目标、是否存在替代方案、实施成本与收益比较分析等进行了综合评价，并出具《规制的事前评价书》[172]。对于该法是否会对竞争带来影响，主要通过竞争评价 Check List 的方式来评价，由公正交易委员会与政策制定部门共同探讨的基础上，对每个制度和规制内容进行竞争影响评估。通过政策评价制度和竞争影响评价过程，作为竞争政策执法机构的公正交易委员会，能够在一项产业政策或者产业政策法出台前参与其中，成为推动和强化竞争政策及其理念的重要途径之一，也成为产业政策执行部门和竞争政策执行部门建立事前协调的重要机制之一。

（二）执行协调机制

第一，产业政策执行部门与竞争政策执行部门共同探讨，联合制定《电力交易指南》。对于特定行业领域，不同部门均具有一定管辖权时，为了明确和协调各自的权限分工，由管辖部门之间开展共同探讨、联合推出各类《执法指南》的方式，是日本协调产业政策与竞争政策关系的常用手法之一[115]。日本从 1999 年实施第二轮电力市场化改革开始，为了对已经引入市场竞争机制的电力产业更好实施规制，当时的产业政策规制部门通商产业省联合竞争政策规制部门公正交易委员会，从促进公平、有效电力市场竞争的角度出发，开始探索实施两机构之间的执法协调方式。1999 年 12 月，两机构通过联合发布《电力交易指南》，明确了容易违反《独占禁止法》和《电力事业法》的具体行为类型，日本电力产业开始进入竞争政策部门与产业政策部门协调监管的时代。《电力交易指南》开宗明义明确了指南的目的，明确通商产业省与公正交易委员会各自的管辖范围和执法权限，本着两机关相互协作、相互配合的精神，详细界定《独占禁止法》所禁止行为与《电力事业法》所禁止行为之间在构成要件和判断标准等方面的不同。从指南的具体内容来看，相关规定对于指导两机构执法实践、为各类经营者提供行为参考依据等都具有重要意义。指南区分电力零售领域、电力趸售领域、负瓦特交易领域、电力托送领域、其他能源竞合领域，分别阐明了产业政策和竞争政策在每个领域的基本理念和实施方针。在每个具体领域中，说明电力市场中竞争的应有方式之后，进一步描述市场主体的哪些行为方式会容易引发触犯《电力事业法》和《独占禁止法》的风险，结合两部法律的具体规制内容，对两家机构的各自监管职责予以明确。同时，该指南也指出，在具体的执法实践中，依据本指南，还需要根据电力市场及其交易的实际情况对行为的违法性进行具体判断和分析，本指南提供了基本的判断标准和参考依据。根据日本电力市场化改革的阶段性进程，日本政府在修改《电力事业法》的同时，也相应地更新《电力交易指南》。截至2022年2月，《电力交易指南》的最新一期修改发布于2021年11月5日[173]。

制定共同执法指南的效果显著，因此，在其他领域，日本也极力推广这一做法。例如，公正交易委员会与总务省联合制定的《电信产业促进竞争指南》、公正交易委员会与经济产业省联合制定的《燃气交易指南》等。近年来，随着大数据技术和数字产业的发展，围绕大型数字平台的垄断问题，公正交易委员会和经济产业省、总务省开展共同研讨，于2018年联合发布的《数字平台规制基本原则》，也属于执法指南形式。这些执法指南，在明确基本执法立场和原则的基础上，结合具体案例阐明法条的具体规制内容，提醒经营中需要重点注意的行为及其竞争影响后果，分别明确产业政策与竞争政策所禁止的行为类型和具体表现形式。同时围绕行为类型，分别明确不同执法部门的管辖权限，内容设计深入行业实际情况，实际操作性较强。对经营者开展行为自查、规范交易行为、预警和降低违法风险等，发挥了重要作用。

第二，案件和纠纷处理中的多部门协商机制。在具体的执法案件中，竞争政策执法机构和产业政策执法机构也开展了较为密切的合作与协调，是一种更为落地的协调模式。在电力产业中，部门间围绕同一案件开展协商的案例也不少。例如，在2005年"关西电力公司全电气化警告案件"①中，公正交易委员会和经济产业省就展开了相互配合、协调执法的实践。在该案中，作为日本十大电力公司之一的关西电力公司为推行集中住宅全电气化计划，对采用全电气化和采用电煤混用的集中住宅开发商设定不同的交易条件。此

---

① 公正取引委員会・関西電力株式会社に対する件（平成17年度 警告）。

时，日本的《电力事业法》中也规定了对差别待遇性质行为的规制，"竞争促进型"产业政策与竞争法之间存在部分竞合。该行为分别构成《独占禁止法》所禁止的不公正交易方法和《电力事业法》第19条（当时）所禁止的不正当差别行为。对该案的处理，日本没有拘泥于或固守部门之间的管辖权"壁垒"，而是采取竞争执法部门与行业监管部门主动沟通、共同协商的处理模式，由两部门分别从维护整体市场竞争秩序（竞争政策角度）和促进产业有序稳定发展（产业政策角度）两个不同角度进行协调执法。在公正交易委员会与经济产业省相互沟通的基础上，首先，由公正交易委员会对关西电力公司的该行为在电力供应服务市场（第一市场）中产生的竞争影响进行评价，依据《独占禁止法》给予警告处分；其次，由经济产业省开展深入调查，对关西电力公司在热源供给服务市场（第二市场）中的差别补助行为，依据《电力事业法》实施处罚。在本案中，产业政策与竞争政策执法部门分别从不同的角度，充分发挥各自的执法优势，相互配合，实现对行业的共同规制和协调监管。

第三部分
新兴产业案例考察：日本数字产业

早在20世纪末，就有学者敏锐地指出，数字技术发展必将带来数字革命这一新型经济竞争，数字革命将助推传统产业转型进入信息经济时代并形成"新产业"[175]。这种变化可能源于"数字产业化＋产业数字化"的合力推进，或是现有产业与新技术在特定环境中的综合反映[176]。关于这种"新产业"究竟可以"新"到何种程度，对传统产业的颠覆性冲击可以辐射多远，我们尚无法完全推测。但可以肯定的是，以互联网技术为核心发展起来的ICT服务产业等传统信息产业，已经无法完全诠释数字经济背景下的产业新形态，而这种新型产业形态显然已经是传统产业、互联网产业、信息产业、ICT产业或其他任何现有产业的高级阶段[177]。日本将这种新型产业形态定义为"数字产业"（Digital Industry）[178]。

数字产业所特有的技术经济特征，带来一些新型垄断问题，竞争政策在积极发挥作用的同时，其执法理念、判断手法和具体标准等也面临挑战。与此同时，数字经济在基础支撑、技术特征、组织结构、产业组织等方面都有别于传统经济，对传统产业政策也提出了新的挑战[179]。依据传统行业领域"分而治之"的政府规制体系开始显出弊端，数字平台生态系统监管呼吁部门间广泛协作，产业政策与竞争政策的协调成为趋势。本部分在梳理日本数字产业形成和发展历程的基础上，重点对日本政府协调产业政策与竞争政策关系，应对数字产业挑战的做法及经验进行考察分析。

第六章 日本数字产业的发展历程

为何数字产业直到最近才开始受到广泛重视？为了理解当前这一现象，有必要对其相关产业发展的历程及其背后所依托的技术支撑与变革等作简单介绍。作为一种新兴产业，数字产业的发展历程远不如电力等传统产业具有较为悠久的历史，但数字产业的出现并非横空出世，其形成经历了技术和商业模式等不断创新、技术创新的社会化应用及传统产业的数字化转型升级等漫长的累积过程。对于日本来说，20 世纪 80 年代中期实施的电信产业民营化和市场化改革，20 世纪 90 年代迅速普及的互联网技术及其相关产业崛起，进入 21 世纪依托新一代信息通信技术席卷全球的产业数字化潮流，都为数字产业的形成发展提供了不可或缺的技术支撑、基础设施保障及产业能力积累。

一、竞争前奏：电信产业的民营化改革

日本电信产业由政府垄断经营到走向市场竞争、实施民营化改革，迈出了民营主体参与信息通信领域的第一步。通信服务成本的降低和服务内容的多样化发展，为此后数字产业的诞生及蓬勃发展奠定了重要基础。

日本电信产业的产生和发展，源于政府推进通信公共服务的强烈需要。自 1854 年，美国海军将领、"蒸汽船海军之父"马修·佩里（Matthew Calbraith Perry）第二次到访日本，将当时世界最为先进的摩尔斯码电报机赠送给德川幕府以来，新兴技术被引入日本并被日本政府展开了系统研究和仿制。1869 年，明治政府在东京和横滨之间建立了第一条电报线路，开始向民众提供电报业务。此后全国范围的电信网络不断被完善，1874 年，东京和

北海道间电信线路竣工，标志着日本基本完成了全国电信电报线路的搭建。1890年，在通信省（逓信省）管理下，电话交换业务开始以国营方式展开，主要服务于东京、横滨两地市内及短距离通话。1899年，开始提供东京、大阪间的远距离市外通话服务。随着通信需求不断增加，日本政府1896年和1907年两次拓展电话通信业务，到1935年左右，日本全国的电话服务使用规模已经突破100万。战后1952年，日本成立日本电信电话公社（简称"电电公社"）[①]，垄断经营全国电信电话业务。为了满足不断增长的市场需求，自1953年开始，日本政府先后实施了6期电信产业振兴"五年计划"[②]，推动了电信产业服务规模的不断壮大[180]。

1985年，在日本政府实施规制缓和的潮流推动下，电信产业正式开启民营化改革，日本电信电话公社垄断国内通信市场的格局被打破，民营企业成为重要的市场参与者，提升了电信产业的竞争活力。1973年遭遇石油危机的日本经济增速开始放缓，政府财政状况开始恶化，加之20世纪80年代，美国拆分AT&T（美国电话与电信公司），英国对BT（英国电信公司）实施民营化改革，国际社会纷纷在电信产业引入竞争机制，日本也开始探索在电信产业引入民间资本和经营活力，以期通过市场竞争机制实现降低通信成本、优化企业经营体制、提升企业经营活力和技术研发能力等目的。1984年，日本颁布"电信产业改革三法"[③]，1985年正式启动对"电电公社"的民营化改革，将其改组为"日本电信电话株式会社"（Nippon Telegraph and Telephone Corporation，NTT）。为引入竞争，将电信运营商分为两大类：第一类电信运营商和第二类电信运营商。其中，第一类电信运营商利用自己的（自建或购买）电信基础设施为用户提供电信业务，可以经营电话及其他基础电信业务；第二类电信运营商通过向第一类电信运营商租用电信基础设施来为用户提供电信业务，其又可分为特殊二类运营商和一般二类运营商。当第二类电信运营商提供的业务达到一定规模，或者是经营国际通信业务时，被列入特殊二

---

① 日本電信電話公社（Nippon Telegraph and Telephone Public Corporation），简称"電電公社"。
② 1953年（第一期五年计划）；1958年（第二期五年计划）；1963年（第三期五年计划）；1968年（第四期五年计划）；1973年（第五期五年计划）；1977年（第六期五年计划）。
③ 具体包括《电信事业法案》《日本电信电话株式会社法案》《日本电信电话株式会社法及电信事业法施行相关法律整备等相关法律案》。

类电信运营商。

改革后,虽然日本政府仍保留了部分规制措施以保障电信业务的稳定发展,但在此后的10年多时间里,新晋电信运营商不断进入通信市场,国内服务市场和国际服务市场中都开始形成多元主体激烈竞争的局面。从参与企业数量来看,据统计,1989年,日本第一类电信运营商有45家,特殊二类电信运营商有25家,一般二类电信运营商有668家。1996年9月,上述3类企业数量分别增加了86家、37家和3153家[181]。截至2002年4月1日,日本电信运营商的总体数量更是多达10 521家,3类企业分别达到384家、112家和10 025家[182]。从服务领域来看,移动通话、长途通信、国际通信、数据通信、卫星通信等领域均呈现多主体竞争的局面(表6-1)。此外,1994年,日本政府设定了2010年构筑覆盖全国范围光纤网络的发展目标,通过设立专项贷款计划、基金等方式,鼓励民营企业对光纤网络基础设施的投资,进一步促进了电信产业宽带网络的发展。

表6-1 日本通信产业民营化改革后的竞争状况(20世纪80年代末)

市场领域	竞争状况
移动通话领域	NTT、日本移动通信株式会社(IDO)、DDI集团、Digital Tu-Ka集团、TU-KA集团
长途通信领域	DDI、日本テレコム、日本高速通信公司
国际通信领域	KDD、日本国际通信公司(ITJ)、国际数字通信公司(IDC)
数据通信领域	9家特殊第二类电信公司、279家一般第二类电信公司、NTT数据通信有限公司
卫星通信领域	NTT:通信卫星2号(CS-2) 私人通信卫星:日本通信卫星公司(JCSAT-1)、日本宇宙通信公司(超级鸟A)

来源:根据总务省《情報通信白書》2016年版、2017年版等资料整理[183-184]。

在日本政府大刀阔斧推进电信产业民营化改革的刺激下,该行业成为当时日本最大的增长性行业之一。逐渐繁荣的市场竞争带来了通信费用的降低和服务内容的多样化发展,并推动了通信网络等基础设施的不断改进,不仅有效提升了人们生活的便捷性和生产效率,更为多种信息通信服务模式的产生奠定了重要的基础。

二、生于竞争：日本数字产业的形成

作为一种新兴产业，数字产业具有对其他产业的高渗透性、技术的不确定性、组织模式平台化等特征，需要高度开放、自由、竞争的市场环境。日本数字产业诞生于技术创新引发的竞争性市场环境之中，是多元分散式尖端技术创新集成和社会应用的综合体现。高速通信基础设施的完善、互联网技术的兴起及其社会化应用、新一代信息技术的创新、移动终端设备的升级等，是数字产业形成的重要前提，而这些新技术、新模式、新业态的形成，无一例外都依赖高度激烈的市场竞争带来的创新动力。

（一）技术创新及其社会化

1. 互联网的兴起与普及

在互联网出现之前，个人计算机通信[①]在日本已经进入较为成熟时期，ASCIINET、PC-VAN、NIFTY-Serve等个人计算机通信服务在日本相继推出。到1996年左右，日本使用个人计算机通信的用户数量已经达到573万人。但是，由于个人计算机通信进行信息发送和接收的方式较为封闭，只能在连接同一通信运营商主机的用户之间进行通信，而不能与连接其他主机的用户进行通信，进入20世纪90年代后半期，随着互联网技术的普及，个人计算机通信的用户数量不断减少，2006年NIFTY-Serve等相继终止通信服务。

日本最早的互联网[②]起源于1984年开始运行的JUNET（Japan University/

---

① 个人计算机通信是一种利用通信进行数据交换的方式，通过电话线或ISDN连接到通信运营商的计算机（主计算机），进行邮件、留言、聊天等信息交流活动或者使用新闻、数据库检索等信息查询服务。

② 世界上最早的互联网起源于美国国防部高级研究计划局（ARPA）信息处理处（Information Processing Techniques Office, IPTO）资助下1967年开始实施的分组交换网络高级研究计划局网（Advanced Research Projects Agency Network, ARPANET）。ARPANET于1969年以连接美国西海岸的4个节点构成：加州大学洛杉矶分校（UCLA）、斯坦福研究院（SRI）、加州大学圣巴巴拉分校（UCSB）和犹他大学（UTAH），主要用于这些机构之间的联络、论文交换、研究数据交换等研究和教育的非营利目的。

第六章
日本数字产业的发展历程

Unix NETwork），该网络是在东京大学、东京工业大学、庆应义塾大学之间构筑的研究专用网络，之后不断发展成为连接 700 多家机构的大规模网络。1988 年，以 JUNET 参与者为核心，日本启动由大学研究人员等开展互联网实验的 "WIDE（Widely Integrated & Distributed Environment）项目"。该项目最初为非营利性目的，在某种意义上是一个限定人员参加的封闭式交流空间。但是，随着网络连接数量的激增，项目开始探索实施商用模式，向广大用户综合提供互联网接入业务、信息业务和增值业务的商业主体——互联网服务提供商（Internet Service Provider，ISP）陆续出现。1992 年，日本第一家商业互联网服务提供商 IIJ（Internet Initiative Japan Inc.）成立，于 1993 年正式推出互联网接入服务。1996 年，日本最大的网络运营商 NTT 公司开始推出互联网接入服务（Open Computer Network，OCN），目前也是日本最大的互联网服务提供商（ISP）。1996 年，武藏野三鹰有线电视株式会社利用有线电视线路，开始进入互联网服务领域。此后，其他的有线电视运营商相继进入互联网接入服务领域。1997 年，3 家长途通信领域的电信公司和 4 家区域电信公司[①]也开始提供互联网接入服务（New Common Carrier，NCC）。

非对称数字用户线路（Asymmetric Digital Subscriber Line，ADSL）的商业化应用进一步推动了互联网技术在日本的全面普及。由于早期互联网通信采用电话线拨号连接通信方式，无法同时进行语音通信和互联网通信，大大限制了通信的速度及其效率，并且，按通信量计费的传统收费方式，也不利于大容量数据信息的交换。ADSL 采用与语音通信不同的频带进行数据通信，可同时实现语音通信和互联网通信，因而得到迅速推广。为鼓励运营商积极参与 ADSL 市场，提供更加便捷的通信服务，2000 年日本邮政省（现总务省）制定政策，允许运营商可以使用 NTT 公司现有电话线设施提供服务，同时，将通信费用的计费方式由按通信量计费改为定额收费，并提供可随时接续上网的服务模式，提高了用户使用互联网服务的便利性，推动了互联网在日本的迅速普及。通信基础设施的开放，为新的服务提供商进入市场提供了条件，促进了日本互联网通信服务市场的竞争。2001 年，Yahoo！ BB 公

---

① 分别是：TTNet、大阪メディアポート、中部テレコミュニケーション、四国情報通信ネットワーク。

司进入市场，并以远低于当时市场价的低价格推出互联网通信服务。其他运营商不断进入，ADSL 服务签约量不断增加。使用光纤通信传输方法的 FTTH 服务（Fiber To The Home，FTTH）开始出现，并成为日本目前宽带服务的主要方式。互联网领域激烈的市场竞争降低了网络服务成本，提升了互联网通信速度和服务质量，推动了互联网在日本的迅速普及。依托互联网技术创新的社会化应用模式推陈出新，带来人们生产生活方式的改变。

2. "Web 2.0" 时代

"Web 2.0" 是蒂姆·奥莱利（Tim O' Reilly）提出的概念，是指对比 "Web 1.0" 时代信息发送方和接收方较为固定的信息单向流动状态，发送方和接收方之间开始出现互动型信息流动趋势，人人都可以通过网站自由发送信息的新型网络利用状态。[185] 去中心化、崇尚开放共享是 "Web 2.0" 时代的主要特征，其进一步拓展了互联网世界的开放性，形式多样的商业服务模式不断推出。向广大用户综合提供互联网信息业务和增值业务的互联网内容提供商（Internet Content Provider，ICP）开始出现，互联网出现后的信息通信领域变得更为多元和复杂，产业结构开始发生重大转型。

互联网普及之初，主要以实现信息的集约化服务为核心内容，自 2005 年前后开始出现信息的双向化和互动化趋势，注重用户界面（User Interface）和用户体验（User Experience）的新型互联网服务模式不断涌出。利用 Web 平台，由用户主导生成的互联网内容产品服务模式的出现，使互联网进入去中心化、开放、共享的 "Web 2.0" 时代[186]。据考证，2002—2003 年左右，Amazon.com 搜索应用程序设计接口（Application Programming Interface，API）的开放是 "Web 2.0" 时代的开端[186]。在 Web 2.0 时代，比起信息本身或者核心技术的创新，更加重视对周边用户或使用者的服务，强调构建以用户为中心的服务模式。其服务模式往往具有双边市场特性和规模效应，一方的使用者越多，所提供的信息量和信息价值越大，也更有利于整体服务质量的提升。典型服务模式包括搜索引擎、社交网络服务（Social Networking Service，SNS）、博客、Wikipedia、在线购物平台等。

社交网络服务、博客是较为典型的"消费者生成型媒体"（Consumer Generated Media，CGM）。消费者和个人即使不是技术专业人士或企业，也可以利用互联网媒体发送、交换和存储数字化信息。互联网上的不特定多数人不再仅仅是被动的服务享受者，而是可以作为主动的表达者和信息分享者，可以实现共同创造和共享价值，提升用户的参与感并体现自我创意价值。在博客服务领域，日本的"ココログ"和"アメーバブログ"分别于 2003 年和 2004 年开始提供服务，并在短时间内迅速形成规模效应，到 2004 年中期，投稿者已经达到约 100 万人。在 SNS 领域，2004 年"Mixi"和"GREE"相继推出服务，短时间内日本国内会员数已经突破 2500 万人。以 2011 年"东日本大地震"为契机，即时通信应用软件"LINE"开始进入市场提供服务，迅速成为日本主流的社交通信服务平台，并在 2015 年推出视频直播功能（Line Live）。随着互联网技术应用环境的不断改善，可以浏览和分享大流量内容的应用场景开始出现。例如，提供照片和视频分享服务的模式在 2000 年后半期开始出现，日本在 2006 年推出"ニコニコ動画"，能够实时播放视频并提供用户之间实时聊天的"Ustream""ニコニコ生放送"也在 2007 年左右推出。"Web 2.0"时代的互联网世界更加贴近并逐渐融入普通民众的日常生活，用户在线交流空间变得无限开放，互联网的功能从单纯的信息交换进一步拓展丰富为互动交流的重要媒介。

此外，互联网打破地域限制、超越传统国别界限的特性更加凸显。例如，Twitter、Facebook 等美国社交网络及博客服务网站也开始进入日本市场，并逐渐拓展到照片和视频分享服务等诸多领域。2007 年"YouTube"开始推出日文版服务，Twitter 的 TwitCasting（ツイキャス）（2010 年）、Twitter 直播（2016 年）、Instagram Live（2017 年）等在日本发展迅速。在线购物平台领域，日本本土的在线购物网站"楽天市場"在 1997 年成立；2000 年美国在线购物平台 Amazon.com 进驻日本，开设日本版 Amazon.co.jp 平台，迅速占领日本市场，成为目前日本三大在线购物平台之一。

3. 移动终端的发展

随着微处理器集成技术的发展，个人计算机（Personal Computer，PC）、移动电话、平板电脑、智能手机等终端设备的优化升级，PC 上网、手机上网服务出现，进一步拓展了互联网的使用频率和使用场景，为推动互联网技术的社会化应用创造了新的契机。同时，政府推行的一系列制度改革加速了运营商之间的竞争，移动通信的费用大大降低，具有小型便携、资费低廉、功能集成特点的移动终端设备深入民众生产生活。

20世纪90年代，个人计算机开始普及，1995年微软公司推出Windows 95操作系统，Netscape Navigator和Internet Explorer等网络浏览器陆续普及，PC市场进一步扩大。随着创新和市场竞争的加速，以小型化、低廉化为特点的移动设备开始推出。1993年，日本推出简易型手机系统（Personal Handy Phone System，PHS）。1994年4月，日本邮政省（现总务省）改变对移动手机终端的规制方式，引入终端设备销售制度（端末壳切制度），允许市民购买市面上销售的设备终端。1995年开始，以首都圈为中心，NTTパーソナル通信网络集团所属9家公司、DDIポケット电话集团所属9家公司、ASTEL集团所属8家公司相继开展PHS业务，形成了一个区域3家移动公司同时开展竞争的市场格局。1996年12月，日本政府对移动电话通信费用开始实施备案制，运营商可以更加迅速设定更具有竞争力的资费水平。1998年11月，对手机终端实施综合执照制度，大幅度简化执照申请手续，降低申请手续费等。政府实施的一系列制度改革，使日本移动通信费用降低，移动设备用户数量急剧增加，移动电话签约数量迅速增加，并于2000年超过了固定电话签约数量。

在移动手机功能服务方面，市场竞争也异常激烈。NTT DoCoMo先后于1997年、1999年推出手机短信服务（SMS）、"iモード"手机上网服务。此后，KDDI／沖縄セルラー電話（AU）、J-PHONE（现在的Softbank）也相继推出手机上网服务。除了通话、发送短信息之外，日本的功能手机还拥有照相录像、音乐视听、发送网络邮件、手机支付、银行转账、在线购票、信息搜索等更多样化的服务功能，有些甚至引领世界潮流。例如，2000年，J-PHONE在全球率先在手机终端上安装照相机，并提供了将所拍摄图像通过电子邮件进行发送的功能，虽然最初只有11万像素左右。2003年搭载100万像素数码相机的手机终端上市后，手机终端拍照的性能有所提高，甚至达到了与小型数码相机相比毫不逊色的程度。

智能手机使移动终端的功能更加丰富，改变了人们的交流互动方式。由于智能手机可以通过操作系统（OS）运行应用程序，用户可以从应用程序中选择所要使用的功能，从而摆脱了手机终端硬件本身的限制，可以像使用电脑一样通过浏览器访问互联网，其强大的综合集成功能使智能手机更为普及。2007 年，Apple 公司发布创新型手机终端"iPhone"智能手机。2008 年，Apple 公司发布的"iPhone 3G"智能手机在日本开始由 Softbank 公司销售。2009 年，支持 Android 系统的智能手机推出。2011 年，Apple 公司发布"iPhone 4S"，KDDI／沖縄セルラー電話（AU）开始销售 iPhone 系列智能手机。2013 年，Apple 公司发布"iPhone 5s/5c"，NTT DoCoMo 开始销售 iPhone 系列智能手机。2013 年，日本智能手机的家庭普及率达到 62.6%[187]。

智能手机的出现、发展和普及，改变了人们之间的交流方式、场景、频率和深度，人们可以通过文字、图像和视频等多种方式，不局限时间和地点保持联络，彼此之间可以进行更加便捷、细微的语境和情感交流。2010 年，日本国内移动终端上网人数首次超过电脑上网人数，此后，两者之间的差距不断扩大。可以说，从 2010 年开始，日本互联网使用群体的核心上网方式正在从个人计算机转移到移动终端，智能手机成为主流的移动上网终端。从互联网平均使用时长来看，2012—2017 年，用户通过计算机使用互联网的时间基本持平，而通过功能手机、智能手机等移动设备连接互联网的时间在逐年增加[188]（2012 年 37.6 小时，2017 年 64.7 小时），这些时间更多地用在社交媒体、在线社交游戏和视频网站等方面（2012—2017 年的 6 年间增长了约 4 倍）。

（二）数字产业的形成

进入 20 世纪 90 年代以后，伴随边缘计算、云计算、大数据、物联网（IoT）、人工智能（AI）、区块链等新一代信息技术的快速演进，引发人类社会的第四次产业革命，传统电子信息产业、互联网产业的硬件、软件、服务等核心技术体系都在加速重构，并为社会经济各部门带来广泛的创新活力[174]。计算能力的飞速提升、编程技术和处理能力的不断成熟、开源软件使用的增加以及廉价数据存储的可用性等，为数字产业的发展提供了不可或缺的技术驱动力[189]。继电子商务出现并迅速普及之后，分享经济（Sharing Economy）、零工经济（Gig Economy）等市场需求主导下的新型商业模式开始出现。值得一提的是，互联网和计算机相关的基础技术已经在二十世纪六七十年代开始投入实际使用，尽管在摩尔定律下其性能得到不断提高，但到20世纪90年代，这些相关技术并没有发生质的提升，互联网和计算机的普及更多是由于供给和需求的不断增长和互相促进，即其应用或普及属于"技术创新的社会化"，而不是技术创新本身[190]。数字产业的诞生，更多源于这种市场需求主导下的技术创新及其社会化应用发展的需求。伴随数字化转型的进程，数字产业开始影响实体经济，成为推动数字世界与实体经济相结合，促进传统产业迅速融入数字经济时代的重要媒介。

1. 数字化转型

数字化转型（Digital Transformation）成为数字经济时代的迫切需求。随着无线通信技术的发展，物联网为数以万计的设备赋予了收集和传输数据的能力[191]，人、机、物三元世界的高度融合引发了数据规模的爆炸式增长和数据模式的高度复杂化，世界已进入网络化的大数据（Big Data）时代[192]。数字化转型潮流在世界范围内迅速展开，数字经济已经成为实现一国经济增长的"新引擎""新动能"，人类开始进入数字经济时代。

"数字化转型"的概念最早由瑞典的 Erik Stolterman 教授在"Information Technology and the Good Life"（2004年）一文中提出，是指通过信息技术的普及使人们的生活各方面都朝着更好的方向发展[193]，通过数字转型，信息技术和现实将逐渐发生融合，带来系列变化；数据本身可以成为物理世界的基本要素，人类拥有通过网络认知所处的环境和行为变化的能力。日本经济产业省从产业界的视角对"数字化转型"进行了定义：企业为了应对商业环境的剧烈变化，利用数据和数字化技术，根据用户和社会的需求，在改变产品、服务和商业模式的同时，改变其业务本身、组织、流程及企业文化等，从而建立竞争优势[194]。"数字化转型"的内容主要包括：企业应对外部生态系统（用户、市场）颠覆性变化的同时，引领内部生态系统（组织、文化、员工）实施变革，借助第三平台（云、移动、大数据分析、社交网络技术），通过新的产品、服务和商业模式，带来网络和现实两方面的用户体验变革，实现价值创造，建立竞争优势[194]，以及企业为应对商业环境的剧烈变化，利用数据和数字技术，基于用户和社会的需求变革产品、服务和商业模式，同时实现经营

第六章
日本数字产业的发展历程

业务本身以及组织、流程、企业文化风气等的转变，从而建立竞争优势[195]。在数据量呈爆发式增长的背景下，对于所有产业和企业来说，能否最大限度开发利用数据资源，并采用数字技术迅速开展业务，最终实现经济社会价值的创造性产出，真正实现数字化转型，是维持和提升整体竞争力甚至生存能力的重要课题。为提升竞争力，越来越多的企业已经意识到数字化转型的必要性和重要性，运用数据和尖端数字化技术实现快速成长的企业不断涌现，其业务扩展至全球，通过构筑前所未有的商业模式，利用数据与用户侧共同创造新的价值。但是，整体来看，数字化转型在全球范围内仍然处于起步阶段。

数字产业是日本政府为推进数字化转型目标确立的重要的信息服务支撑产业。随着数字技术经济范式朝着更广泛、更深入、更分散、更网络化方向发展，数字化技术不仅使传统的ICT产业（信息通信技术产业）以新的经济面貌呈现出来，对几乎所有传统产业也带来了深远影响，几乎所有产业领域和企业都存在利用新兴数字技术实现商业模式转型与创新的可能性。决定这些可能性能否得以实现的关键因素之一是其能否灵活运用越来越分布式和专业化的第三平台（云、移动、大数据分析、社交网络技术），构建起数字化创新平台，实现开发者与创新者之间的互动社区，这也是影响企业能否顺利完成数字化转型并实现跨越式发展的重要环境条件。新技术带来新的生产力，影响传统生产关系和生产方式，产业间合作模式、人类交易活动以及市场运行规则等经济活动方式随之发生改变，在全球范围内，一个传统与新兴产业互相交织、相互作用并不断拓展的新兴产业逐渐呈现轮廓。

对于这种新兴产业，虽然产业界和学术界都在高度关注，但目前尚没有统一的概念界定，日本将这种新兴产业称之为数字产业（Digital Industry）。具体是指，在新一代信息通信技术创新推动下，为实现数字化转型目标，以数据为基本投入要素，以算法／AI等前沿分析技术为手段，为企业或用户提供云服务、数字平台服务、网络安全服务等数字化产品的信息服务产业。概括来说，数字产业是以提供云服务、数字平台服务、网络安全服务等数字化产品[196]①为目标的新兴产业,是建立现实世界与网络空间互动反馈机制的关键性产业。

日本将"数字产业"定位于能够助推传统产业和企业实现数字化转型的战略性支撑产业,并将其列为国家战略重点推进领域[178]。2021年6月,日本经济产业省发布《半导体、数字产业战略》,明确在数字化转型大背景下,将着力发展"半导体""数字基础设施""数字产业"三大战略领域,以支撑日本数字经济的发展[178]。其中,半导体(集成电路)属于战略核心"技术层";数字基础设施包括数据中心、通信设备、5G等;数字产业是基于上述技术层和数字基础设施发展而来,提供云服务、网络安全服务、数字平台服务等数字服务产品的新兴产业[197-198](图6-1)。日本对数字产业的职能定位于,为包括传统产业在内的所有产业实现数字化转型和数字经济发展提供数字化产品服务,其中,云服务、数字平台服务、网络安全服务等,是数字产业的核心产业,是能够"引爆"或推动传统产业实现数字化转型所必不可少的支撑。

从目前来说,数字产业很难明确依照传统的具体产业分类进行界定,其范围涵盖传统的信息服务产业、互联网信息服务产业及与信息通信相关的制造业等,参与主体除了制造业等传统产业的IT部门之外,还有软件开发企业和IT厂商等信息服务产业的企业。严格来说,数字产业相关参与企业的主要职能是为其他企业或用户提供数字化产品服务或技术支撑,满足数字化转型对信息服务业务的多样化需求。由于数字产业具有先导性、战略性与不确定性,是高渗透和技术密集型产业,数字产业未来规模将不断扩大,并呈现出依托关键共性技术、数据集成、数字平台助力数字产业释放融合创新活力的特点[177]。从全球范围和未来发展趋势来看,随着传统企业数字化转型的实现及信息和系统服务公司等的进一步升级,数字产业的参与主体和规模范围将会持续扩大。

---

① 对于数字平台有不同的分类。例如,斯尔尼塞克将平台分为5种,即广告平台、云平台、工业平台、共享平台、精益平台。日本在此仅为有限列举。

第六章
日本数字产业的发展历程

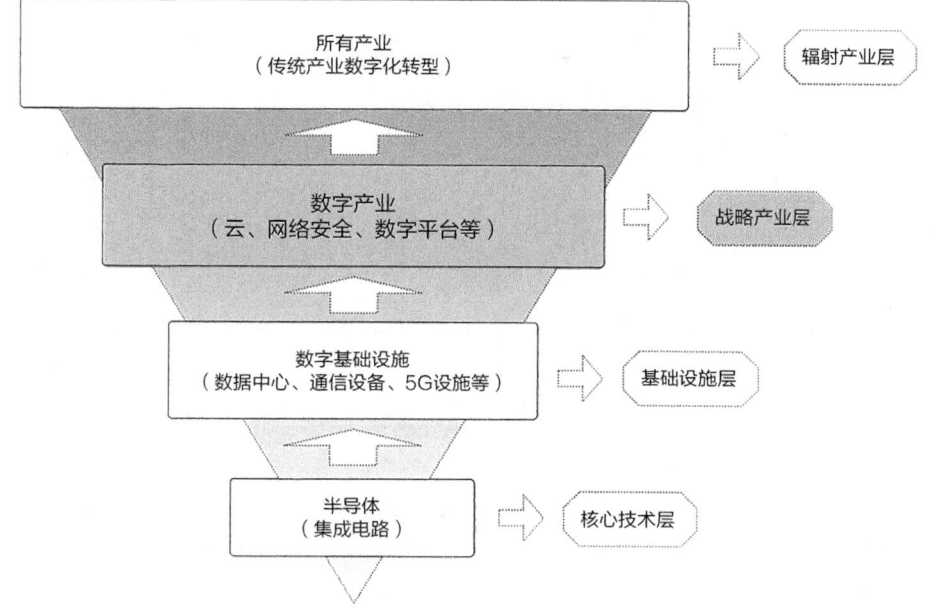

图 6-1　日本对"数字产业"的战略定位

来源：根据经济产業省「半導体・デジタル産業戦略」（2021 年 6 月）[178]，笔者绘制。

2. 数字产业构造

从业界构造上来看，数字产业是在传统产业推行数字化转型过程中，在对大量数据开展收集、存储、开发、应用的基础上，依托数字化平台基础设施，在网络空间实现价值创造，并最终实现经济和社会价值的现实反馈的过程（图 6-2）。其中，数字化转型是连接现实世界与网络空间的重要手段，同时，数字化转型也以实现最终的现实价值反馈为目标。数字产业就是通过这样一个现实→网络→现实的反馈过程，实现社会经济价值的创造，推动经济社会的创新发展。

数字产业实现价值创造的场所主要源于数字化空间。其中，数据是数字产业的生产投入要素（或可称"原材料"），云服务、数字平台等数字化平台设施是基于数据为双边或多边市场用户提供数字化服务的载体（场所），算法/AI 等分析计算技术是实现数字化产品或服务的重要手段。同时，从数字产业的支撑业务层来看，可以分为 4 层：①内容和应用程序层；②数字平台层；③网络通信层；④终端层。在不同时期，基于技术应用场景和商业模式

137

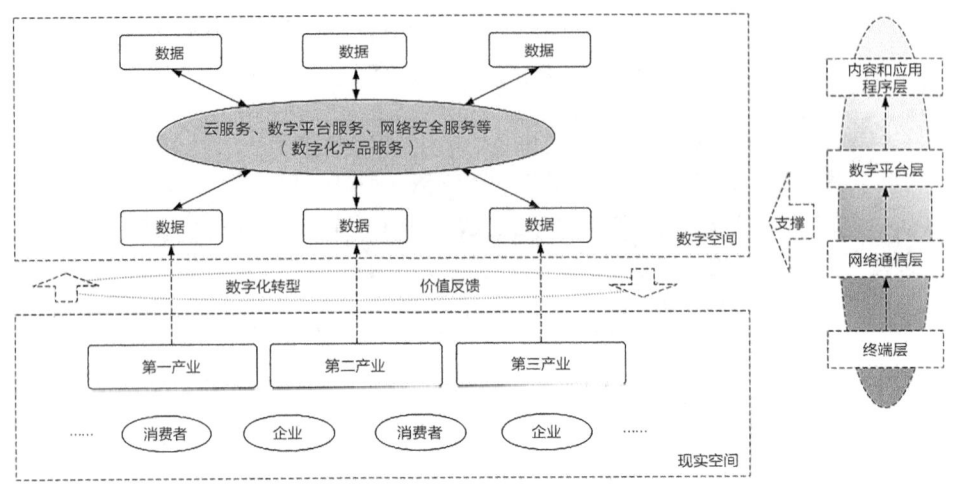

图 6-2　数字产业的业界构造

来源：根据経済産業省『DX レポート 2.1（DX レポート 2 追補版）』[198]，笔者修改、补充并绘制。

的不同，每个业务层的类型会有所变化，不断丰富。发展至今，①内容和应用程序层可以包括视频、音乐内容提供市场、在线游戏市场、手机应用程序市场、网络会议市场等细分领域；②数字平台层可以包括 ISP、ASP、电子商务市场、在线支付平台、电子认证服务、数据中心市场、云服务市场、网络安全服务等；③网络通信层可以包括固定网络和移动网络等信息或数据通信网络；④终端层可以包括个人电脑、平板电脑、移动手机、无线通信装置、固定电话、交换机、通信电缆、半导体、电子零部件等。

同时，数字产业具有纵向跨层、横向跨产业特征。在纵向方面，一些平台型组织或企业具有进入终端层、网络通信层、数字平台层及内容和应用程序层等不同层的可能性；在横向方面，与现实世界中第一、第二、第三产业或界限较为明确的传统产业不同，数字产业的市场参与者可以凭借数据、平台和算法等构建的数字化运营模式，进入其他产业领域，实现产业的数字化渗透、交叉和重组。随着数字化转型进程的加快，越来越多的产业采用数字化运营模式，借助新一代信息技术，不同产业得以实现重新排列、整合和重构价值创造过程，依靠数字产品横向延伸价值链和数字技术纵向衍生产业

第六章
日本数字产业的发展历程

链而衍生出新产品、新服务和新商业模式,从而颠覆了原有的价值创造方式[199]。数字产业形成多元主体协同共生的数字平台生态系统,并将继续朝着跨界融合、平台化和生态化的方向深化发展[200]。

按照所发挥的具体职能,可以将数字产业参与主体分为以下4种类型:①通过实现商业模式创新,提供数字化产品服务的企业(服务提供型企业);②在某一产业领域提供共通性数字化平台,或者在跨行业领域提供共通性数字化平台的企业(平台提供型企业);③与所服务用户企业共同推进数字化转型,通过组织变革,与其共同实现商业模式创新的企业(转型陪伴型企业);④为用户推进数字化转型,提供技术、人才及其经验等相关支援服务的企业(技术援助型企业)[198]。

三、竞争中的垄断:日本数字产业的发展现状

第一,数字化转型进程缓慢,影响数字产业发展,但蕴藏发展潜力。

为了实现2016年《第五期科学技术基本计划》中提出的"Society 5.0"经济社会发展目标及2017年提出的"Connected Industries"产业发展目标,日本政府大力发展数字产业,希望通过提升数字产业的服务能力,为实现传统产业的数字化转型提供支撑,为创造新的经济社会价值提供保障。现实来看,2016年,日本数字经济增速达到5.5%,高于同期GDP增速,数字经济正成为实现经济复苏的新动力[201]。但是,由于数字产业发展依赖数字化转型进程的推进,产业界的数字化转型进程较为缓慢,制约了日本数字产业的发展,并引发政府担忧。

2018年9月7日,日本经济产业省数字化转型研究会发布《数字化转型报告》[202]提出,当下所有产业都面临利用新的数字技术来创造新的商业模式,以实现更加灵活多元的发展状态,数字化转型成为发展趋势。但是,对于应该如何推进并不清晰明确,现有IT系统的复杂化、老旧化以及陷入"黑箱"困境等诸多原因,带来较高运行成本,无法更好采用最前沿的数字化技术,阻碍数字化转型的进程。日本数字产业的国际竞争力正在减弱,巨大的数字资源无法有效开发利用,数字化转型推进较为缓慢。2019年7月,信息

139

处理推进机构（IPA）根据经济产业省制定的"数字化转型推进指标"[①]，对企业的自我诊断结果进行分析，评估日本企业数字化转型的整体推进状况。根据企业提出的自我诊断结果，目前已经实施跨部门横向推进数字化转型，并将持续推进数字化转型的企业比重仅为5%，约有95%的企业处于完全没有实施数字化转型的状态，或者仅停留在零散部门或个别领域的数字化转型阶段。2020年，在肆虐全球的新冠肺炎疫情背景下，远程办公等各类在线活动方式改变了人们以往的生产生活和互动方式，但是，并没有提升日本企业推进数字化转型的紧迫感和危机意识，企业的数字化转型成熟度依然不高。根据经济产业省的统计，如果任其发展下去，预计到2025年，日本因IT人才不足[②]、信息系统服务终止等风险带来的经济损失，将会达到12万亿日元/年，这一数字约是目前的3倍，形成"2025年断崖"，呼吁产业界尽快采取行动推进数字化转型[202]。

同时，日本的数字产业尚处于起步发展阶段，伴随数字化转型的推进，仍然存在提升的空间。根据统计，截至2019年，日本已经有75.3%的企业提出在维持现有商业模式的基础上，积极开拓新的商业模式，有大约70%的企业已经部分实施了数据分析工作，并将分析结果部分用于经营判断[203]。越来越多的企业已经开始意识到，商业创造价值的中心正在迅速向数字空间转移，唯有依托数字化转型实现商业模式的转型，才能在这场激烈的数字竞争浪潮中生存下来。由前文对数字产业业界构造的剖析可知，加快推进数字化转型并实现一定的成熟度，是数字产业繁荣发展的重要基础。今后，随着企业和产业对数字化转型意识和实施进度的提升，日本数字产业将会迎来更广阔的发展空间。

第二，市场规模不断扩大的同时，寡头垄断问题逐渐凸显。

近年来，不论是云服务领域还是数字平台服务领域，日本数字产业的市场规模呈现持续上升的趋势。但是，在众多市场领域，由几家较为固定的大

[①] 该指标为定性指标，用于评价数字化转型推进的成熟度，分0到5共6级。其中，平均值在3级以上的企业被定为"先行企业"。

[②] 根据日本情报システム・ユーザー协会发布的『企业IT動向調査報告書2016』统计，2015年日本IT人才缺口大约为17万人，预计到2025年这一数字将扩大至43万人。

规模企业瓜分市场份额的现象显著，日本数字产业在市场规模不断扩大的同时，在诸多领域开始呈现寡头垄断的市场格局。

在云服务市场领域，自2009年在日本受到关注以来发展迅猛，并逐渐形成3家企业寡头垄断的市场格局。云服务是依托云计算，使云计算具备产品服务性能，带来云计算增值的数字产业服务类型。云计算是一种计算方法，其可以将按需提供的自助管理虚拟基础架构汇集成高效、共享、可配置的资源池，通过网络以便捷、无人干预和按需付费方式为用户提供计算资源（包括网络、服务器、存储、应用服务等）的获取和释放。与自己构建信息系统相比，云计算的最大优势是可以根据需要随时利用所需数量的资源。云服务产品大体可分为"公有云"和"私有云"。其中，公有云是面向不特定数量的用户广泛提供的云服务，如Amazon的AWS和Microsoft的Azure等；私有云进一步可分为"托管型私有云"和"内部型私有云"，前者是在公有云环境下构建并提供客户专用云服务，后者是在客户内部构建云环境。自2009年左右开始，云计算在日本开始受到关注。在发展初期，存在系统故障、重要数据云存储风险担忧等信任问题。进入2010年中期，随着云计算系统稳定性、可靠性、数据流通量的大幅提高，包括日本金融机构在内的很多用户也开始使用公有云。

从云服务市场规模来看，IT市场调查公司MM综研2021年7月15日发布的《日本国内云服务需求动向调查》显示，2017年，日本国内企业使用云服务的比例达到56.9%，比前一年的46.9%大幅提升。2020年日本云服务市场规模达到2.875万亿日元，比2019年的2.3572万亿日元增长22%[204]。预计到2025年，日本云服务市场规模将达到6.6579万亿日元。其中，在公有云服务领域，2020年日本国内SaaS（Software as a Service）、PaaS（Platform as a Service）、IaaS（Infrastructure as a Service）等公有云的市场规模达到1.932万亿日元，首次突破1万亿日元。随着日本企业数字化转型进程的加快，公有云使用规模将会进一步扩大，预计到2025年将达到约3.1万亿日元。在私有云（社区云、深度云等）服务领域，2020年度市场规模为1.7818万亿日元，预计2025年市场规模将会达到3.5万亿日元，年均增长率达到14.5%。从云服务经营者的市场竞争情况来看，2019年，日本云服务市场份额排名前三的经营者分别是 Amazon Web Services、Microsoft Azure 和 Google Cloud Platform。2019 年，在 PaaS 用户中，Amazon Web Services 和 Microsoft Azure 的市场份额分别占到 48.3%、39%。在 PaaS 用户中，三者的市场份额分别为 37.4%、30.6% 和 15.9%；在 IaaS 用户中，三者的市场份额分别为 40.3%、26.3% 和 13.7%。

在数字平台服务市场领域，市场规模持续增长的同时，寡头垄断趋势明显。以日本在线购物平台（B2C-EC 市场，面向消费者的电子商务）为例，2016 年的市场规模（销售总额）为 15.1 万亿日元，此后 3 年的市场规模分别为 16.5 万亿日元、18.0 万亿日元和 19.4 万亿日元，呈现不断上升趋势。2020 年基本持平，约为 19.3 万亿日元，同比下降约 0.43%[205]。其中，商品销售占到国内 B2C-EC 一半以上的市场份额。目前，日本主要的在线购物平台包括楽天市场、Amazon.co.jp、Yahoo！ショッピング、Qoo10.jp、PayPay モール、au PAY マーケット 等。从市场份额来看，2014 年以来，楽天市场、Amazon.co.jp、Yahoo！ショッピング 3 家平台的市场份额总和开始超过 50%，此后一直呈现不断扩大的趋势，且 3 家一直保持前三的竞争优势[206-207]。为了提升寡头垄断平台运行的透明度和公平性，2021 年 4 月，日本经济产业省将 3 家在线购物平台经营者列为"特定数字平台运营商"（第一类），对其实施特别监督。此外，在智能手机应用商店市场中，2018 年，日本的市场规模约为 1.7 万亿日元，该数字在 2016 年为 1.3 万亿日元[206]。应用商店的运营商主要为 Apple 公司的 App Store、Google 公司运营的 Google Play Store，两者占据 100% 的市场份额。之前还有 Microsoft 公司 Windows Phone 的 Market place，现已经淡出市场。

在数字广告市场领域，市场规模增长迅速的同时，网络规模效应显著。2019 年，日本数字广告支出规模开始超过电视媒体广告支出，2020 年数字广告支出规模达到约 2.2 万亿日元，是 2019 年的 1.06 倍，约占日本广告费用总额（6.2 万亿日元）的 36%[208]。但是，数字广告市场中的网络规模效应显著，拥有更多消费者流量的数字平台经营商更受广告主（advertiser）青睐，广告媒体（publisher）也倾向于选择覆盖更多广告主的数字媒体平台，因而容易形成寡头垄断的市场格局。其中：①检索联动型广告市场份额的 70%～80% 由

Google 公司占据，Yahoo！Japan 虽仅为 20%～30%，但是，两家公司合计占据该市场的几乎所有份额；②自营平台型数字广告市场中，Facebook（市场份额 10%～20%）、Yahoo！Japan（市场份额 10%～20%）、Google（市场份额 10%～20%）问鼎前三；③open display 型数字平台广告市场中，Google 占据 50%～60% 的市场份额，Facebook（市场份额 5%～10%）和 Yahoo！Japan（市场份额 5%～10%）紧随其后。

第三，在局部领域存在有限的市场可竞争性。

在数字产业某些领域中，寡头垄断趋势和市场格局之下，一些中小型企业也在积极开拓市场，小范围内的动态竞争依然存在，使市场具有"可竞争性"和"可垄断性"双重特征。一些中小型平台运营商通过开展各种低价策略甚至免费的方式，积极争取一定的市场份额。例如，在电商平台市场中，自 2020 年 4 月日本政府发布第一次疫情紧急事态宣言以来，选择在线开展零售业务的商户开始增多，BASE Corporation 作为中小型数字平台服务商，通过免除入驻初始费用等方式吸引商户入驻，2020 年 2—12 月的 10 个月间，入驻商户增加了 40 多万家。虽然长期来看，电商平台领域的寡头垄断市场格局一直在加强，但在小范围内仍存在一定的不稳定因素，随着技术进步和商业模式的创新，仍然存在新晋竞争者进入市场的可能性，并没有完全排除未来市场竞争格局的调整与变化。

第七章　日本数字产业的协调规制

依托电信基础设施、互联网和新一代信息通信技术的创新及其社会化应用，数字产业得以最终形成，并被视为带来巨大经济社会价值创造的新兴战略产业，其萌芽形成和飞速发展都源于高度竞争市场环境下的技术和商业模式创新，是市场需求和自由竞争推动的结果。任何一个崇尚市场经济的国家，都尊重自由竞争的结果本身。但是，近年来，对数字产业实施政府规制开始受到国际社会的普遍关注，日本政府也布局并实施了一系列战略政策和规制举措。

一、规制理由

梳理来看，其背后的规制理由主要体现在以下3个方面。

（一）技术经济特性

第一，作为数字产业投入要素的数据资源，兼具开放流通性与垄断风险性。

一方面，作为数字产业的核心投入要素，数据具有开放流通的属性特征。数字产业以实现对多源数据的分析、开发与应用为重要特征，往往需要不同类型或不同领域数据之间的组合应用或对接匹配，以建立或挖掘不同领域数据之间潜在的关联性和蕴藏的其他价值，发挥范围经济效应（Scope Economy Effect），实现协同效应。因此，企业对同一领域数据的获取并不是越多越好，一些聚合的、多元化的结构化或非结构化大数据比单一来源、单一领域的数据集更有价值。因此，数字产业的开放性特征和价值产出机制，

第七章
日本数字产业的协调规制

提倡数据之间的开放共享、跨界流通，推动多类型、多领域数据之间的融合。这也是很多数字化服务公司核心业务达到一定规模后，通过跨界并购等方式，拓展经营范围、渗透其他产业或市场领域，获取多元化、多源化数据资源的重要原因之一。区别于传统产业中的一般投入要素，数字产业中的数据具备开放、流通的属性特征，同时，数据的多源性和可复制性特征使得数据无法拥有完全的排他属性。其中，多源性是指在多数情况下，人们能够通过相同或不同路径获得同样的数据[209]，这些数据可以被多方同时使用；可复制性是指数据的复制、传输在技术上并不困难，对数据的持有、使用并不局限于数据的先行获得者。因此，除了部分特定类型的数据通过著作权、商业秘密等得到保护之外，现实中较难排除他人对同样数据的获取和使用。也正是基于此，有业界人士认为数据不存在垄断问题①。

另一方面，在特定情况下数据具有稀缺性，并潜藏垄断风险。虽然数据存在开放流通特征，但是，在现实中无法忽略的是，有些数据的获取仍然需要依赖某种特定的获取路径，或者需要经过相关政策法律或他人的许可，在不存在这些前提条件的情况下，一些原生数据会成为稀缺资源，并且不存在可以被代替的其他数据。例如，某种特定型号机器的即时运行数据一般由存储数据的服务器所有者实际控制，对于不拥有该运行数据的机器运维服务商来说，该数据具有稀缺性和唯一性特征；火车、地铁等公共交通检票口收集的相关数据信息，往往只能由公共交通运行机构所控制，其他人无权利私设数据收集设备。在司法案例中，也存在由于数据稀缺性导致的相关争议问题。一些特定数据由于收集路径、收集权限等方面的客观限制，只能由数据收集者本人获取，使其并不具备天然的开放流动性特征。尤其对于那些具有实用性并能够为相关主体带来现实或潜在、当下或将来经济利益的数据，某种程度上来说，其已具备"无形财产"属性②。这些数据开始体现了法律层面和客观现实层面的"双重"排他性属性。综合来说，现实中由于存在经济（是否具备经济能力购买或安装数据收集、处理设备、软件，以及是否能够雇佣

---

① 例如，2017年6月29日，马云在其《智能改变世界》演讲中认为数据是流通的，因而中国不存在数据垄断。

② 广东省深圳市中级人民法院民事判决书（2017）粤03民初822号。

数据分析专业人员等）、技术（员工的技术能力是否能够对数据进行收集及分析等）、政策法律（是否涉及设备安装许可、知识产权许可等问题）、合同（共同研发合同中是否存在附条件约定数据的专有权等）等诸多方面的客观条件限制，无法获取相关数据的情形并不罕见。因此，判断经营者是否拥有相关市场的支配力时，除了结合市场份额等传统判断因素外，还需要综合考虑数据的稀缺性、唯一性特征为其带来的市场竞争优势。

第二，作为数字产业服务或交易场所的数字平台等，具有"数据驱动型网络效应"，更易形成垄断地位。

数字平台（Digital Platform、Online Platform）是伴随新一代网络信息技术发展而出现的新型组织模式。数字平台在信息通信技术的加持下，通过匹配市场的双边或多边供求关系，以低于传统市场模式的成本，为其所服务的市场主体间的互动创造便利和提供价值。这种经济组织形式极大地减少了由于信息不对称而导致的"市场失灵"等扭曲交易的问题，降低了供需双方之间的交易成本，使用户能够获得更广泛的交易机会，成为在线经济活动的核心[210]，被高度评价为"21世纪以来最重要的商业事件""主导21世纪经济的力量""改变世界的商业模式"。数字平台可以被描述为一种能够使外部生产者、内容提供商、开发人员和消费者之间有效进行交互，从而通过线上（或者线下）交易创造价值的数字资源（Digital Resources）[211]。信息网络社会中，数字平台作为一种开放性的数字基础设施（Digital Infrastructures），连接着各种商品或服务的生产者、消费者、广告商、软件开发人员等多种利益相关者，允许这些主体之间相互协调彼此的服务和内容需求，交换商品、服务或信息，这种交易模式已经成为数字产业经济活动的核心[212]。

但是，"平台"模式作为为两种或两种以上不同类型用户提供商品、服务或信息交换的模式，已经有几千年的历史，并非人们经济社会活动中的新生事物，如普通的农村交易市场（集市）、房屋租赁交易门店、大型百货商场或者信用卡等商品或服务交易平台[209]。相比这些传统的双边平台，数字平台模式所拥有的网络效应主要体现在，基于对数据的积累和活用，能够形成"数据驱动型竞争优势"的循环[213]，即数字平台模式拥有超越传统平台的"数据驱动型网络效应",更容易形成垄断性市场格局。在数字产业中,数据资源带来前所未有的资源集聚效应,形成"数据驱动型网络效应"[214]。所谓"数据驱动型网络效应",是指数字平台运营者通过对所获取数据的有效利用,能够进一步改善商品性能,吸引更多的消费者使用该数字化产品或服务,从而产生"数据收集→商品性能提高→对数据的进一步收集→性能的进一步提高"这样一种运行模式,并有可能会带来市场逐渐趋于寡头垄断的问题。"数据驱动型网络效应"的产生,主要是由于"消费者反馈循环"与"收益化反馈循环"共同作用形成的"数据反馈循环"机制(Feedback Loop)(图7-1)。其中,"消费者反馈循环"是指"从用户处收集到数据→服务质量的提升(计算方法的改善等)→获得新的用户"的过程(图7-1中①);"收益化反馈循环"是指"从用户处收集到数据→提高目标指向型服务的精准度(服务的收益化)→提高服务的投资→获取新的用户"的过程(图7-1中②)。数字平台使用者增加带来的用户流量(数据)增加,用于提升改善数字平台产品或服务的质量,新的使用者更乐于优先选择价值更高的数字平台产品或服务,从而为经营者带来更多的用户流量。"数据驱动型网络效应"的循环往复,使相关市场逐渐形成"强者更强、优者更优"的垄断或寡头垄断市场格局。

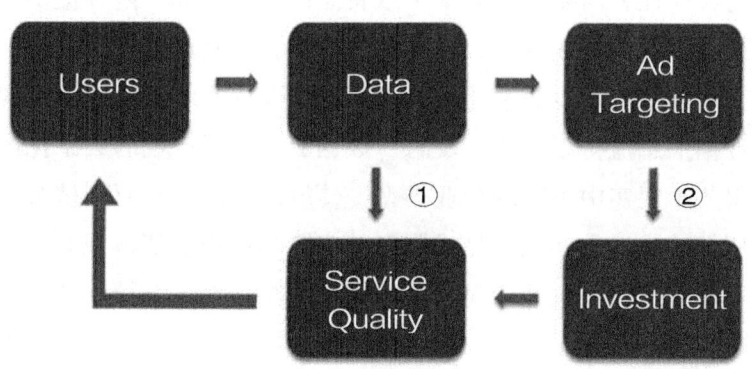

图7-1 "数据反馈循环"机制

来源:OECD"Big Data:Bringing Competition Policy to the Digital Era"[214]。

（二）产业结构特征

产业结构本质是产业的分工模式，即对人才、物资、资金、信息、技术等所有资源进行分配或组合的模式，不同的要素组合方式体现不同产业的分工模式，决定产业的结构特征。数字产业的生态系统结构特征，决定其发展所需的政策制度环境。

第一，"功能主导型"产业结构特征，传统条块监管体系面临挑战。在数字产业所引领的数据信息世界中，现实世界的人流、物流等各类信息均以信息流的方式所体现或承载。数字产业以实现价值创造为核心，基于数据资源的开发利用，实现数字化产品或服务的提供，这种价值创造过程和产出模式往往可以横跨诸多传统产业或行业领域。同时，几乎所有的传统第一、第二、第三产业都具有进入数字产业的可能性，数字化进程使经营者能够将其优势从现有产业层扩展到其他产业层中，从而实现不同产业间的融合趋势。以供应链为纽带的"垂直型"产业构造逐渐被以价值链为纽带的"扁平化"产业构造所取代，甚至曾经毫无交集的两个产业供应链之间开始出现交叉，不同产业之间的业务层实现贯通，逐渐呈现分层一体化趋势。虽然完全由一家数字产业经营者控制"垂直型"产业中的所有业务层比较困难，但一些数字产业经营者往往只需要进入某一个或特定的层，例如，内容提供、互联网服务领域或其中的一些业务层，伴随业务的扩大，其可以将业务垂直或者横向拓展到其他业务层。以数字化平台为数字产业核心组织模式下，现实中各种行业的数据信息流得以汇聚、交融，数据驱动下所产生的数字化产品或服务，反馈服务于现实中不同的行业类型，传统的纵向界定原则被跨行业的数据信息流所打破。以数字化产品或服务的实际功能或价值体现为标准的"功能主导型"产业结构特征开始显现。这直接影响依据传统行业领域范围所实施的"条块监管"体系。

第二，数字产业的生态系统特征，凸显数字化平台的基础设施地位，对政府规制提出新的要求。多元主体协同共生的数字平台生态系统（Ecosystems）[215-219]是数字产业区别于传统产业生产或运营模式的一大特点。在该生态系统中，不同企业或群落间不仅仅是企业分层、供应链管理关系或者集群关系，更多的是共生协作的关系。数字平台成为联结多个群体，协调

第七章
日本数字产业的协调规制

和配置资源,促进价值创造和聚集,信息采集、分析、处理、流转等的数字交易服务和技术创新的重要载体。不同于传统产业链按照"原材料—商品生产者/服务提供者—中间销售商—消费者终端"呈现的线性链接关系,数字平台服务提供者可以通过内部协调、外部互动的方式,整合所有自身及外部可用资源,逐渐形成了以平台为核心的平台生态圈,实现由产业链条式向网络协同式的转变[220]。虽然相比传统产业,人们在数字平台服务提供者所享受的诸多商品或服务往往并不来自数字平台自身的生产,而是基于平台发挥互动作用的外部服务者,但是,一项数字化服务的最终完成,需要基于平台所提供的各类配套服务系统,如在线支付系统、实时定位系统、隐私保护系统、安全监控系统、争端解决系统等。数字平台以其强大的系统集成能力,成为开放式"模块集约地"[221],每个模块本身都变得更加复杂,传统的单一产业领域仅仅服务于平台的某个模块或某个模块的一部分而已[222]。平台通过模块间的各司其职、密切配合,为多元利益主体协调彼此需求、建立有效互动关系搭建良好的场所[223],从而成为各方主体难以脱离的数字化"基础设施"。对于这种深刻影响人类生产生活的新型基础设施,是否需要类比输配电网络、轨道、油气输送管道等传统基础设施强化政府对其开放性、公平性等角度的规制,抑或采用有别于传统规制政策的新型政策工具和规制手法,已经成为当下课题[224]。

第三,数字产业的"系统竞争"特点,需要竞争政策给予更加细致、敏锐的关注。相比传统产业基于单一产品或服务、单一企业之间的竞争模式,数字平台生态系统的运行模式,使企业与企业之间、产业与产业之间的竞争形态发生变化,从产品竞争和企业竞争转变为生态系统之间的竞争[219]。从系统的角度来看,企业不再作为单个生产成员,而是作为系统组成部分,与系统中其他组织相互合作、共同完成创新成果[225]。数字平台产品若要求得生存发展,主要取决于数字平台运行的生态系统是否健康[226]。在激烈的市场竞争中,数字平台服务提供者若要胜出,需要遵循生态系统的特点和发展规律,尽可能吸引更多的用户参与到平台生态系统中,为提升间接网络效应的作用效果,不断提升平台生态系统的可持续竞争力。因此,近年来,通过跨行业合并、收购等方式实现数字平台综合发展的案例越来越常见,在范围经济效

149

应作用下，数字产业中的不同价值链和业务层，甚至曾经关联不大的产业间也能够融合汇聚和高度集中到一个平台或某几个平台上。加之，一些数字平台运营商往往在特定领域拥有金融和资金的加持，这类数字平台经营者开展和扩大经营活动更加容易和快捷。传统竞争政策，往往依据具有竞争关系的商品或服务市场来界定经营者是否具备市场支配地位。但是，对于数字产业来说，即使不具备竞争关系的商品或服务之间，也可以带来平台系统服务质量或竞争力的提升，因此，对于竞争政策或竞争法来说，对数字产业中相关市场行为对竞争影响的察觉或判断，也需要基于平台系统分析的视角做出动态、综合的分析，将生态系统纳入考虑范围[227]。

（三）社会性目标

第一，提升数字平台中立性和透明性，规制算法"权威"的风险。

作为数字产业"生产工具"的算法/AI，本质是数字平台服务提供者的经营手段，其天然不具备中立属性。算法/AI成为构成数字产业运行规则的重要元素，为价值的创造提供更加智能化的分析手段。随着数字产业中的"权威"已经从个人转向由算法构成的网络，为了保持产业生态系统的健康稳定和持续运转，数字平台服务提供者需要建立并不断改善生态内部的管理和运行规则，以平衡或控制平台服务的各类使用者，使不同利益主体间能够建立较为稳定的交易行为及其后果预期，有序参与到平台所构筑的互动关系之中[228]。算法/AI技术是数字平台制定规则、设计系统的重要元素，不同主体之间的信息联络和行为互动主要由算法技术支撑，算法分析（Profiling）是维持数字平台规则运行的基础。数字平台服务提供者成为左右数字产业运行规则的主导者，通过对算法/AI的运用，可以完成更加智能化、精细化的分析工作，大幅提升数字化服务或产品的功能和质量。基于对用户特性和潜在需求的把握，构建以用户为中心的服务模式能够提升用户体验，拓展用户多样化的选择空间，从而不断巩固或增强数字化平台产品或服务的市场竞争力。例如，通过事先构建"需求预测模型"，根据需求预测自动更新价格，形成需求高价格高、需求低价格低的定价机制，可以帮助企业优化销售情况，减少空位、空房及门票、生鲜食品等的不良库存率；具有策略性的定价机制,也能够为消费者一端制定更加具有吸引力的价格,从而为使用数字平台服务的双方用户创造价值。

但是,数字平台等相关服务或产品提供者天然不具备中立者身份,而是以搭建或辅助不同主体间互动关系为服务内容,以实现自身利益最大化的"理性的"市场主体。数字平台服务提供者知道如何设计算法规则,以维持或强化对不同群体的持续吸引力或驱动力,为需求各方提供价值创造,但其最终目标是实现其自身利益的最大化。算法可以帮助入驻商户深度挖掘并回应消费者的个性化甚至潜藏的购物需求和偏好;可以通过网络空间的规则内容,最大程度激励、考核、评判甚至"惩罚"相关交易主体在现实世界中的具体经济行为(如被算法"设计"的外卖配送员[229]);可以使用价格类监测算法,密切跟踪监测竞争对手的价格和优惠措施的最新动向;甚至有些数字平台服务提供者,可以在占据市场主导地位的背景下,通过轻松改变交易原本存在的运行方式,并通过设置参数让偏离实际的信息变得看起来"中立"(如大数据"杀熟"等)[213]。由于数字平台服务提供者对运行规则的自我管理和设计缺乏中立性,在"理性"追求市场利益的目标下,由其主导制定的规则具有高度的可操作性和不透明性。此外,由于算法本质是对所获取数据进行有效分析和利用的程序,运行规制的最终确定需要"数据+算法"的双轮驱动[216],更增加了平台服务提供者在数据收集、分析、利用等使用行为中存在的不透明问题。因此,提升对数字平台服务提供者所制定规则的透明性的监督,也已经成为日本等不少国家或地区强化数字产业规制的重点内容之一。

第二,保障国家安全,培育本土数字产业和数字化服务产品。

日本数字产业中的诸多细分领域都严重依赖海外企业,本土企业难以匹敌,数字化基础设施受制于人,潜藏国家经济安全风险。虽然日本较早在信息通信产业实施引入市场竞争机制的规制改革,为信息通信打下了良好的基础设施基础,并在互联网时代依托本国的技术研发和人才优势,形成了具有本国特色的产业竞争优势,但是,进入数字经济时代,日本在数字产业并没有形成太多具有国际竞争优势的数字型服务企业。如上文所示,在云服务市场领域、数字平台服务市场、数字广告市场中占据寡头垄断地位的企业中有很多都是日本本土以外的企业。从市场份额的相关统计数据来看,日本数字产业中几乎所有代表性细分领域的优势企业都为美国企业，其领域内的市场份额合计均超过20%。在数字广告领域、音乐提供领域、应用商店领域均超过50%，云服务领域高达80%，占据100%市场份额的领域也很常见，如手机应用商店领域、手机OS市场、PC OS市场领域等（表7-1）。除此之外，基于在数字产业领域所拥有的市场优势，一些外国企业也开始将其业务延伸至实体产业领域，对实体产业领域的竞争格局带来冲击。例如，在教育终端设备领域、可穿戴设备领域、智能扬声器领域等，这些终端设备领域中的外资占比都很高。即使有些日本本土设备制造商，如SONY等，也参与设备制造市场，但是，由于设备内部所使用的OS（Google、Apple、Microsoft）或其语音识别引擎等（Google、Amazon）主要使用外国企业提供的数字化商品和服务，对这些外国企业的依赖性依然较高。由于数字化转型离不开操作系统和核心软件提供支撑，随着实体产业数字化转型的不断推进，包括汽车产业等日本主导优势产业，今后都会无法离开这些海外操作系统和核心软件，这也让日本产业界深感危机[230-231]。与外国企业相比，日本数字产业的企业处于不利的竞争地位，面临本国财富流失的危机，在全球数字产业中处于极为不利的地位，需要积极培育本土创新型企业，寻求"内外对等"的竞争环境成为日本产业界的诉求。对于日本政府来说，从国家安全保障的角度，大力发展数字产业，培育本国的支柱性数字化平台服务提供商，成为关乎国家安全和可持续发展的重要课题。

表7-1　日本数字产业的市场情况

市场领域	市场规模	外国市场份额
数字广告	2.1万亿日元（2020年）	50%～70%
电子商务（B2C）	19.3万亿日元	25%～
音乐提供服务	800亿日元（2020年）	75%～（2020年）
视频提供服务	3200亿日元（2020年）	20%～（2018年）；40%～（2020年）
网络游戏	2.15万亿日元（2020年）	20%～（2018年）；35%～（2020年）
手机应用商店	2.15万亿日元（2020年）	接近100%（2020年）
手机OS市场	3000万部	接近100%（2020年）

续表

市场领域	市场规模	外国市场份额
PC OS 市场	1700 万台	接近 100%（2020 年）
云服务市场	2.875 万亿日元（2020 年）	80%～
教育终端设备	750 万部（2021 年）	55%～（2021 年）
可穿戴设备	200 万部（2019 年）	90%～（2019 年）
智能扬声器	400 万户	85%～（2021 年）

来源：株式会社矢野経済研究所"2021 インターネット広告市場の実態と展望"；AppsFlyer Japan&App Annie Japan 株式会社"State of Japan 2020"[230–231]。

第三，对隐私冲突、贫富差距等负外部性问题的规制。

对含有个人信息的数据资源开发利用，往往还存在数据主体的隐私权益被侵害而产生的风险或成本。数据处理者在收集、分析、使用个人数据的过程中，总是希望尽可能获得更多的信息，以挖掘和实现大数据的价值。而从数据主体角度看，数据开发利用的同时会带来潜在的隐私权益侵害风险。虽然从数据应用的现实场景来看，很多数据创新应用并不需要数据具有精确的个体识别性，甚至完全剔除掉直接或间接的可识别性后，并不影响大数据分析可产生的价值。即使在一些医疗数据领域，其也更多地依靠对大量样本数据的统计分析，更关注信息主体的生理信息及自然属性等信息，而并不需要直接与具体个人进行对应和识别。对个人信息进行匿名化处理，断开个人信息中直接或间接的个体可识别性，去除隐私属性，成为可行的理性做法。不过，大数据时代，通过数据之间千丝万缕的联系，可以使原本不具有个体识别性的数据变为可以识别个体的个人数据，匿名化处理后的数据还可能再次被识别。缓解数据开发应用与隐私冲突的问题，也是伴随数字产业发展必须要应对的重要课题，欧盟等一些国家或地区将数据带来的隐私保护问题提升到基本人权层面。

此外，在新自由主义和股东资本主义（Shareholder Capitalism）抬头的背景下，追求利润最大化成为企业发展的首要目标，但政府需要关注这种潮流所引发的社会地位不公、贫富差距、就业和雇员利益保障、消费者权益保护等多元复杂的社会性问题。例如，数字平台的出现，让工薪阶层更加边缘化，其薪酬和工作的稳定性降低，工薪阶层陷入流动和分散[196,232]。而作为集中资本和技术优势的数字平台企业，应该如何确立其应承担的社会责任范围等，都为政府规制带来新的挑战。如何在鼓励产业发展的同时，更好应对数字经济时代各类越来越难以权衡的现实问题，都是政府规制所面临的挑战。

二、竞争政策的新课题

数字产业是由技术创新和市场需求驱动的新兴产业，其发展根植于开放、自由的市场竞争环境和民间主导的技术创新及其社会化过程。竞争政策作为维护市场竞争的重要工具，自然而然成为规范数字产业市场行为的基本的政策工具。但是，基于新的经济技术特征，数字产业中出现了一些"新型垄断行为"，其对市场竞争秩序产生怎样的影响，如何对其进行有效规制，成为竞争政策面临的新课题。日本内阁于2016年6月、2017年6月分别发布的《日本再兴战略2016——面向第四次产业革命》和《未来投资战略2017——面向Society 5.0的改革》中都提到，为应对第四次产业革命和实现Society 5.0目标，确保公平和自由的市场竞争环境，在把握数字产业实际交易情况的基础上，对违反竞争法的行为严格执法。梳理来看，日本公正交易委员会围绕数字产业垄断行为的探讨主要聚焦以下3个方面。

（一）数据

数据成为企业开展经营活动的重要投入要素和原材料，不论是制造业还是服务业，"数据争夺战"愈演愈烈。数据相关垄断行为，开始受到反垄断法执法部门的警觉和关注。2017年6月，日本公正交易委员会发布了《数据与竞争政策相关研究报告书》，重点对不正当收集数据行为、数据"圈占"行为等存在的垄断风险进行了分析，明确了数据相关垄断行为的规制原则和判断标准[233]。为保障数据正常使用和顺畅交易，从维护市场公平竞争的角度，警惕数据相关行为带来的竞争损害结果。包括市场新进入者、投资企业等在内的所有行业、所有规模的所有经营者，都应该在公平竞争的市场环境下对数据进行收集、存储、解析等。任何人不得不当收集有价值的数据，或者对数据进行不当垄断、"圈占"等妨碍正常竞争的行为。其中，对于个人数据，需重点分析数据获取存在现实困难的以下几种情形：

①数字平台服务提供者提供免费服务或存在网络效应，新进入者在技术或经济层面，无法获取同样数据；②在无法确保个人数据可携权的情况下，具有市场支配力的数字平台服务提供者对用户产生锁定效应（Lock In）；③占有较高市场份额的浏览器服务提供者通过变更Cookie使用规则，阻断或限制其他数字管理平台（Data Management Platform，DMP）经营者数据获取路径；④需求方平台（Demand-Side Platform，DSP）经营者受媒体限制，数据获取存在现实阻碍。对于工业数据，需重点分析是否存在以下情形：①使用传感器等进行数据收集时，收集路径被限定的情形；②对于深度学习等所需的稀缺性或价值较高的数据，是否存在阻碍他人获取的情形；③作为特定行业重要投入要素的数据，被特定主体控制，其他经营者在技术或经济层面存在无法收集相同数据的情况；④不同公司研发的AI模型之间存在较高的转换成本，存在AI模型被特定经营者锁定（Lock In）的情形；⑤以有偿或无偿提供数据解析技术等作为交易对价，附加条件限定用户仅与其交易，排除竞争对手的情况。总结来看，对如何判断数据相关行为是否存在排除或限制竞争的风险，日本竞争政策主要从以下几个方面，提出了初步的判断原则：

第一，数据收集行为。经营者的数据收集行为如果属于运用不当手段实施的数据收集行为（单一经营者数据收集行为），或者助推了不同竞争者之间的协调行为（多个经营者共同收集行为），对市场竞争产生恶劣影响时，会存在触犯竞争法的风险。

例如，在共同研发活动中，一方要求另一方将共同研发所得的全部数据、技术以及通过业务合作得到的数据、技术等归自己所有，并以此作为开展下一步业务合作的前提条件。若该数据被认定具有稀缺性，是未来商品或服务的重要投入要素，该要求更加容易强化一方在相关市场中的优势地位，或损害另一方的研发动力。若判定其具有阻碍或削弱公平竞争的可能性，则构成竞争法所禁止的"不公正交易方法"（附带约束条件的交易）。如果当事人一方处于相对优势地位，优势方即使提出明显不利的要求，弱势方若拒绝接受将会带来经营上的巨大障碍，则有可能构成滥用优势地位[①]。此时，需要综合分析交易双方之间的依存关系、一方的市场优势地位、弱势方更换其他交易方的可能性及判断双方交易必要性的其他具体事实等。拥有市场支配力的数字平台服务提供商，对用户具有锁定效应时，如果该平台提供商使用收集来的数据形成、维持、强化市场支配力，对竞争秩序造成影响或者具有该可能性时，则会构成竞争法所禁止的"私人垄断"[②]行为。例如，2019年，德国联邦卡特尔局（Federal Cartel Office）采取行动，禁止Facebook在德国境内未经用户同意收集某些类型的消费者数据，并强调Facebook的数据收集行为是对其市场力量的"滥用"。此外，不同经营者共同收集数据的行为，虽然具有促进数据共享等积极效果，但是，通过共同收集行为，具有竞争关系的经营者之间能够掌握彼此产品的内容、价格、数量等，提高了竞争者之间进行协调的可能性，也存在构成竞争法所禁止的"不当交易限制"行为的可能性。此时，需要综合考虑经营者的数量、市场份额、所收集的数据性质及其重要性、共同收集行为的必要性、实施范围和持续期间等。

第二，数据接入或使用行为。数据接入是指使用API及其他方式能够收集并使用数据的行为。一般来说，经营者对自己收集或存储的数据可以自主决定是否公开或提供，通常不会认为构成竞争法上的问题。但是，也存在一些例外情形，导致数据拒绝接入行为，构成竞争法上所禁止的行为类型。例如，具有市场支配力的特定企业所收集或存储的数据，对于经营活动具有不可或缺的作用，且具有替代性的数据在技术及经济层面难以获取的情况下，没有合理理由限制其他经营者对该数据的接入或使用行为，根据情节程度，有可能会被认定为竞争法所禁止的私人垄断行为或不公正交易方法中的拒绝交易行为。市场份额合计达到较高程度的多个经营者对于共同收集的数据，限制特定经营者参加共同收集，并且拒绝合理条件下的数据接入，该第三人无法通过其他手段获取数据而导致经营活动困难，具有被排除出市场的可能性时，也会存在构成违反竞争法的情形。但是，如果被限制接入的经营者有可能独自收集到该数据，则不属于无法通过其他手段获取数据的情形。在数

---

① 《独占禁止法》第2条第9项。
② 《独占禁止法》第2条第5项。

据交易市场中，具有竞争关系的经营者通过数据池，对数据使用实施统一许可，也有可能存在回避经营者之间相关竞争的可能性（如回避数据接入时的使用费竞争），以及将多个商品组合或捆绑提供的风险，从而削弱竞争。此时，需要从①使用数据池中数据提供商品或服务的普及程度等方面，判断数据的重要性；②替代性数据池的有无状况；③不通过数据池获得个别许可的可能性；④对部分数据进行选择性许可的可能性；⑤是否存在通过数据池进行统一许可的合理、必要性或者促进竞争的效果等多方面综合分析其对竞争的影响程度。

第三，企业合并中的数据审查。以获取目标企业所拥有的数据或数据收集渠道为目的的企业合并行为，正在成为反垄断执法机构的关注重点，其审查一般重点分析并购行为中数据本身的重要程度及其影响等。例如，在Microsoft / LinkedIn 案件中，欧委会在若干市场的竞争评估中便深入考虑了相关数据的可获得性、数据收集的范围和规模以及数据的可替代性、稀缺性等问题[234]。此外，"扼杀式收购"[235]或"杀手并购"（Killer Acquisitions）成为一种新型的并购方式，引起竞争执法机构和理论界的关注[236]。不同于传统并购，扼杀式收购以消灭未来竞争者为手段、以数据垄断为目标，通过收购初创型企业以消灭潜在的竞争、维持竞争优势。并购者一般在收购创新型初创企业后，完全关闭或者终止了该目标企业的产品或服务。这类并购对市场竞争和创新有极大的负面影响，但是，由于扼杀式并购的目标企业相对较为年轻、相关市场难以界定、并购大多非横向等特征，使得该行为更加具有隐蔽性，难以被反垄断机构识别和监管[237]。为应对数字经济时代企业合并呈现的新特点，2019 年 12 月 17 日，日本公正交易委员会修改《企业合并审查相关竞争法实施指南》和《企业合并审查程序相关应对方针》，主要从以下几个方面对数据相关合并行为进行审查。

隐私保护水平已经被作为数字平台开展竞争的一种手段，被视为商品或服务品质的构成要素之一。如果合并行为会导致对用户或消费者隐私保护水平的下降，也会被视为带来削弱竞争的效果。在企业合并审查中，对于隐私保护，有时有必要附加条件，要求经营者不得实施有可能导致形成、维护或强化市场支配力的变更隐私保护方针的行为。

在使用个人数据的商品市场中，当数据被用于解析或者开发AI产品时，数据的收集、存储以及对该数据进行的技术开发，实际上属于研发活动。因此，在企业合并实施当时，即使商品或服务仍处于开发当中，对商品或服务市场的竞争影响尚不明朗的情况下，也需要客观评估相关经营者形成市场支配力的可能性。作为解决因企业合并而导致的数据集中问题，可以考虑要求合并当事方向第三方（竞争者）开放数据接入。数据作为商品、服务或技术研发的投入原材料时，在审查企业合并时，还需要审查该合并行为是否存在导致数据及其获取路径被特定经营者所垄断的可能性，从合并是否会带来市场的闭锁性、排他性等角度进行适当调查。对于其他经营者来说，如果合并带来无法继续获得数据供应或者相关技术许可的可能性，产生原材料封锁问题，该企业合并应该被禁止。

此外，数据自身也可以成为交易对象。即使经营者之间不存在商品或服务市场上的竞争关系，当合并行为对数据交易的竞争产生不利影响时，数据交易市场也可以成为竞争法上的评价对象。即使当事双方合并当时并未实施数据交易行为，但是并不否定将来通过数据交易导致经营者形成市场支配力的可能性。如果企业合并当事一方或者双方计划在将来进行数据交易，或者与其他经营者已经进行过类似的数据交易等，可以考虑界定数据交易市场，并对该数据交易市场进行竞争影响评估。

（二）数字平台

为提高竞争法执行透明度、提高数字平台对自身行为及其法律后果的可预见性，保障数字市场的公平和自由竞争，2019年6月，日本内阁会议通过《成长战略跟进》，提出针对数字平台企业与消费者之间的交易，梳理明确现行竞争法的具体适用方式。2019年12月17日，公正交易委员会发布《数字平台经营者滥用优势地位的竞争法适用方案》，确认了数字平台经营者[①]与消费者之间存在相对"优势地位"，并对数字平台经营者的滥用优势地位行为进行了明确。

---

① 本方案将"数字平台经营者"定义为利用信息通信技术和数据，为第三人提供在线服务场所，构成由不同用户层组成的多边市场、具有间接网络效应的数字平台服务提供者。

第七章
日本数字产业的协调规制

数字平台经营者与消费者之间存在相对优势地位。首先，消费者在使用数字平台服务时，需要向其提供包括消费者属性、行为等与消费者息息相关的个人信息，这些信息被用于数字平台经营者改善或优化其商业活动，被认为具有经济价值。从这个角度来说，消费者是以提供其个人信息作为对价获取数字平台服务，属于数字平台经营者的交易方。其次，在数字平台经营者和消费者间的交易中，存在着"消费者与企业间信息质量和数量以及谈判能力的差"，在一些情况下，即使消费者受到数字平台经营者的不公正待遇，也不得不被动接受的情况，相对于消费者，数字平台经营者处于优势地位。如果其利用这种相对优势地位，违背正常的商业惯例，对消费者带来不当损害，不仅仅会损害消费者的交易自由，还会影响数字平台经营者间的竞争秩序与竞争关系，具有妨碍公平竞争的可能性。竞争法将该类行为定性为"不公正交易方法"中的"滥用优势地位"行为，公正交易委员会将对此类对民众生活产生广泛影响的行为进行优先审查。

根据《独占禁止法》第2条第9款第5项规定，"滥用优势地位"行为的构成要件包括：①经营者具有"优势地位"；②违背正常的商业惯例；③实施了滥用行为。其中，如果消费者受到数字平台运营商的不公正待遇，消费者为了使用该数字平台的服务不得不被动接受的情况，即消费者与该数字平台运营商之间存在"交易必要性"，可认为数字平台经营者具有"优势地位"。具体体现在：①没有可替代的数字平台服务提供商。是否具有替代性，要综合考虑服务的功能、内容、质量等，并非依据每个消费者各自的判断，而是从一般消费者角度判断是否具有可替代性。②即使有可替代的数字平台提供商，但实际上存在难以停止使用该服务的情形。主要考虑服务的功能和内容，既有服务形成的网络以及积累的数据等是否可以被用于其他服务的具体情况。同时，对其判断不是根据每个消费者各自的认识，而是从一般消费者的角度判断实际上是否存在难以停止使用该服务的情形。③数字平台运营商可在一定程度上自由决定价格、质量、数量和其他交易条件，即其处于能够实质上限制竞争的地位，并可在无须考虑竞争压力的情况下，改变交易条件，对消费者带来不利。

判断是否"违背正常的商业惯例"，主要从维护和促进公平竞争的视角来判断，而不是现存的商业惯例。如果存在损害公平竞争的可能性，则被认为属于违背了正常的商业惯例。对此，需要进行个案分析，具体考虑对消费者带来的不利影响程度、行为的范围等。"滥用行为"主要分析数字平台经营者获取或使用消费者个人信息的行为是否属于《独占禁止法》第2条第9款第5项所规定的行为类型。其中，"不当获取消费者个人信息"的行为具体包括：①未通知消费者使用目的的情况下获取个人信息；②超出使用目的所需范围，违背消费者意愿（包括未取得消费者同意和消费者不得已同意两种情形）获取个人信息的行为；③未采取必要适当措施保护个人信息安全的情况下获取个人信息；④在作为提供数字平台服务使用对价之外，另外要求消费者提供个人信息或其他经济利益的行为。若该要求属于消费者自愿提供、作为额外服务的对价或者提供行为带给消费者的利益具有合理性，通常不认为存在问题。"不当使用消费者个人信息"的行为具体包括：①超出使用目的所需范围，违背消费者意愿（包括未取得消费者同意和消费者不得已同意两种情形）使用个人信息的行为；②使用个人信息但并未采取必要适当措施保护个人信息安全的行为。

（三）算法／AI

算法引发的竞争问题本质源于技术工具应用带来的市场力量，对算法的市场竞争力形成机制及其治理方案的研究，成为竞争法执法的重点课题。2021年3月31日，公正交易委员会发布《算法／AI与竞争政策》报告书，主要对排名类算法（针对平台商户）、个性化算法（针对消费者）、价格类算法（与竞争对手实施协调）等3类对市场竞争影响风险较大的算法行为，明确了竞争法的执法准则[238]。

第一，针对平台商户的排名类算法。

在网络商城、网络餐饮外卖、搜索服务、比较购物网站等数字平台中，不同商铺的产品或服务展示顺序和位置有所差异，平台提供服务的方式主要是运用算法对产品或服务进行排序。因此，在数字平台已经成为连接供应商（广告商）和消费者（检索用户）的重要媒介的前提下，数字平台上搜索结果或展示的排名顺序或显示位置等直接影响用户的点击（注意力）或最终的选择（购买规模）。作为数字平台生态系统的主导者，数字平台企业拥有排名的决定权，相比平台其他参与者具有相对优势地位，这就使得数字平台可以将操纵排名作为交易谈判的"筹码"或者实施"奖惩措施"的手段之一。在实践中，数字平台依据平台规则及其算法制定所拥有的主导者身份，往往会滥用其拥有的市场支配地位，对入驻商户实施各类约束行为。

附加不合理条件。由于数字平台是算法规则的设计者，同时也是服务条款的制定者，他们可以利用排名决定权带来的优势地位，向平台商户提出不合理的服务条款或其他不合理的限制性条件。例如，要求商户与其签订独家合作协议，保证不与平台的竞争对手合作等，否则将其排名处于不利位置作为对商户的惩罚性措施。

自我优待行为。平台企业可能会利用平台经营者的身份，对平台自身或与其具有密切关联的供应商产品和服务给予优待，被称为"自我优待"。例如，对使用平台或关联公司提供的商品、服务或支付手段、送货服务等的供应商，给予其排序优势。如果数字平台自己也提供产品和服务，可能会与在数字平台上经营相同产品或服务的供应者之间产生竞争关系，此时，数字平台陷入既是"运动员"又是"裁判员"的双重身份。为了提升自己商品或服务对消费者的吸引力，扩大销售份额，数字平台可以任意操纵排名算法，利用排名算法进行"自我优待"，将己方的产品和服务展示在搜索展示页面的靠前位置。这种行为也可以被称为"垄断杠杆"策略，即占据优势地位的企业可以把在一个市场上的垄断力量运用到次一级市场上，从而获得超竞争利益的方式[239]。例如，对谷歌公司利用搜索算法，在搜索结果显示页面中为推广自家的比较购物服务，将自营的比较购物服务显示在靠前位置，而降低竞争对手搜索结果显示顺序，不正当地将客户导向自家购物服务的行为，2017年6月，欧盟委员会对其处罚27亿美元。

算法歧视行为。算法歧视行为是指不按照算法的常规设置和操作，对不符合平台自身利益追求的供应商，通过设置和操作算法等手段，通过设置差别费率、将其产品和服务展示在底部等不正当手段区别对待某个经营者，使其处于交易中的不利地位。算法歧视行为会直接影响经营者在商品和服务供应市场中的竞争力，对公平竞争秩序产生严重的不良影响。

第二，针对消费者的个性化算法。

个性化定价是指经营者根据消费者的特征和行为，为每个消费者或消费者群体设定不同的价格（针对同一产品、服务），以确保价格与预估的消费意向金额相对应。个性化定价是根据消费者个人特征进行定价，因此，这种行为不仅包括每个消费者个体受到歧视的情况，也包括每一类消费者受到歧视的情况。在我国，该行为常被称为大数据"杀熟"行为。

个性化定价常常表现为具有一定的动态性，但是，不同于动态定价。所谓动态定价（Dynamic Pricing），是一种根据供需变化而改变价格的机制，如同类产品的价格可能会因消费者的购买时间不同发生变化。但这并不属于根据消费者特点进行价格歧视的范畴。个性化定价是价格歧视的一种形式。但是，价格歧视可以通过增加产出来提高效率，根据不同情况，可能有利于竞争也可能限制竞争，因此，对个性化定价也不应该一概而论。

如果具有市场支配地位的经营者为了排除竞争者，只对竞争对手的客户实施廉价销售，对公平竞争秩序造成恶劣影响时，可能导致违反竞争法。在市场中占据支配地位的经营者更容易通过使用个性化算法收集和分析消费者的相关统计或交易数据，进而识别可能与竞争对手开展交易的消费者个体或群体。经营者利用其能够个性化定价的能力，只向其竞争对手的客户提供较低价格，以排斥竞争对手为目标，可能构成竞争法上的差别对价、不当低价销售或对竞争者的交易妨害等"选择性定价"行为。从减少对消费者不利影响的角度来看，应确保个性化定价的透明性。例如，如果企业实施了个性化定价，应向消费者披露这一事实或提供退出选择。

第三，价格类算法。

算法合谋（Algorithmic Collusion）作为一种技术手段下的新形式合谋，其对市场竞争的潜在危害性正在受到学界和监管部门的高度关注，算法可以实现使用者与上下游或者竞争对手之间的自动协调行为，从而产生竞争法所警惕的价格垄断协议行为[238,240]。OECD 在《算法与合谋》报告书中将易于形成合谋行为的算法分为 4 种类型：监视型算法（Monitoring Algorithms）、并行算法（Parallel Algorithms）、信令算法（Signaling Algorithms）和自主学习算法（Self-Learning Algorithms）[240]。司法实践中，不当使用算法的行为，不仅仅对算法使用者与上下游和竞争对手之间的竞争关系产生扭曲,对消费者选择的透明性和公平性也产生了重要影响[240]。

监视型算法合谋行为。竞争者之间为确保价格卡特尔等协议的有效性,会使用价格调查算法收集、监视竞争者的价格信息,对偏离协议的情况进行报复。通过使用监视型算法,协议参与者可以自动、持续地监测其他协议参与者的价格等,在发现偏离协议的情况时,可以及时进行报复。当使用算法进行相互监督和相互报复时,会减少协议参与者偏离协议的动机,从而使价格卡特尔等协议得以稳定维持。

并行算法合谋行为。当竞争者之间存在诸如价格卡特尔之类的协议时,经营者之间可以使用按照协议定价的算法。通过使用该算法,可以根据协议自动地定价。一般来说,实施价格卡特尔时,在市场发生变化时不容易进行调整,为此,协议参与者需要经常保持联系。但是,通过这种根据协议相互定价的算法,能够消除彼此之间重新调整的需要,将有利于协议的实施,并降低被反垄断执法机构察觉的风险。此外,如果多个竞争者通过使用同一定价算法供应商提供的算法,也可能会导致价格统一(轴辐协议型)。多个竞争者可能会主动统一选择特定算法供应商开发的定价算法,来实现价格的一致。即使多个竞争者之间没有统一价格的意图,使用者采用统一价格算法的行为,也能实现协同定价的结果。

信令算法合谋行为。信令算法用于发出价格上涨的信令,通过公开提价,向竞争对手传达价格上涨意图相关的信息,并确认竞争者对此的反应。信号运营商不断发送信令并监测其他运营商发出的信令,所有运营商最终都会通过发送相同价格的信令以达成一致。使用算法传输信令时,可以传输信号,并且可以高速、自动地确认竞争对手的反应。一般来说,如果不使用算法就发出涨价信令,发出信令的经营者会先于竞争对手向顾客提示涨价,从而存在失去顾客的风险。但是,信令算法这种形式可以在顾客无法识别、察觉的情况下,只向竞争对手传送价格上涨的信令。这种算法可以防范顾客流失的风险,但可能引起竞争对手之间形成涨价的合谋行为。

自主学习算法合谋行为。在使用自主学习算法的合谋行为中,由于各竞争对手使用机器学习和深度学习来定价,因此价格会超过竞争价格。各经营者如果只使用自主学习算法进行定价，即使彼此没有统一价格的意向，由于自学算法之间的相互作用，也有可能超过竞争性价格。在一定的假设下，自主学习型算法在定价算法之间反复博弈，并不会使算法之间相互竞争，而是使其学会了将价格设定为高于竞争性价格的协同行为[241-242]。但是，自主学习型算法之间是否发生某种"交流"及如何发生协同行为，人们对其具体过程尚不完全明确。

三、产业政策的拓展

（一）宏观目标：超智能社会（Society 5.0）

第一，日本政府以实现超智能社会（Society 5.0）为国家战略目标，统筹设计数字产业相关政策法律体系，平衡保护与发展之间的关系。

数字产业是日本为推动实现超智能社会（Society 5.0）宏观战略目标，早日实现产业界的数字化转型进程，在对数字产业与传统产业、基础设施、核心技术等之间的互动关系进行全新整理和对比的基础上提出的新兴产业类型。Society 5.0 战略是日本数字产业未来发展目标的综合体现，日本对数字产业的规制以推动实现"Society 5.0"战略目标为第一要义。所谓"超智能社会"（Society 5.0），是日本所要实现的一种未来社会形态，"Society 5.0"是人类继狩猎社会（Society 1.0）、农耕社会（Society 2.0）、工业社会（Society 3.0）、信息社会（Society 4.0）之后所要实现的一种新型经济社会形态，即通过最大限度利用新一代信息技术，融合网络世界和现实世界，能够将必要的物资和服务，在必要的时候，按所需的量，提供给需要的人，以能够精细地满足社会各种需求，能够跨越年龄、性别、地域、语言等各种差异，使所有国民都能够获得高质量富足生活的"超智能社会"。2016 年 1 月，日本发布《第五期科学技术基本计划》，首次提出实现"Society 5.0"国家战略目标，以积极应对第四次产业革命对日本经济社会带来的系列挑战。2021 年，日本颁布的《第六期科学技术基本计划》中，仍然将 Society 5.0 作为国家的战略发展目标，并致力于制定更具有针对性的对策措施，具体推进该目标的实现。

作为实现 Society 5.0 目标的支柱性产业，数字产业的发展得到内阁层面的高度重视。在内阁的统筹领导下，围绕数字产业的各类政策法规相继出台，中央最高级别直接领导有利于打破各省厅各自为战的弊端，为数字产业的发展建立较为协调的制度体系。2017年日本内阁会议通过的《未来投资战略2017》中，将构建数据基础设施作为新的投资战略，促进官民各个领域的数据开放开发与综合利用，并从国家最高层面提出了法律政策保障体系，包括推进《官民数据活用推进基本法》和《官民数据活用推进基本计划》的实施。同时提出，为使人们能够安全交换数据，使数据产出、收集、分析、管理等研发、投资活动能够得到相匹配的价值回报，获得相应的投资保障，修改《不正当竞争防止法》，禁止对数据的不正当获取等行为。

2018年，日本内阁会议通过的《未来投资战略2018》中，强调针对数字产业超越传统产业界限的新特征，改革以行业领域为对象的纵向型产业法监管局限性，强化以服务内容和功能为对象的跨行业、横向型监管制度的实施。从协调不同政策间关系的角度，提出为数字平台型企业的发展创造积极的市场竞争环境，制定综合性的监管原则。规制内容包括实现API开放，保障用户的数据可携权，为中小企业和风险企业的市场参与创造公平、自由和透明的竞争环境，实施放宽市场准入等放松管制措施以鼓励和促进创新，强化数字平台运营商的社会责任，确保用户使用的公正性等。

2019年，日本内阁会议通过的《成长战略跟进》中提出，为实现"Society 5.0"构建和完善数字市场的规则，分别对规范数字市场规则和促进数据流通两方面的相关制度进行了统筹设计，在确保交易环境透明和公平的同时，明确数字市场规则，培育下一代数字平台企业，为日本经济增长提供动力，内容涉及《独占禁止法》《数字平台交易透明化法》《个人信息保护法》《电气通信产业法》《知识产权法》等不同领域法律规范的基本方向和完善内容，从推进数字产业发展的宏观视角，统筹设计不同法律政策制度之间的关系，为数字产业的发展提供较为协调的政策制度环境。2020年发布的新一期《成长战略跟进》中，又进一步聚焦数字广告市场中的数据竞争环境，提出探讨修改《特定交易法》和《消费者契约法》的任务。为了推进5G服务的发展和应用，颁布《特定情报通信技术系统开发和引入促进法》等。2021年最新一期的《成长战略跟进》中，更加重视个人信息和网络安全的保护，提出修改完善《广播接收者个人信息保护指南》《电气通信业务个人信息保护指南》等。

第二，省厅之间各有侧重与分工，相互协作联合出台数字产业相关法律规则。

自2016年日本提出"Society 5.0"发展目标以来，日本经济产业省、总务省、内阁府的消费者厅、个人信息保护委员会等省厅委出台的各类具体战略、政策法律等，都围绕"Society 5.0"目标，相继制定了相关的具体推进举措。

经济产业省主要从数字产业培育和振兴的角度，提振经济和实施相关经济结构改革，振兴中小企业和促进区域经济发展等。发布《新产业结构远景》，面向2030年，针对各领域推进具体措施，促进数字产业等新产业结构模式的创新，推进规制改革、促进民间投资；发布《知识产权推进计划2017》，使数据持有者和使用者能够安心提供和使用数据，构建公平竞争秩序，禁止数据的不正当取得，通过加密等技术性手段强化数据保护。总务省主要从维护信息通信产业稳定发展、为国民提供生产生活基础设施和社会保障服务的角度，侧重规制网络空间中违法或有害信息传播、保护使用者个人信息和网络安全等。消费者厅主要从保障消费者权益的角度，制定实施保护或增进消费者利益的相关制度和机制。2021年4月28日通过的《数字平台消费者利益保护法》，要求数字平台运营商具有删除危险产品、披露经销商相关信息的义务，保护消费者使用数字平台时的合法权益。个人信息保护委员会根据《个人信息保护法》于2016年1月成立，主要对个人信息的处理进行监督，对政府机关和企业等处理个人信息的人员，提供必要指导和建议，并对违反法律法规的情形发布建议和命令等。

此外，产业政策也开始从提升产业竞争力、促进产业发展的视角分析竞争环境和竞争政策的适用，产业政策与竞争政策之间的关系更加密切和相互补充。例如，对于数据使用行为，2017年6月6日，日本公正交易委员会发布了研讨报告书，对不正当收集数据、垄断或寡头垄断经营者对数据实施不正当的"圈占"行为等有可能违反竞争政策的情形进行了分析[233]。该报告书指出了在数据收集、使用、交易等时容易产生问题的部分行为。但是，对于不是竞争政策专业人士的经营者来说，在对自己实行或者将要实行的经营行为是否产生问题进行判断时，不仅仅需要明确说明具体的行为性质，更需要明确简单可行的判断方式,以避免经营者由于对触犯竞争法等问题的担忧,而对创新活动有所顾忌。为此,2017年6月28日,经济产业省在公正交易委员会发布的上述报告书基础上,基于为产业界提供更详细实施标准的目的,发布了《面向第四次产业革命的竞争政策实施方式相关研究会报告书——以实现Connected Industries》,从实现"Connected Industries"(互联工业)的角度,对经营者在使用数据过程中如何避开竞争政策方面的风险,对竞争政策在产业界的具体适用方式进行了更加明确的分析。

(二)从信息保护到数据开放

自1980年日本在OECD"隐私八原则"指导下,开始探讨制定本国的个人信息保护体系以来,日本产业政策在此领域的核心目标是构建政府部门、科研机构以及民间企业对个人信息和个人隐私的保护。到2013年左右,在信息保护制度构建进入成熟阶段的基础上,日本产业政策的侧重开始瞄向重视推进数据的开放流通,推动政府公共数据、个人数据和工业数据等各类数据的开发应用。

1. 信息保护

依据OECD确立的"隐私八原则",强化行政机构对公民个人信息的保护。日本最早对个人信息保护的探讨,聚焦于行政机关对个人信息的相关处理行为[①]。1975年,日本政府提出采取适当措施,强化行政管理中对个人信息的保护。1980年9月,OECD发布《关于隐私保护与个人数据国际流动指南的理事会劝告》,确立"OECD隐私八原则":①目的明确原则(Purpose Specification Principle);②使用限制原则(Use Limitation Principle);③收集限制原则(Collection Limitation Principle);④数据质量原则(Data Quality Principle);⑤安全保障原则(Security Safeguards Principle);⑥公开性原则(Openness Principle);⑦个人参与原则(Individual Participation Principle);⑧问责制原则(Accountability Principle),并对成员国提出3年内制定个人信

---

① 日本的一些地方自治条例中,针对地方行政机关的个人信息处理行为作出规范,是最早关于个人信息保护的立法。例如,1973年,日本德岛市制定的《关于保护电子计算机处理的个人信息的条例》;1975年3月,日本东京都国立市制定了《电子计算机处理条例》;1984年7月,日本福冈县春日市制定了综合性的个人信息保护条例。

息保护相关法律的建议。依据"OECD隐私八原则",日本首先针对行政机关的个人信息处理行为制定了相关规范,1986年12月,发布《行政机关个人信息保护对策的方式》。1988年12月,正式颁布《行政机关电子计算机处理个人信息保护法》。

对于民间企业处理个人信息的行为,主要采取非强制性指南或行业自治的方式来实施。例如,通商产业省1997年发布的《民营部门计算机处理个人信息保护指南》、邮政省电气通信局1998年发布的《电信业个人信息保护指南》、财团法人日本情报处理开发协会(JIPDEC)[①]1988年5月发布的《民营部门个人信息保护指南》、财团法人金融系统中心1987年3月发布的《金融机构等个人数据保护处理指南》等。

建立个人信息保护管理体系标准(JIS Q 15001)。为提高个人信息保护意识,1999年日本制定了JIS工业标准,即JIS Q 15001:1999《关于个人信息保护合规性程序的要求事项》。该标准是个人信息保护管理体系标准,适用于通过电子计算机等处理或部分处理个人信息,或者以实现自动处理为目的而进行书面处理活动的所有类型、所有规模的经营者。该标准对合规性程序的具体要求包括:一般性要求事项、个人信息保护方针、计划、实施和运用、监督检查、经营代表人的修改。2006年,日本对该标准进行修改完善,制定"个人信息保护管理体系——要求事项",2010年10月1日正式实施。

创设"隐私标识(Privacy Mark)"认证制度。为激励企业贯彻落实通商产业省1997年发布的《民营部门计算机处理个人信息保护指南》,减少个人信息泄露等风险,1998年4月,财团法人日本情报处理开发协会(JIPDEC)设立"隐私标识(Privacy Mark)"认证制度。1999年,日本推行JIS Q 15001:1999标准后,隐私标识认证制度与该标准体系实现对接,对符合JIS Q 15001:1999标准,建立个人信息保护管理体系的经营者,授予隐私标识"Privacy Mark"。获得隐私标识"Privacy Mark"认证须符合以下条件:①在日本国内具有经营场所的民营经营者;②根据JIS标准建立了合规性程序,并据此对个人信息实施妥善管理;③申请前2年内经营者不得存在被取消认定、

---

① 现为一般财团法人日本情报经济社会推进协会(Japan Institute for Promotion of Digital Economy and Community,JIPDEC)。

泄露个人信息、对信息主体权利造成侵害或侵害可能性。认证有效期限为2年，2年后需重新申请认证。经营者若违反合规性程序，由隐私标识指定授予机构实施调查。隐私认证制度的实施，有利于引导企业建立个人信息保护管理体系，为消费者判断企业是否对个人信息建立妥善保护措施提供参考。

颁布"个人信息保护关联五法"，建立较完备的个人信息保护体系。2003年5月23日，《个人信息保护法》《行政机关个人信息保护法》《独立行政法人个人信息保护法》《个人信息保护审查会设置法》《行政机关个人信息保护法施行相关法律配置法》5部关于个人信息保护的法律正式通过，合称"个人信息保护关联五法"，2005年4月1日开始实施。至此，日本构建了由个人信息保护一般性法律、行政机构和独立行政法人等特定机构的处理规范以及监管机构相关规定等构成的个人信息保护法律体系。

2. 数据开放

近年来，随着新一代信息技术的发展，数据开始成为数字经济时代的重要投入要素和战略资源，备受关注。日本政府寄希望于数字产业的发展，为日本经济社会带来新的契机，促进数据开放、共享，推动数据开发、利用，实现经济社会价值创造。这也成为日本数字产业政策的核心发展目标。2013年6月，日本内阁《世界最先进IT国家创造宣言》中提出，"在未来5年（到2020年）内实现世界上最高水平的信息技术应用型社会，并将其成果推广到国际舞台"，作为推动本国经济可持续发展的支柱性成长战略。促进数据的开发利用，促进新产业和新服务创新创造，推动全产业发展，在促进政务数据向民间私营企业开放数据（Open Data）的同时，构建能够促进"个人数据"（Personal Data）开发利用的制度环境，发挥个人数据在促进新产业和新服务方面所拥有的开发价值。2017年6月9日，日本内阁会议通过《未来投资战略2017》，提出充分运用第四次产业革命带来的技术创新成果，将数据的充分开发运用作为关键之一，内容包括推进公共数据的开放、促进经营者间的数据流通、促进个人数据的利用、促进区域数据的利用及促进数据的跨境流通，构建PDS（Personal Data Store）和信息银行、数据交易市场等。

第一，在政务数据领域，推进官民数据合作利用。

虽然日本的ICT基础设施取得了显著发展，但是，在电子政务和开放数据方面还存在较大发展空间，基于此，日本以实施政府服务的数字化改革为开端，在保证网络信息安全的同时，构建能够最大程度应用信息技术运行的简洁高效的社会体系。

2016年12月，日本颁布《官民数据活用推进基本法》，实施政府服务的数字化改革。《官民数据活用推进基本法》要求日本政府和都道府县都必须制定推进官民数据利用的相关计划及全面推进公共和私营部门数据利用的相关措施。2017年5月，日本政府提出构建使数据能够真正为人类服务的社会——"官民数据利用社会"的目标，为此，将集中解决以下重点课题：①振兴经济和健全财政；②振兴地方区域活力；③确保人民生活安全和安心。从推进官民数据合作利用的角度，提出了电子政务、健康·医疗和护理、旅游观光、金融、农林水产、制造、基础设施、防灾减灾、交通移动等8个重点发展领域。同时，考虑到未来跨领域间的合作，在各个重点领域推进"数据标准化"和"平台建设"。2017年5月，发布《数字治理推进方针》，明确了政府电子政务的发展方向，一是运用数字化技术建成以用户为中心的服务体系，二是通过官民合作实现创新创造。具体包括三大支柱措施：①利用数字化技术实施以用户为中心的行政服务改革；②实现官民合作的平台构建；③促进价值产出的IT治理。2017年12月，日本政府为了将"数字治理"的相关举措推广到地方政府和民营部门，切实推进IT技术应用社会体系的彻底改革，发布了《IT新战略基本方针》。2018年6月发布了《世界最先进数字国家创造宣言·官民数据活用推进基本计划》。该计划制定了3个重点目标：①利用数字技术推行政务改革；②实施地方政府数字化改革；③推进民营部门的数字化改革。2020年12月，为了应对新冠病毒疫情，对该计划进行了修改完善。

第二，在个人数据领域，强调保护与流通的平衡。

为应对大数据时代发展新特点，日本2015年对《个人信息保护法》进行修正。修改后的《个人信息保护法》以促进信息和数据开发利用为主要目的，试图在"个人权益保护"（Protection of An Individual's Rights and Interests）与"个人信息使用"（Utility of Personal Information）之间求得平衡，实现数据资源经济社会价值最大化。《个人信息保护法》虽名为"保护法"，但并不是一部单纯以保护甚至限制个人信息使用为目的的法律，相反，这部法律强调在充分考虑如何更好开发利用个人信息的前提下,保护个人的权利利益。该法对个人信息处理的透明性及本人对个人信息知情权和控制权的强调,也以如何更好实现个人信息的开发利用为核心目的。该法认为,合理、充分的个人信息保护制度和机制,是助推个人信息可开发性的重要前提,是实现大数据经济社会价值的重要保证。内容包括:设立"匿名加工信息"制度,缓解数据开发利用中存在的个人隐私冲突;为促进一般个人信息的流通,采用"Opt-Out"方式,默认数据处理者可以使用个人数据,只要信息处理者事先将规定事项通知本人,或置于本人容易知悉的状态,同时向个人信息委员会提出申报,即可将该个人数据提供给第三人[①];只有当数据主体明确表示拒绝时,才启动禁用程序;设立"匿名加工信息"制度,制定详细的匿名加工指南,明确匿名加工的标准、资质和方法等;成立个人信息保护委员会,作为对个人信息保护实施监督的专门性机构[243]。

第三,在工业数据领域,鼓励数据流通交易。

2017年3月,安倍首相在德国汉诺威召开的信息通讯展览会上首次提出"互联工业"(Connected Industries),作为日本产业未来发展的愿景。该概念在2018年上升为日本的国家战略,明确了日本未来产业的发展方向。所谓"互联工业",旨在通过数据连接各种事物(如机器、技术和人员),创造新的附加值,实现社会问题的解决。具体包括3个核心任务:构建人与设备和系统相互交互的新型数字社会、通过合作与协调解决工业新挑战、积极推动培养适应数字技术的高级人才。此外,互联工业将以下5个领域确定为重点推进领域:自动驾驶与出行服务、制造与机器人、生物与材料、工厂与基础设施安保、智慧生活。为了实现这些重点领域的推进,需要促进各个企业所掌握的产业数据之间的开放、共享和交易。

(三)防止数字平台垄断风险

2020年,日本出台《数字平台交易透明化法》,从促进产业平稳发展层面,规范平台垄断行为。在数字产业中,数字平台作用的重要性日益提升。为防止大型数字平台寡头垄断结构带来的风险,提高数字产业交易规则的透

---

① 《个人信息保护法》第23条第4款。

明度和公平性，2020年5月27日，日本通过了《数字平台交易透明化法》，该法于2020年6月3日颁布，2021年2月1日起实施。该法采用政府规制与平台企业自主规制相结合的方式，以寻求政府与企业的"共同规制"为主要特色，即以保持政府干预的最小限度为原则，在尊重数字平台运营商经营自主性和自律性的同时，减少垄断带来的危害，促进数字平台的公平和自由竞争，维护用户和消费者的利益。根据该法规定，由经济产业大臣将销售额、用户数量及其他业务规模相关指标达到一定规模的数字平台运营商指定为"特定数字平台运营商"，对其规定特定法律义务，重点关注其是否自主提高平台运行的透明度和公正性。具体义务包括：①披露义务。特定数字平台运营商在拒绝交易或者存在必要的收费服务时，必须向商户披露拒绝交易的具体情况及收费服务的内容和排名的计算方法等，并且，在拒绝交易或变更交易条件时，必须事先备案（告知）。②采取必要措施的义务。要求特定数字平台运营商必须采取必要措施增进与商户之间的相互理解、密切合作，并建立争端解决机制等。经济产业大臣对其是否采取相关措施具有监督和予以纠正的权力。③报告义务。该法要求数字平台运营商具有报告运营状况的法定义务，每一财政年度向经济产业大臣提交报告，用以审核和评估其运行的透明度和公正性，并根据评估结果采取必要的改正措施。经济产业大臣在认为必要时，可以要求特定数字平台运营商提交报告或对其实施检查。2021年4月，经济产业省确定了以下两类数字平台运营商为本法所规制的"特定数字平台运营商"：第一类，在线购物综合运营商，包括亚马逊日本公司（Amazon.co.jp）、乐天集团公司（楽天市場）、雅虎公司（Yahoo！ショッピング）；第二类，应用商店运营商，包括Apple公司、iTunes公司（App Store）和Google公司（Google Play ストア）。

四、机制设计

（一）事前协调机制

第一，从内阁到各省厅的事前协调机制。数字产业的跨行业、跨领域特征，对依据传统行业领域范围所实施的"条块监管"体系带来挑战，相比传统产业仅仅涉及某一产业领域的协调机制，数字产业需要更广范围、更深层面、更多主体间的广泛协商和共识。对于数字产业规制的系统布局，日本从内阁层面到各省厅层面都设置了依托各类政策会议的事前协调机制。

在内阁层面，围绕数字产业相关政策、法律等重要事项的决策，2019年9月27日，日本成立了"数字市场竞争本部"。数字市场竞争本部由内阁官房长官担任本部长，经济再生担当大臣担任副本部长，成员包括信息通信技术（IT）政策担当大臣，网络安全战略本部、公正交易委员会、个人信息保护委员会、消费者和食品安全等相关事务的大臣，总务大臣，经济产业大臣。作为相关机构开展全面协调和决策的合议制机构，数字市场竞争本部具有较高的审议决策职能，包括：评估数字市场的竞争状况；围绕数字平台商业模式运营规则、竞争政策和个人信息保护等相关政策议题开展调查研究，提出政策建议；提出振兴中小企业和风险企业等数字产业发展建议；参与制定G7集团和G20集团等国际框架下的数字市场竞争评估规则；为迅速有效地执行竞争政策，负责对数字市场开展相关评估，策划和制定包括竞争政策、个人数据可携权、API开放等相关数据政策，规划和全面协调数字市场的基本政策，与各国竞争当局开展合作和协调，评估数字市场，推动数字产业的创新与竞争。数字市场竞争本部下设"数字市场竞争会议""数字市场竞争会议工作组（Working Group）""Trusted Web推进协议会"，广泛召集法学、经济学、信息工程、系统理论等领域的专家，围绕重点议题开展专业性、多角度的具体调查和审议工作。

在省厅层面，在内阁的统筹指引下，不同省厅之间围绕数字产业也在积极建立用于开展共同研讨和审议的政策会议。2018年7月，由经济产业省、公正交易委员会、总务省和个人信息保护委员会等共同组织"数字平台经营者交易环境研讨会议"，由具有竞争政策、信息政策、消费者政策等多种知识背景的学者等组成，围绕构建和完善数字平台经营者交易环境，开展联合调查和研究。作为研讨成果，发布了《数字平台型商业模式应对规则的基本原则》，明确了消费者与数字平台关系及其滥用优势地位的规制原则，保障数字市场公平自由竞争及其他相关政策的规制方案等。

以2020年出台的《数字平台交易透明化法》为例，该法在正式通过前，经过跨部门间协调，最终形成合意。对《数字平台交易透明化法》的讨论和审议工作，具体由内阁官房组织的"数字市场竞争会议"及其下设的"数字市场竞争会议工作组"来实施。"数字市场竞争会议"由内阁官房长官担任会议议长，会议的构成人员主要包括3类主体：①经济产业省、公正交易委员会、总务省等省厅的负责人（大臣）以及负责经济发展、消费者权益、信息技术政策和网络安全等事务的大臣；②来自产业界的代表；③来自法学界和科技界的学术代表。"数字市场竞争会议"讨论审议数字市场相关规则体系的总体设计，协调不同部门之间协作和分工的机制。在具体的讨论过程中，经过不同部门、不同利益主体之间的讨论和审议，最终形成合意。可以说，对于该法的制定，在内阁层面组织实施讨论和审议过程本身，是建立产业政策部门与竞争政策部门在法律政策出台前开展广泛协调的过程。

第二，竞争影响评价制度。事前的政策评价制度中，将对竞争的影响作为一项重要的评价指标，通过 Checklist 分析手法实施竞争评价制度。竞争影响评价制度要求所有政策在立改废时，都需要在政策事前评价中对竞争影响进行分析，并作为政策成本之一综合考量。《数字平台交易透明化法》的出台也经过了对政策的竞争影响评价过程。对《数字平台交易透明化法》的讨论主要从4项进行分析：①政策的目的、内容、必要性；②政策的成本收益分析；③政策的成本收益间关系；④替代政策方案的比较。其中，在对③政策进行成本收益分析时，将对竞争的影响作为其中的一项社会成本进行评价。日本在制定和实施竞争影响评价制度时，竞争执法部门公正交易委员会与产业政策部门的经济产业省都在积极参与，也体现了日本政府对维护竞争环境和竞争理念的重视，以及产业政策部门尊重竞争政策、最大限度追求政策制定科学性的积极、开放的态度。

（二）执行协调机制

强化事前规制的积极作用，构建事前规制与事后规制相结合的实施模式。比起传统行业，对数字产业领域的调查、执法难度大大增加，构建产业政策事前与竞争政策事后相结合的规制模式成为现实必要。虽然竞争政策对垄断行为依旧发挥着重要作用，但是，竞争政策以事后规制为主要实施手

第七章 日本数字产业的协调规制

法,在受网络效应驱动的市场中实施效果较差,在及时性、灵活性、效率性等方面存在不足。为了改善竞争政策在应对数字产业垄断调查、执法体制等方面的不足,欧洲一些国家提出设立"Digital Market Unit"、美国等提出设立"Digital Authority"等更加适应数字产业垄断规制的专业性执行机构,防止数字巨头利用其市场主导地位来扼杀竞争和创新。日本也在2019年设置"数字市场竞争本部",用于专门对数字市场开展竞争评价。对于竞争政策来说,在应对数字产业规制时,如果没有产业政策的进一步补充干预,其成功解决数字产业中垄断问题的能力有限,需要与事前规制手段相结合[212]。这种事前规制手法已经成为规制数字产业所必不可少的存在,竞争政策被视为最后的手段,只有在其他手段没有实现预期效果时才发动事后规制机制[212]。对于数字产业的规制,构建事后竞争政策与事前产业政策之间的协调监管框架正在成为一种系统规制范式被推崇[212]。

《数字平台交易透明化法》就是在这一背景下制定的法律。该法作为由经济产业省主导实施的产业政策法,以事前规制方式,规定数字平台企业:①对交易条件等信息具有公开义务以及变更时的事前通知义务;②根据政府规定的相关规范、指南等,积极完善相关程序和体制等义务。旨在对易于形成寡头垄断结构的特定数字平台强化事前规制,以树立良好的交易习惯来维持和促进竞争,对有可能产生的垄断风险防范于未然,而不过于依赖竞争政策的事后规制手法。该法第13条规定,如果经济产业省在事前规制中发现可能违反竞争法的情形,可以向公正交易委员会提出要求采取适当措施。对于数字平台实施的相关垄断行为,可以依据《独占禁止法》,由公正交易委员会进行管辖,启动事后规制。通过事前规制和事后规制的相互补充,强调事前规制的重要性,侧重防患于未然,减少触犯竞争法的情况,能够在快速发展的数字产业中及早发现问题、及时采取行动。强化事前规制、避免事后规制不足的手法,在欧盟也受到推崇。例如,2020年12月颁布的《数字市场法》(Digital Markets Act)中,对符合一定条件的数字平台企业实施严格的事前规制,违反者不仅会被处以罚金,还会面临被拆分的结构性处置措施。事前规制成为数字经济时代补充竞争政策事后规制不足的重要举措,有利于实现事前规制与事后规制相互配合、产业政策与竞争政策优势互补的综合执法效果。

第四部分
协调关系成因剖析

产业政策与竞争政策是政府规制的两种重要手段，本书以产业政策和竞争政策为探讨对象，从更加广阔的视角，试图探讨如何协调政府与市场的关系，或者日本所说的"官民关系"。日本产业政策与竞争政策之间互动关系的变迁，实质是政府不断调整其与市场之间、与产业界之间的互动模式，寻求更有利于产业和社会经济发展的有效手段。不论时代如何变迁，寻求"明智的规制"依然是政府孜孜以求的目标。作为研究政府与市场关系的基础案例，日本的发展经验受到国内外相当多的关注。通过本书前三部分的考察，可以发现，日本的产业政策与竞争政策在较长的发展周期中，两者各自经历不同的发展阶段后，从彼此对峙分立走向接触对话，进入21世纪后，两者寻求协调互补逐渐成为主流趋势，在今后也会是一个长期的发展方向。可以说，综合运用产业政策和竞争政策两种方式，寻求两者之间的合作协调，是现在日本政府所探索的"明智的规制"方式。

当然，这是本书所观察到的一种客观现象，还需要进一步剖析现象背后的深层原因。同为东亚国家，日本与我国在竞争文化传统、政治制度架构、法律制度体系等方面有很多相似之处，这成为我们关注日本、研究日本的价值和意义所在。基于此，作为本书的最后一部分，笔者试图从政治体制、决策机制、创新理念3个方面，剖析日本产业政策与竞争政策能够形成协调关系的制度基础和理论要因。

第八章　政治体制要因

对于日本来说，竞争政策属于西方民主理念下的外来制度产物，在较长的本地化过程中，与根植于日本乃至东亚官僚文化中的产业政策对立碰撞并逐渐实现互补协调。作为西方宪政模式与本国传统官僚制度相融合的产物，日本逐渐形成的"官僚制多元主义"政治体制，为东西方两种文化理念的融合提供了制度基础。

"官僚制多元主义国家"或被称为"纵向分割型多元主义国家"，是日本学者对其国家的政治经济体制某个侧面抽象概括的模式[105]。即，日本政府的各个行政管理部门（官僚）实际上是所管辖领域多元集团的利益代理人，不同利益主体以各种方式传达利益诉求和政策需求，通过与政府进行沟通和谈判，使政府决策成为谋求利益主体间合意的过程。这种政治体制体现了日本官僚与国民之间的利益连带关系，尤其是产业界在不同发展阶段提出不同政策诉求，深刻影响着日本公共政策的最终形态。日本产业政策由注重短期保护、重点扶植的"护航舰型"产业政策向"竞争促进型"产业政策的调整，其本质并非决策层"自上而下"的引领性作为，更多是来自产业界甚至国民各界多元主体需求的"自下而上"的现实推动。对于"官僚制多元主义国家"的剖析，可以从其"官民协调性"和"多元民主性"两个方面来理解。

一、官民协调性

官民协调性，是指在官僚体制主导下，日本政府的各个部门实际上是不同产业领域或不同阶层群体的利益代言人。官民之间所建立的传统、灵活、高频率的沟通关系，使得其最终制定的公共政策有的放矢，具有问题导向优势。事前的沟通协调机制，实际上是一种"自下而上"的需求反馈机制，有利于保障产业政策等公共政策的针对性、可执行性和有效性。具有共同利益诉求的企业可以通过行业协会等产业界自治组织，与政府内部相应的职能部门保持一种稳定的信息交换渠道，从而拥有间接参与政策决策过程的机会。基于日本行政官僚强烈的责任意识和使命感及日本传统的集体主义文化，政府、产业界及国民之间更倾向于团结一致，共同商讨解决棘手问题，从而易于建立官民之间的协调体制，使日本的行政成为一个"便于动员所有的人力资源、资金和制度以高效率地实现行政目标的体系"[244-245]。

在处理官民协调关系上，日本也有不少创举性工具。例如，前文中所提及的具有较长实践基础、运用较为普遍的"行政指导"，曾被认为是一种能够灵活处理官民关系，有效发挥官民协调特性的举措（Government-Business Interaction）[246]。在行政指导的实施过程中，政策制定部门与产业界、企业间进行深入的信息交换，对现实瓶颈问题和未来发展预期等进行广泛沟通，对产业发展规模和相关设备处理等制定具体的产业调整或援助措施，并对不同企业群体之间的利害冲突或矛盾关系等进行斡旋，从而使行政指导成为政府职责成就与产业界利益达成的重要媒介[33]。此时，政府更多是以"局外人"的身份，对企业之间的问题进行协商、协调及说服，企业之间所形成的共同行为、协调一致的行为，与其说是政府的指示，更像是政府为企业之间的公开沟通提供环境[33]。

国际上对日本"官民协调"特质的关注，大致开始于20世纪60年代后半期[91]。伴随日本短时间内实现战后复兴和经济高速增长等"奇迹"的出现，对日本案例的研究文献不断出现。例如，Johnson（1982）将日本成功的成因归结为日本政府及其产业政策对国民经济的积极干预[8]。Freeman（1987）在国家创新系统框架下，对日本政府与产业界主体的功能定位和相互关系进行了系统描述，即政府发挥"引导之手"（Guiding Hand），通过制定面向特定产业培育、保护等政策，在重化工业、钢铁、合成纤维、炼油、石化、造纸、农业等领域制定了形式多样的产业政策[247]，不同企业在政府组织或集团协调下，竞争与合作关系并存，形成规模优势。国家创新系统就这样在一个由公共和私人部门共同构建的网络中，通过各个组成部分的活动和互动得以运行[7]。有学者甚至直接将这种官民协调下的紧密代言关系表述为"日本株式会社（Japan, Inc.）"，即由官僚指挥、各产业界按照行业领域听从其指挥的企业主体[248]，产业界与政府关系密切且平等处之，一同出席"日本株式会社"的董事会议[249]。

这一点在日本的政策实践中也可以窥探。例如，《机械工业振兴临时措施法》（《机振法》）的制定和颁布，就是由彼时的通商产业省担当官员、业界团体、相关民间企业等通过三方协议，制定《合理化基本计划》，采取减免税收措施、开发银行的长期低利息融资政策、实施合理化卡特尔等措施。产业界中具有较强实力和话语权的大型企业，可以参加通商产业省设置的产业结构审议会及其下设的政策委员会等决策支撑组织。官民之间通过正式、非正式接触方式建立起来的协调关系，使官僚与产业界之间并非"上下级"关系，更像是政策决策的协商、合作和互动关系[91]。"纵向分割"的产业与"纵向分割"的行政组织体制之间相互匹配，行政部门在按照产业领域设置的机构体系下，明确自身的职责定位和任务目标，可以具有针对性、及时性地开出产业病灶"处方"，制定针对个别产业的振兴政策。同样，由于官民之间相对平等的协商关系，在政策制定或实施过程中，产业界成为公共政策制定的参与者和实施的推动者，政府的决策如果无法获得产业界的基本共识或认可，也存在无法实施的风险。例如，现实中也存在《钢铁事业合理化法》等个别政策法律由于没有获得产业界的同意，最终无法得到实施的情况。

日本的官民协调特质可以很好地解释其产业政策的动态变迁现象。由于产业界的实际需求是政府公共决策的重要依据，产业界需求的动态发展，也成为政府公共决策变迁的重要原因。从本质上来看，日本产业政策与竞争政策关系的动态变迁或者产业政策自身的动态调整过程，既是政府对自身职能的不断反思和调整，同时更深刻反映了政府与市场之间关系的变迁及日本企业不同成长阶段的实际需求。基于国际竞争格局演化及经济社会发展阶段的不同，日本政府面临的发展任务、对产业援助模式和手段的选择有所不同，伴随实践经验累积、对政策手段的反思和完善，造就了公共政策动态演变的基本特征。引发产业界需求变化的要因主要包括技术经济范式的转变、国际竞争环境的影响及日本企业成熟度的增强等。在官商协调特质下，日本政府需要及时跟随产业界的动态需求，不断调整甚至重构政府与市场、创新系统各主体间的互动关系[250]。尤其进入21世纪，在全球化和信息化发展的大环境变化中，要想在激烈的竞争中取胜，就要求产业界比过去更加积极致力于竞争和创新活动。如何更好发挥民间企业主体的活力，成为政策路径选择的重要考量因素，"扩张市场的机能"成为政策选择的新视角[105]。本书前文所描述的日本政府在战后对产业政策实施的3次重要转型及"竞争促进型"产业政策的产生，体现了日本由政府主导的"线性发展模式"（Linear Model）向企业主导的"灵敏发展模式"（Agile Model）的动态演进[251]。

时至今日，这种官商协调的特质依然存在，日本依然保留着产业界与日本决策层之间的密切互动关系。在日本政府与企业的长期关系构筑和互动过程中，日本逐渐形成了来自业界和财产界的经济团体。日本的经济团体是以企业或行业团体等经济主体为会员的联盟性组织，以维护和谋求所代表经济主体或所在行业的利益为核心目标。其中，来自业界的经济团体主要是第二次世界大战前形成的代表某一产业的业界团体，如大日本纺织联合会、日本汽车工业会等；来自财产界的经济团体主要是战后逐渐形成的跨行业的综合性财产界团体，如并称为日本"经济三团体"的日本经济团体联合会（经团连）、日本商工会议所（日商）、经济同友会（同友会）。这些经济团体是日本经济界的重要代表，基于行业或产业视角，通过发表研究报告书，提交政策建言，参加内阁官僚、议员及关系省府恳谈会的方式，与行政官僚之间保持密切交流的同时，积极向社会和政府传达认识和见解，对公共政策的制定具有重要的影响力。

二、多元民主性

官僚主导下的多元民主性，对日本产业政策与竞争政策关系及其变迁产生了深远影响，即日本产业政策与竞争政策的冲突对立关系，反映了西方民主理念与日本传统官僚文化的冲突与博弈。产业政策与竞争政策之间走向协调，是多元利益诉求集结下的最终走向，也是政策形成过程中多元利益博弈抗衡后最终达成的妥协方案。日本政治体制中的多元民主性是西方宪政模式与日本本国传统官僚制度相融合的产物。官僚主导下的多元民主特性，源于战后日本宪政转轨的不彻底性。第二次世界大战失败之后，日本在联合国军占领下，1947年颁布新《日本国宪法》实现宪政转轨。但是，由于缺乏内生迹象和制度传统基因，日本的宪政转轨具有"外生强制"性和不彻底性，成为日本平衡外在压力与内在惯性的最终选择。作为舶来品的西方宪政模式和宪政理念，与日本传统政治哲学主导下的国家治理状态产生冲击、交织，最终形成了日本独具特色的不完全的三权分立制度。美式的民主主义理念与日本传统的官僚主导制度融合，形成了日本特色的"官僚制主导下的多元主义"[252]。

一方面，日本竞争政策的发展历程是日本逐渐吸收西方民主主义理念的过程，是在外生与内生机制共同作用下，最终实现本土化发展的结果。如前所述，战后以《独占禁止法》为核心的日本竞争政策的诞生，是美国以《反托拉斯法》为母法，将其经济民主和平民主义理念向日本的强制植入。对于当时的日本来说，这种由美国强制推行的经济政策，带有一定的理想主义和经济制裁性质，其中有些实体性规定甚至比当时作为其母法的美国《反托拉斯法》更为严格。美国的《反托拉斯法》被誉为一部"经济自由的著名宪章"[253]，其在美国产生之初，主要目标是保护经济自由、竞争者和消费者的平等地位，巩固美国式政治民主的社会经济基础[253]。但是，这种民主主义理念与日本的官商协调的官僚制度文化之间存在着一定的距离，受到产业界和产业政策当局的轻视和排斥，这也是日本《独占禁止法》在颁布后很长时间一直无法发挥有效约束力的重要原因之一。

1955年左右，《独占禁止法》在实施层面面临阻碍，陷入停滞，进入"寒冬时代"。但是，随着日本中小企业、农林渔业者以及消费者等支持力量的逐渐强大，政府内部也开始重视消费者保护和维持物价稳定，对《独占禁止法》的作用和意义开始重新评价，实施《独占禁止法》开始成为日本内生的经济社会发展需求。例如，1955年在日本国内引发广泛议论的"假牛罐头事件"，运用《独占禁止法》规制经营者的不正当标识行为、保护消费者权益，开始成为国民诉求和政府的决策目标之一。1960年开始，日本物价上涨严重，发挥《独占禁止法》的积极作用、抑制物价上涨，受到日本内阁层面的重视。

公正交易委员会最初强化执法活动的领域，更多也是旨在制止不正当竞争、保护消费者利益、抑制物价上涨等当下所面临的现实问题。步入20世纪70年代，"石油危机"中暴露的大型商社囤积惜售、价格合谋、哄抬物价等扰乱市场秩序的行为，进一步引发中小企业和民众对垄断势力严重危害的深刻认识，以《独占禁止法》为核心的竞争政策成为传统产业政策之外，有助于官僚主导下实现多元主体利益的重要政策手段之一，地位被大大提升。可以说，日本《独占禁止法》开启本土化进程的契机，不仅仅是日本对西方民主主义理念的重新审视，更源于日本应对本国出现的垄断问题以及消费者民主理念觉醒的内生需求，最终从外来物种内化为与日本官僚主导下的多元民主性相适配的日本的竞争政策。

另一方面，日本产业政策的发展也体现了日本官僚主导下的多元民主化特征。日本产业政策由产业或企业保护型逐渐发展为"竞争促进型"产业政策，其背后源于国家或政府职能定位的调整与发展。行政官僚最初通过与产业界勾结、协调等方式，以促进和培育产业成长为主导推动力，侧重官产协调，之后，伴随产业的不断成长、成熟以及多元主体的成长，推动产业发展成果被所有国民共享成为实现国家长远、全面发展的重要任务。信息化促进了产品和企业形态的多样化，也带来了信息的分散处理化与决策的分权化，产业政策在保护弱势群体（农业、中小企业、消费者等）、实现经济民主化方面的职能得到进一步拓展，有助于实现经济社会多元化价值目标。

但是，不同于完全的多元民主制，外生强制性质使得日本在内部权力分配结构、职能分离程度以及政府行为模式等诸多方面，与正统的宪政国家存在区别与差异，长久以来实施的官僚主导特色被保留。在行政官僚主导体制下，民主主义发展存在不彻底性，多元民主特性体现为行政官僚职能的升级转型或拓展，实现超越单纯的产业部门利益代言人角色，而成为代表更为广泛的利益集团、多元利益诉求的重要媒介或场所，从而扩大了日本产业政策的目标射程和职能范围，是民主理念在官僚体系内部的发展。这就使得在日本，一项公共政策的形成过程更多体现为在行政官僚主导的大背景下，相关利益集团（包括相冲突的利益集团）之间基于不同诉求展开博弈，并最终形成合意的过程，不同利益群体由此获得对公共政策的影响力[105]。

这种官僚主导下的多元民主性，存在的一些弊端也受到一些学者的批判[244,254-256]。因为相比政党，行政官僚依然是政策立案、制定和实施的核心主体，作为民意代表机构的政党、政治家在多大程度上能够真正代表民意，尤其是那些组织能力较弱的底层民众、产业或团体的利益，政治家是否可以很好地代表这类主体的利益受到质疑。同时，政府内部产业政策制定部门及其内部各行政单元依然存在沦为社会特定部分利益集团代言人的风险，在纵向分割监管体制下，围绕有限资源的分配展开激烈竞争。因此，区别于跨行业领域、具有一定中立性和准司法性的竞争政策，产业政策部门出台制定的"竞争促进型"产业政策，与严格意义上的竞争政策依然存在立场和目标上的差异。寻求两者之间的竞合适用、协调互补才能够顾及最广泛层面的多元主体利益诉求，这也是日本在不完全民主体制下，政策制定生态系统发展至今的实践探索经验。

第九章　决策机制要因

政策的决策过程中是否存在配套的协调机制设计，直接影响政策协调的实现是否具备良好的"硬件"保障。在这方面，日本有两种制度设计值得关注。一是，公共政策自身存在的协调基因，即嵌入在决策体系中的咨询制度。决策科学已经不单纯是官僚的行政主导行为，更需要辅之决策辅助体系（本书将其称为"咨询体系"），这套体系是实现协调真正落地的媒介、场所和保障，一定程度上比决策本身更加值得关注。日本公共政策的决策过程中，嵌入了一套较为庞大的咨询体系，形成行政决策与咨询辅助共生、交融的特点，为多元主体参与政策制定提供了"土壤"，有利于产业政策与竞争政策落地到机制层面，真正实现协调。二是，竞争政策与产业政策之间的协调机制，即对产业政策实施事前竞争影响评价制度。评价机制本身可以视为协调的一种体现，是评估部门与被评估部门之间就特定事项实施外部监督的重要手段。融入政策评价制度中的竞争影响评价制度，是提升竞争政策部门权威性，发挥其对产业政策事前监督职能的重要制度。

一、决策与咨询制度

就决策制度来说，日本具有决策合议的历史传统。即在日本官僚体制下，基于传统的合议制（群策群议）和禀议制（逐级禀报）构建的决策规则，使得一项政策从企划立案到最终决定，是"横向"跨部门协商＋"纵向"逐级禀报的"自下而上"推动流程。一项政策从低层官僚开始起草制作到高层官僚、大臣等最终决策，本质是一种反复磋商、多方协调、求得合意的决策协商过程。内阁作为公共政策的最高行政执行机构，包括经济产业省、总务省等在内的政府各部门的大臣属于政党内阁的组成成员,使得内阁本身成为协调各部门政策意见的场所或组织。一项产业政策最终由内阁会议决议通过,即成为政府各部门协调一致的结果。同时,在日本决策体系内还嵌入一套复杂、多元的咨询体系,业已发展成为辅助行政决策的重要机构和必备程序[257],从而使一项政策成为省厅内部层层合议、跨部门间磋商协议、多主体共同参与之下达成的广泛共识。在这种多层力量相互作用下,咨询协调过程与决策过程逐渐统合为一,最终诞生出协调相关部门、代表多方利益、利于顺畅实施的正式政策文件。

日本的行政决策与咨询协议具有统合性和嵌入性特征。这主要体现在一项公共政策的咨询协调机制深度嵌入其行政决策过程,决策与咨询具有统合与共生的特点。按照职能区别,日本学者一般将行政机构划分为以下6类:行政官厅、咨询协议机构、参与机构、监察机构、执行机构和辅助机构[258]。咨询协议机构以审议会为代表,主要设置在日本政府中央各府省厅、各级地方政府机关中,开展调查、审议或协调等支撑类工作,为决策部门及其负责人提供政策意见或者直接参与政府决策和政策制定过程。这些机构大多命名为"某某审议会"。根据场合不同,审议会的具体名称可以有所变化,除了"审议会"之外,还可以使用委员会、审查会、协议会、调查会、推进会等其他名称。如曾经设置在通商产业省内部的"产业构造委员会"、现在设置在经济产业省内部的"产业构造审议会"。

从审议会的具体职能上来看,虽然审议会由行政机关主导组织和推进,但是经过不断完善的审议会制度已经被赋予了更丰富的职能定位——专业知识提供、利益关系调整、民主决策体现、公平中立象征等,并成为专家、利益关系者、产业界、民众与行政官员等多股力量、多元主体相互作用推进政策形成的重要场所,是连接决策集团与社会各方的重要节点,在政府决策过程中扮演着非常重要的角色[259]。可以说,这种将咨询协议功能嵌入到行政体系之中的做法,是保障决策"民主正统性"与"专业正统性"的重要手段[254]。

发展至今,以审议会为代表的咨询协议制度体系已相当完善,业已成为辅助行政决策的重要机构和必备程序。日本中央行政机构"1府11省2厅"均设有名目多样、主题丰富的审议会体系。地方政府也设立有地方政府审议会，主要职能是应地方政府长官请求或咨询，针对地方自治发展相关事项，开展审议调查，形成审议意见、向地方政府提交答申、陈述相关意见等。

此外，除了上述依据法律或政令成立的审议会之外，各府省厅及地方政府根据需要还设立了大大小小多达数千个的法外咨询机构（"私人咨询机构"），成为审议会制度的外延。这些机构的设立没有法律或政令依据①，一般根据"内阁会议决定"、大臣"决裁""决定"或者地方市长"决裁""设置纲要"等设立。相比严格依法设定的审议会制度，法外咨询机构在咨询功能上与审议会类似，但是，更加具有灵活性[260]，且具有开展临时性、深层次、筹备式讨论的特点。但是，这类咨询机构一般仅被定位为"行政运行中非正式性交换意见的会合"，或决策者进行联络、调整的场所，会上观点仅表示参会人员私人观点或主张，不构成具有对外约束力的会议决定[260]。为了与具有法律依据的审议会相区别，这类咨询机构一般使用恳谈会、恳话会、研究会、思考会、探讨会、探讨委员会、事务局或者会议、会合等名称[260]，如内阁府根据"内阁会议决定"设置的围绕科技预算实施调整沟通的"科学技术创新预算战略会议"。

需要特别提及的是，在决策过程中，"协调"与"勾结"往往存在模糊地带，而拉开两者之间区别的重要手段之一，就是保障协商过程的公开性、提升协商过程的透明性。对于提升公开性和透明性，日本在政策制定实务中也予以额外强调并不断改善。首先，在人员构成上，尽量保持多元主体参与。除了利益相关者之外，参与政策审议的成员还包括专门机构人员、学者、知名人士、普通消费者、媒体代表等，使政策的形成反映更多群体的声音。其次，信息的公开透明。在日本内阁、各省厅及地方政府部门的官方主页上，审议会等协调会议的召开基本都进行了较大程度的公开，包括审议会的设立依据、委员名单（除了姓名外，还包括供职单位、职位等信息）、审议的事情、会议议程、会议讨论资料及较为完整记录会议发言内容的会议记录，普通民众也可以随时下载浏览。这种公开透明的做法，不仅仅是法律对政务信息公开所规定的法定义务，更是能够使民众或相关利益者较好地了解和监督

---

① 1983年以前，审议会等的立改废均需要法律层面的认可。1983年之后，各行政机关依据政令也可以设立审议会。

各位委员作为相关利益代言人履行职责的重要手段。

二、竞争影响评价制度

实施"政策评价制度"是日本推行行政改革的重要举措之一。早在1997年的《行政改革会议最终报告》中，日本就提出实施政策评价制度的建议，后在2001年6月颁布了《关于行政机关实施政策评价的法律》（简称《政策评价法》），次年4月开始正式实施政策评价制度[261]。作为日本政府大部制改革的重要举措之一，该制度旨在对政策法律的制定、预算分配等进行重点评价，综合评估政策的实施影响和效果，并根据实施效果及社会经济变化对政策进行调整完善，以实现政策的"Plan（政策计划）→ Do（政策实施）→ Check（政策评价）→ Action（政策调整）→ Plan（政策计划）"的良性循环（图9-1）。

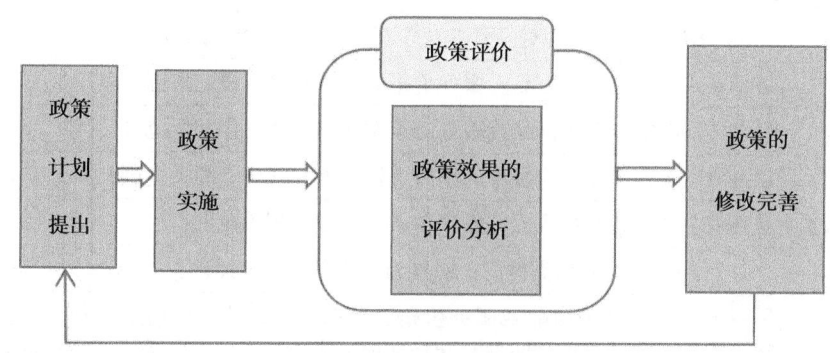

图9-1 日本的政策评价制度
来源：日本总务省官网，笔者整理。

此后，为了进一步提高政府规制的质量，2009年日本在参考OECD《竞争评价工具书》（2007年）基础上，结合英国、澳大利亚、EC等国家和地区的实施经验，开始探索建立本国的竞争影响评价制度。2010年4月，日本试行Checklist分析手法。在公正交易委员会的积极参与和协助下，日本总务省公布实施方案，正式实施竞争影响评价制度。竞争影响评价制度要求所有政策在立改废时,都需要在事前政策评价中对竞争影响进行分析,并作为政策成本之一综合考量。具体来说,将政策法规等出台前的竞争影响分为3种类型:第一,对经营者数量和范围的影响;第二,对经营者竞争能力(手段、活动)的影响;第三,对经营者竞争动力的影响。针对3种影响类型,设置"十一问"(Checkilst)分别进行影响评价(表9-1)。

表 9-1　Checklist 分析手法

指标	说明
竞争影响类型一:对经营者数量和范围的影响	
指标1	政策法规是否指定只有特定经营者或者特定经营者团体从事相关经营活动?
指标2	满足许可条件的经营者数量有限,是否导致经营者数量减少?
指标3	是否限制或者固定竞争者的经营活动范围?
指标4	是否导致提高既有经营者的经营活动成本或导致既有经营者退出相关市场,或者提高新进入者的市场进入成本、阻碍新进入者的市场进入,或者对部分既有经营者、新进入者带来相关影响?
竞争影响类型二:对经营者竞争能力(手段、活动)的影响	
指标1	是否导致固定经营者商品、服务价格或者限制价格设定范围?
指标2	是否导致限定经营者商品或服务的类型、品质或设定相关范围?
指标3	是否限定经营者商品或服务的制造、销售方法或设定相关范围?
指标4	是否限定经营者商品或服务的广告方法或设定相关范围?
竞争影响类型三:对经营者竞争动力的影响	
指标1	是否导致经营者的商品或服务价格、生产成本、数量等信息被其他经营者知晓,或者导致经营者之间信息交换从而减少竞争者的竞争动力或增加回避与其他经营者竞争的动机?
指标2	是否由于增加消费者的转移成本,导致经营者之间竞争动力的减少?
指标3	是否由于限制了消费者对商品、服务的选择项及相关信息,导致经营者之间竞争动力的减少?

来源:日本总务省行政評価局『規制の事前評価における競争状況への影響の把握・分析の試行の実施について』[262]。

在制定和实施这两项制度时,公正交易委员会与产业政策部门都积极参与,共同探讨制定具体实施方案,体现了产业政策部门尊重竞争政策、追求政策制定科学性的积极、开放的态度。日本《独占禁止法》第44条第2款规定:"公正交易委员会对于实现本法目的的相关事项,可以经由内阁总理大臣向国会提出意见。"此条规定从法律层面保障了竞争执法机关具有相对独立且较宽泛的管辖权限。在竞争评价制度的具体实施中,虽然各省厅(部委)实行自我审查的评价模式,但是各个省厅会在自我审查并填写完成竞争评价Checklist后,连同《政策事前评价书》提交给总务省。总务省会将竞争评价Checklist交给公正交易委员会,由公正交易委员会对政策法规对竞争状况的影响分析进行审查和监督,并提出改正意见(图9-2)。对于所有政策在实施前开展政策评价过程中,作为竞争政策执法机关的公正交易委员会都积极主动参与,与总务省进行密切合作,发挥了重要作用。日本竞争评价制度Checklist的最初草案及操作手册由公正交易委员会制作而成,向各省厅公布。各省厅在具体实施过程中,对政策所带来的竞争影响把握不准确时,可以寻求公正交易委员会的协助。

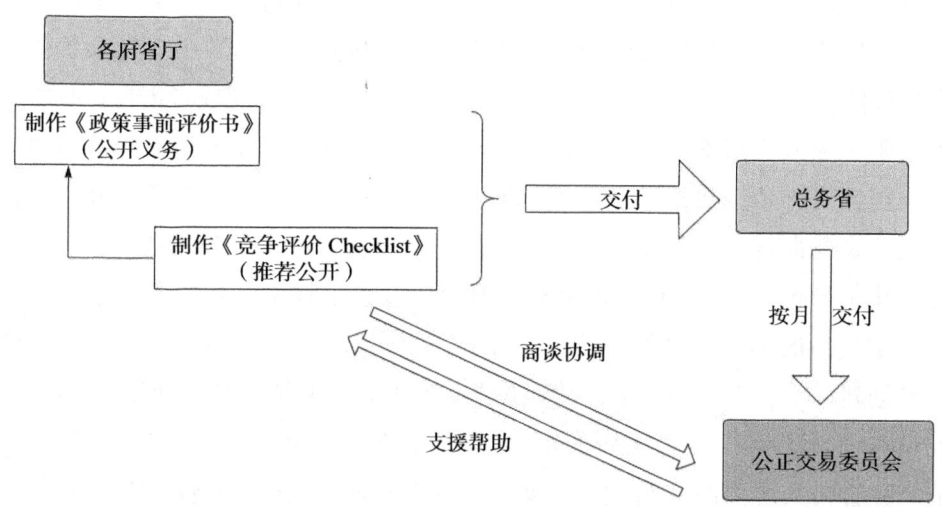

图9-2　日本的政策评价制度和竞争影响评价制度
来源:根据日本总务省官网,笔者翻译、绘制。

第十章 创新理念要因

熊彼特提出的"创新理论"将"创新"视为启动和保持资本主义发动机运转的根本推动力,是资本主义企业创造的新消费品、新生产方法或运输方法、新市场、新产业组织的新形式[263]。我国学者将其理论进一步发展,从价值创造的角度,认为创新是复杂的价值创造过程,包括科学价值、技术价值、经济价值、社会价值和文化价值的创造过程,涉及科学探索、技术开发、方法创新及其商业化应用与社会推广活动。创新是通过特定活动创造新价值的过程,例如,科学探索和技术开发活动能够创造新的科学价值和技术价值,科技成果商业化和社会广泛应用能够创造新的经济价值、社会价值及文化价值[264]。其中,科学价值主要表现为科学知识的发现或者创造;技术价值主要表现为新知识的应用,包括新产品、新技术、新工艺等;经济价值主要表现为新产品、新技术、新工艺带来的经济价值增加;社会价值和文化价值主要表现为新产品、新技术、新工艺,以及创新过程带来的社会公益价值和文化引导价值[264]。创新活动的范围远超过科学技术,其中与科学技术具有密切关系的创新活动被称为"科学技术和创新",有时直接简称为"科学技术创新"[265]。日本在 2011 年发布的《第四期科学技术基本计划》(2011—2015 年)中,将"科学技术创新"定义为实现知识价值、文化价值、经济价值和社会公共价值的变革过程,即"以科学发现、发明等产生的新知识推动知识、文化价值的创造,通过新知识的发展实现经济价值、社会公共价值的变革"。

产业政策和竞争政策同属于政府推动创新实现的重要手段[7],但是,两种政策对创新的作用机制各不相同,创新对两种政策工具的需求也各有侧重(表 10-1)。

表 10-1 创新对两种经济政策的需求

对比方面	创新动力	创新能力
影响要因	①实施创新的成本/风险 ②不实施创新的收益 ③实施创新的预期收益	①大企业：人、财、物、技术等创新资源优势； ②小企业：技术竞争等潜在创新能力
理想状态	①②越小，③越大，创新动力越强	①②具有不同的创新能力，摒弃规模决定论
经济政策	产业政策：降低①、提升③。由政府分担部分创新成本/风险，提供产权制度保障 竞争政策：降低②、提升③。维持市场的开放性，规制经营者的垄断行为，规制行政垄断行为，规制不正当竞争、与知识产权法等互补	产业政策：提供创新资源支撑，为中小企业提供多方面创新援助等 竞争政策：维持市场的开放性，提供自由、平等的市场竞争环境，促进创新资源开放流动，实现经济民主目标，对产业政策实施监督和审查

来源：笔者绘制。

一、创新动力维度

影响创新动力的要因主要体现在：①实施创新的成本或风险；②不实施创新（或维持现状）的收益；③实施创新的预期收益之间的差。①②越小，③越大，创新动力越强。如果在决定是否实施创新之前，潜在创新者面临的①较高，或者②较大，并且③实施创新的预期收益很少，其更加有可能选择维持现状，而回避创新投入。其中，导致①增大的原因可以包括创新需要较大的资金、设备、时间等成本投资，存在较大的研发失败风险等。导致②增大的原因，例如企业已经拥有市场垄断地位，缺乏其他竞争者或潜在竞争者，即使不实施创新也可以维持较高的稳定收益，其创新的动力减弱。导致③小的原因主要包括，即使实施了创新，但也无法超越已经在位的企业，或者无法获得市场消费者的认可（市场存在网络规模效应、新旧产品之间存在较高的转换成本等）；或者即使实施创新，研发出了获得市场认可的产品，但是很容易被其他企业模仿（知识产权保护不完善等），也较难获得收益[266]。因此，只有当①或者②较小，③较大时，创新动力才会较强。

对于提升创新动力，产业政策的功能主要聚焦减少①和提升③创新的预期收益，重在引导或激励企业等主体的创新意愿，减少创新顾虑，为创新提供引导力。尤其对那些未来收益不明朗、需要较大资本和较长研发周期的技术创新领域，更加需要政府给予资金、技术、政策上的激励，由政府分担部分创新成本/风险，降低企业进行创新的成本负担和风险担忧。例如，税收政策主要是通过对企业研发资本投入及人力资本投入的影响来提升企业的创新动力。其中，在研发资本投入方面，税收政策通过研发费用加计扣除、加速折旧及对符合条件的企业采取优惠税率等方式，都可以对企业研发资本的使用成本产生影响，有利于促使企业增加研发资本投入；对于人力资本供给，在个人所得税方面的优惠，有利于增加从事创新活动劳动力的供给规模；对于人力资本需求，通过税收政策降低企业使用人力资本的成本，激励企业增加对从事创新活动劳动力的需求[267]。对于提升③创新的预期收益，如前所述，需要政府制定稳定、合理的产权保护政策和制度保障，通过《著作权法》《专利法》等知识产权法赋予一定时期的知识产权等，使创新者能够对创新成果的产权或未来收益等相关合法权益建立一定的稳定预期。

相比产业政策，竞争政策对于提升创新动力的作用机制主要聚焦降低②和提升③，具体包括：

第一，维持市场的开放性，使其他创新者具有进入市场的可能性。正如熊彼特所指出的那样，普遍的自由竞争偶尔会被创新带来的垄断所打破。但是，竞争政策的核心目标并不是打破既有经营者已经拥有的市场垄断地位，也不是强制某一市场一定形成完全竞争的状态，而是为潜在市场竞争者提供公平、自由进入市场的机会，使其能够具有通过创新进入市场、获得市场收益的预期和可能性，而不是单纯指实际上已经发生的竞争的激烈程度。这体现了竞争政策具有维持和促进动态竞争的功能目标[268]。

第二，禁止具有排除、限制市场竞争效果的垄断行为。可以将竞争法中所规制的"垄断"分为两大类。一类与经营者是否具有垄断地位密切相关，即需要考虑市场结构。这类行为或者以经营者已经具有市场支配地位为前提，如我国《反垄断法》所禁止的"滥用市场支配地位行为"、日本《独占禁止法》所禁止的"私人垄断行为"；或者对未来形成市场垄断地位、带来垄断风险实施预防性措施，如我国《反垄断法》中对经营者集中的审查规制、日

本《独占禁止法》中对"企业合并"的审查规制。另一类与经营者是否具有垄断地位关系不大,不需要考虑市场结构,重在规制行为本身,如我国《反垄断法》所禁止的垄断协议行为、日本《独占禁止法》所禁止的"不正当限制交易"和"不公正交易方法"等。实施这些行为本身就构成违法("当然违法"),而不论经营者的市场份额如何,诸如具有竞争关系的经营者之间存在意思联络,共同实施价格合谋、联合抵制、分割市场等行为。对于第一类行为,竞争法和竞争政策本身并不反对创新者通过自身能力或创新行为,采取正当方式获得市场垄断地位,因为这本身也属于创新动力中③创新预期收益的体现之一。但是,如果企业获取市场垄断地位的方式方法不正当,或者已经占据市场垄断地位的企业,为了维持或强化其市场垄断地位,不正当地实施阻碍、限制其他竞争者进入市场或者不正当地将与其具有竞争关系的经营者排除出市场等行为,排挤市场竞争对手,其本质是通过自身实施创新以外的不正当手段维持垄断收益(维持②),损害其他创新者的创新收益(减少③),最终也会导致市场整体创新动力的损耗。对于第二类行为,虽然不一定要求经营者具有市场垄断地位,但是,具有竞争关系的经营者之间的合谋等行为本身,或者是为了提升②不实施创新(或维持现状)的收益(提升②),或者是降低其他创新者③实施创新的预期收益(减少③),将会直接影响行为人及其他竞争者的创新动力。因此,有必要通过实施竞争政策,分析经营者的具体行为对其他创新者创新动力的深层影响,为激发和维持其他创新者的创新动力扫清障碍。

第三,对产业政策或政府干预行为的监督。创新动力的削弱也可以来自政府的干预行为,甚至也包括一些具有产业政策法依据的所谓"合法"行为。我国的《反垄断法》将其称为"行政垄断行为"①。如果市场被政府或产业政策等设定了严格的进入门槛,例如,通过政府的行政垄断行为、不合理的产业政策干预等,人为赋予特定经营者一定的垄断地位,使这些企业能够通过国家无偿拨付、优惠政策等得到资源和特许垄断权,形成自己独特的"成本优势",参加追逐市场利益;或者凭借国家授予的行业行政管理、监管的执法权力,设置市场进入壁垒,削弱社会其他创新者的参与机会和意愿[269]。这些

---

① 详见我国《反垄断法》第五章:滥用行政权力排除、限制竞争。

行为不仅仅会使在位垄断者缺乏竞争压力和创新动力,使其通过维持现状即可获得收益(②变大),更会导致市场存在封闭性,其他创新者的市场参与动力被抹杀(③变小),直接损害实施创新的动力。因此,竞争政策基于维持市场的开放性、促进公平自由竞争的角度,肩负着对产业政策实施监督、评价的职能。

此外,为了确保创新者创新成功后能够获得预期收益,我国通过《反不正当竞争法》,日本通过《不正当竞争防止法》《赠品标识法》等禁止实施假冒他人产品、误导消费者、侵犯商业秘密等不正当竞争行为,与《著作权法》《专利法》等知识产权法等形成互补关系,通过提高③创新预期收益发挥激励创新的作用。

二、创新能力维度

创新能力(Capability)是考察创新主体实施创新活动并创造经济社会价值的能力。研发投入、部门间知识传递效率、外部知识的获取能力、政府科技资源的配置等是创新能力的重要影响因素。综合来看,这些要因主要考察创新者所拥有的人才、资金、知识、试验设备、信息数据等创新资源的实力条件。创新能力包括资源能力、结构能力及两者之间的耦合能力等[270]。创新能力的实现和提升有赖于创新资源的物质条件保障,对创新活动的实施共同发挥有机的、系统的作用[271]。围绕创新能力,其中一个典型的争论就是究竟是大企业还是中小企业更加具有创新优势,即企业规模与创新能力的关系。熊彼特在《资本主义、社会主义和民主》中提出经济稳定性的问题,垄断被熊彼特称为经济稳定器,一个完全竞争市场中的企业更容易被新企业打垮,相比之下,处于垄断地位的大企业有利于发挥稳定经济作用[272]。熊彼特认为,大企业具有规模优势,在研发经费投入、技术基础、研发人才、吸引投资等诸多方面相比中小企业都具有优势,因而更加能够抵抗创新活动的高投资、高风险、长周期等特性。然而,在现实中,单纯的"规模信仰主义"已经逐渐受到冲击。美国的微软公司、苹果公司等都是人们津津乐道的创新型小企业成功的案例。21世纪的当下,随着大量分布式、分散式技术的发展以及数字经济的到来,越来越多的小企业拥有更多的创新机会和可能性。风险投资、云服务、平台型商业模式、组织结构模块化等新型资本和技术环境的完善,为这些中小企业实现创新提供了重要的能力支撑。中小企业也能够成为与大企业相匹敌的创新劲敌,在技术路线、价值创造、经济社会课题解决等诸多方面,都具有实现创新的巨大潜能。创新资源影响创新能力,但是,大企业获得并投入了大量创新资源,并不意味着必然获得创新能力。获得较好的创新产出和市场价值,不代表实现了创新绩效。因而,如何设计和改善政策制度环境以提升创新能力,需要更加客观、辩证地思考。

从产业政策的角度来看,政府实施产业政策的核心目标是提升包括科研机构、大学、企业及个人等创新主体的科技创新能力和潜力。即使一些国家政府的产业政策实施手段发生诸多变化和调整,由直接干预转为间接干预,由选择性产业政策转为功能性产业政策,但并没有改变产业政策为促进人才、知识、技术、资金等各类创新要素的流动和良性循环、为主体更有效实现创新提供条件保障的功能定位。从实践来看,很多产业政策以促进技术创新活动为实现产业经济发展的重要手段,鼓励和推动相关主体有效参与以创新为基础的经济活动,并为之提供科研、商业化、资金、教育、税收、贸易、知识产权、政府采购及其他综合性制度政策保障。日本政府实施的诸多产业政策中,很多都是产业技术振兴政策,被称为"产业技术政策",本质是一种产业创新政策。弗里曼对日本国家创新系统的研究中,具体列举了通产省作为产业政策制定和执行部门,在官商协调的传统体制下,为促进产业技术创新,在制定长远战略发展目标、实施技术预见、遴选未来技术领域、促进技术引进和改良、提供技术情报和商业信息、重视教育和培训、提供资金外汇、原料采购、土地和基础设施、引导企业强化质量控制、规范生产管理流程等方面的相关举措。不论是采用直接的干预手段,向创新者投入人、财、物等各类创新资源,还是通过间接手段,侧重为创新资源的集聚、流动等提供生态环境,以政府视角或结合市场机制的政府管理视角(即"有组织的管理")来影响或干预创新资源的配置,依然是其核心手段。产业政策赋予自身的核心职能是,在市场配置创新资源的功能无法很好发挥作用时,通过干预手段实现创新资源的优化配置,为创新主体提供创新要素和资源支持等"推动力"。关于基础研究、人才智力、税收财政、金融资本、知识产权、信息资源等旨在提升创新能力的各类政策，依然受到资源禀赋决定创新能力观的影响。

竞争政策的本质并不是为了直接满足特定需求，而是通过维护一个公平、自由的竞争环境，保障每个创新主体公平拥有多样化提升创新能力的选择、自主追求各自目标的机会。首先，维护市场的开放性，提供不同规模企业平等参与竞争的机会。从竞争政策的角度来说，不论企业的规模大小或企业拥有、获取资源的能力如何，保持市场的开放性，为中小企业提供平等的市场竞争环境和竞争条件，使所有企业能够公平、自由地进入市场并展开竞争，是其核心职能。其次，对扰乱创新资源市场竞争行为的规制。创新资源虽不必然带来创新绩效，但是，对创新资源的占有是重要的前提条件，因此，创新者对人才、资本等创新资源的争夺也异常激烈。通过正当的市场竞争手段获取创新资源无可厚非，但是，如果通过违背公平、自由竞争的手段，旨在妨碍竞争对手获取人才、资源、设备、数据等重要的创新资源，将会直接影响竞争对手创新能力的提升。例如，我国的深圳"酷米客"诉"车来了"案件[①]、微博诉脉脉不正当竞争案[②]、美国的 Hiq Labs, Inc. V. Linkedin Corporation 案[③]，以及近期频繁出现的一些大型互联网平台企业通过技术性手段屏蔽网址链接，人为制造平台之间的数据流动壁垒等行为。由于数据成为企业创新的重要资源，一些经营者试图通过数据"圈占"，达到阻碍竞争对手获取创新资源，削弱其创新能力的目的[273-274]。因此，从促进创新的角度，需要维护公平、自由的市场竞争秩序，把握数据合理保护与防止数据垄断之间的平衡。竞争政策在维护创新资源市场的公平、有序竞争，促进资源的自由流动，规制各类反竞争行为方面发挥着越来越重要的作用。再次，实现和维持经济民主的政策目标。如前所述，在日本的竞争政策中还拥有实现经济民主的价值理念和政策目标，保留了一些对大企业这种垄断状态实施结构性规制的内容，以及对中小企业、农业等弱势产业、特殊组织等实施的一些"非对称措施"的规制内容，这也是竞争政策的重要职能体现。我国的《反垄断法》

---

① 广东省深圳市中级人民法院民事判决书（2017）粤 03 民初 822 号。
② 北京知识产权法院民事判决书（2016）京 73 民终 588 号。
③ HIQ LABS, INC. V. LINKEDIN CORPORATION, case 3：17-cv-03301-EMC.

中，也对满足一定条件的中小企业行为实施适用豁免（第十五条）、对农业经营者和农业组织等的行为实施适用除外（第五十六条）。

此外，竞争政策还负有对产业政策配置创新资源的监督作用。与创新动力维度的分析一样，在提升创新能力方面，竞争政策也拥有对产业政策配置科技资源行为实施监督的职能。一项配置科技资源的产业政策的出台是否会引发创新主体之间的竞争公平性问题？遴选的机制、程序、标准等是否符合科学、公正、公平、公开原则？尤其在当下较为单一、封闭的计划科技资源配置制度体系下，科技资源的管理及配置呈现条块分割、纵向管理的封闭模式，科技资源的配置取决于政府的认识和判断，难以保障其能够实现优于市场机制的配置效果[275]。因此，对政府基于产业政策所实施的影响创新资源配置的相关行为予以监督和评价，也属于竞争政策的职责范围。

结　语

中国的产业政策取经自日本，动态认识日本产业政策及其与竞争政策的关系，意义重大[46]。为了尽量厘清产业政策与竞争政策之间的关系，更清晰明辨两者之间的异同，本书以日本的产业政策与竞争政策为研究对象，主要从以下3个方面展开了论述：第一，分别对两者的概念界定、关系变迁、发展现状、应对措施等展开系统梳理与考察；第二，选择传统产业（电力产业）与新兴产业（数字产业）作为两种典型案例，结合理论考察进一步做实践论证；第三，透过现象分析本质，从日本的政治体制、决策机制、创新理念等3个方面追溯成因。作为本书的结语，结合我国当下，笔者分别从现状与未来两个角度，对我国产业政策与竞争政策之间关系争议的一些要因进行探析，并对创新时代两者面临的挑战及其未来应对趋势进行展望。

一、关于现状与问题

对于产业政策与竞争政策关系的讨论，往往很容易引发争议，大致与以下三种现象存在一定关联。

第一，两者在概念范围上存在模糊地带，对一些基本概念的理解和运用也存在不统一之处。对"规制""垄断""反垄断"甚至"产业政策""竞争政策"本身的认识也存在分歧之处。这些词并非严格、规范的法律用语，经济学、管理学、法学等不同学科基于不同的视角对其开展研究，甚至同一学科内部也尚未形成较为稳定的统一共识[276]。基于宽窄不一的概念框架所展开的讨论，逻辑自成一派，容易陷入各执一词的尴尬境地。就广义的产业政策而言，其可以包括影响一国产业或竞争力的所有政策[26]；或是，政府为了实现某种经济和社会目标而制定的具有特定指向的总和[28]。而这种特定指向，是否包含以禁止垄断行为、促进经济繁荣为目标的竞争政策尚未明确。如果将竞争政策也做相应的广义界定，甚至包含产业政策中以促进竞争机制、改善竞争环境等为目标的相关内容，那么竞争政策与产业政策的关系必然难以厘清，并容易导致掩盖竞争政策与产业政策在规制理念层面等具有的显著差异。

第二，在较长时间跨度内，两者并非一成不变，各自展现独特的发展历程，两者之间的关系也呈现动态变迁特征，对两者关系无法作简单的静态定性。尤其当产业政策将职能定位由直接干预产业结构，拓展至推进经济体制改革、完善产业发展宏观环境等方向时，带有促进竞争目标的新型产业政策开始变得常见，产业政策与竞争政策在规制目标、规制行为类型等方面开始出现竞合的情形，两者之间的关系更加无法被简单划一。同时，两者均不是完美、理想的规制手段。伴随一国经济社会发展目标、技术经济范式、国际竞争格局等方面的诸多变化，在谋求更好促进本国经济、社会进步，实现创新驱动发展，并为全球经济社会的可持续发展作出贡献的过程中，两者都正在面临不同程度和不同类型的挑战。对两者各自的应有样态以及两者未来关系的把握，应该秉持开放、动态、灵活的认知理念。当下，全球范围内正展开新一轮关于产业政策与竞争政策关系的讨论，也是对两者关系在新时期相关发展变化的重新认识。

第三，存在忽略政策与法之间关系的问题，助推两者概念界定和关系探讨中的混乱。对于法治国家来说，法律是维持社会运行和调整社会成员之间关系的基本规则。不论是产业政策还是竞争政策，都属于一国实施经济政策的政府行为，支撑该政府行为正当、规范实施的法律法规及其他规范性法律文件，是最为核心的依据。如果将政策与法律混为一谈，泛泛而谈两者之间的关系，不仅不利于厘清产业政策与竞争政策的概念范围，还容易导致忽视产业政策本身是否具备合法性的问题。因此，对产业政策与竞争政策概念范围的界定，应该以两者所赖以存在的法律体系为根本依据。讨论产业政策与竞争政策的关系，归根到底是在讨论相关支撑法律之间的关系。从这一点来说，产业政策与产业政策法、竞争政策与竞争法可以作为通用的概念，应该

以产业政策法、竞争法等法律作为两者的界定依据和判断标准。两者之间的关系落在法律的规则世界里，主要由法的位阶来决定，即任何没有明确法律依据的产业政策，都无法对抗《反垄断法》等竞争法。任何具有明确法律依据的产业政策在出台之前，也需要兼顾不同法律之间的平衡，而不能随意制定。如果将《反垄断法》等竞争法作为一国的"基本法"或西方国家所提出的"经济宪法"，那么，即使具有法律依据的产业政策，其也不得违背作为"经济宪法"的《反垄断法》基本理念。秉持对政策与法之间关系的理性认识，从立法层面提升产业政策制定和实施的法制化、规范化，可以减少产业政策与竞争政策关系探讨中很多不必要的纷争。

二、关于未来与挑战

当前，全球经济格局进入深度调整期，全球化、信息化浪潮与全球产业分工调整的趋势交织并进，资源环境和气候变化的瓶颈制约日益突出，包括中日两国在内的越来越多的国家开始意识到，推动经济发展从生产要素驱动和投资驱动转向创新驱动的重要性和迫切性[277]。借助新一代信息技术衍生出的新产品、新服务和新商业模式，颠覆了原有的价值创造方式，传统工业经济时代的加工价值论逐渐演进为创新价值论[199,278-279]。作为经济增长的动力和源泉，"创新"已经成为当前时代的政策高频词，全球范围内冠以"创新"的长期战略相继出台。产业政策与竞争政策对推动创新的不同作用机制、创新时代对两种经济政策提出的新要求和新挑战，成为两者跨越对立冲突、逐渐走向协调互补的重要基础。在创新政策体系的大框架下，两者能够且应该互为补充，共同成为推动一国实现创新发展的重要手段（图11-1）。因地制宜、与时俱进、动态调整政府规制的具体实施手段，为创新提供适配的制度环境，是伴随政府规制始终的挑战。

产业政策和竞争政策各自所面临的挑战，为两者超越冲突、实现互补提供了新的契机。

对于产业政策来说，创新时代对其提出两大挑战。一是，如何科学评价产业政策对创新产生的实际效果（产业政策评价）。即，考察产业政策所实施的各种举措,是否真正实现了创新成果在产业领域的充分利用,是否真正转化为现实生产力,对经济社会是否产生了实际效益等。二是,技术经济范式转变的新形势下,产业政策如何做出适当的动态调整(产业政策调整)。两大挑战存在联系,都是对"理想的产业政策"的追问。

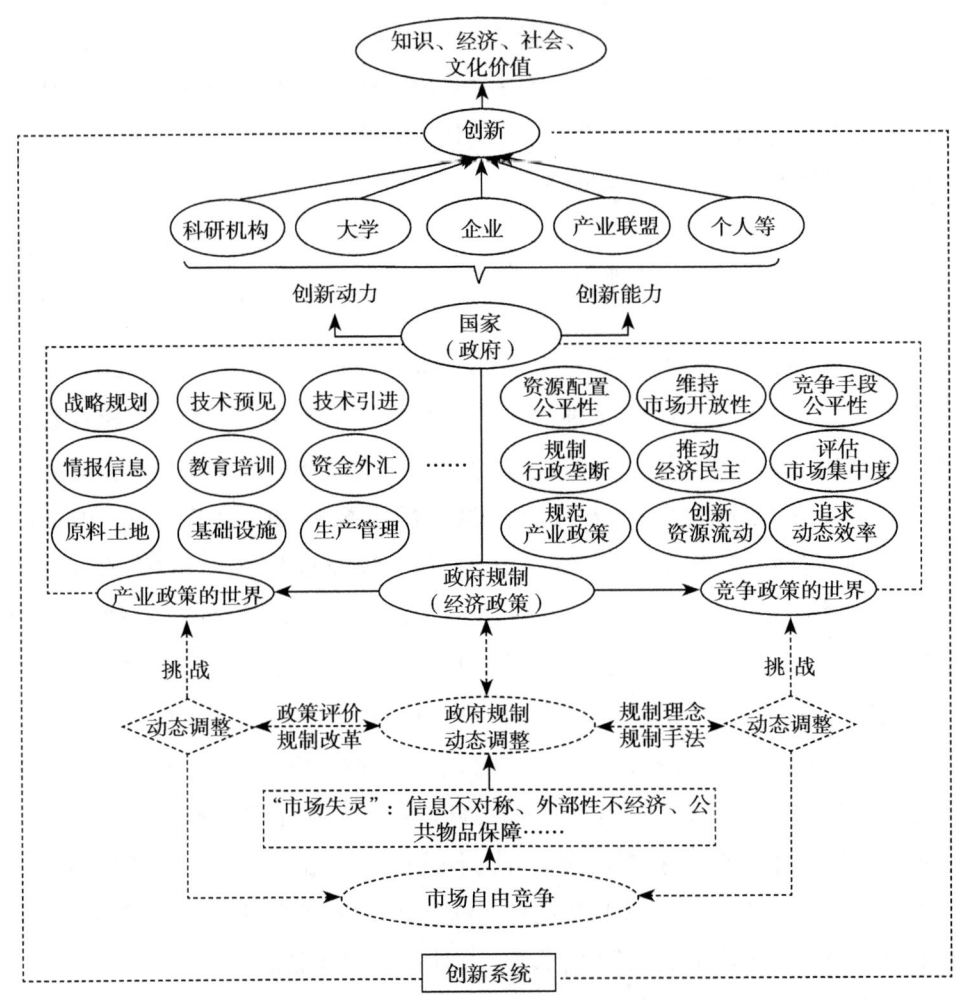

图11-1 创新系统下的经济政策

注：作为政府规制的政策手段,还存在其他经济政策和社会性政策,本书聚焦产业政策和竞争政策两种经济政策,因此,在本图中对其他公共政策暂不探讨。

来源：笔者绘制。

结 语

关于挑战之一：对产业政策的评价。

产业政策致力于提升创新者的创新动力和创新能力，但是，创新动力和创新能力的拥有，并不必然带来创新绩效的实现。例如，我国科技创新资源配置中部门配置色彩浓厚，部门之间切割配置资源，再加上政府部门之间的分散、缺乏协调性，竞争的官僚主义往往导致部分措施、基金计划和科技项目等交叉重复投资，创新资源的浪费等不良现象滋生，大大影响了科技创新的产出[275,280]。从科技进步对经济发展的实际促进作用来看，与当前研发投入的高比例并不相适，存在"中国创新悖论"，部分核心关键技术受制于人的状况没有根本改变，阻碍科技与经济结合的体制机制障碍仍然存在[281]。日本也曾经面临同样的问题，在追赶时期，日本的科技政策主要以追赶欧美等先进国家为目标，为实现最广泛领域的追赶目标，在设定研发方向、选择研发领域及制定相关措施时，并没有更加深入、系统思考科技资源配置的综合性和战略性。对科技政策整体战略定位考虑不足，导致有限预算资源的过于分散，缺少对技术领域聚焦发展的考量，创新成效并不突出。此外，这一时期，日本政府的科技政策与民间技术开发产业政策呈现分离式发展。虽然这一时期日本在很多领域的技术实力已经处于世界领先位置，具备较强的国际竞争力，然而，这并不是政府科技政策产生的推动效果，更多的是企业自身应对市场竞争、不断提高企业技术研发投入、强化企业技术创新能力的结果。日本政府实施的科技政策对国民经济产生的实际推动效果并不显著[250]。

实际上，对产业政策实施效果的评价，自始至终伴随挑战，政府对于科技产业政策及措施的这类反思也一直存在。虽然学界普遍认为，日本政府实施的一系列产业政策对其成功发挥了重要作用[8]，例如，Johnson 将日本"奇迹"成因归结为日本政府及其产业政策对国民经济的积极干预；Freeman 认为日本政府发挥"引导之手"，在尊重市场自由竞争原则基础上，主动策划提出长期战略目标，服务产业技术发展，促进了高新技术的创新[7]。但是，对于究竟是政府主导的产业政策还是企业等产业界自身的创新推动了经济的发展，存在不同的声音，尤其是日本本国学者的反思。例如，Hiroyuki 在 Nelson（1993）中指出，相比产业政策推动日本取得成功的作用，私营产业部门的主导作用、日本公司在管理制度上的创新更为重要[282]。小田切和后藤（1996）考察钢铁、汽车、信息通信等领域实现自主研发的过程，虽然肯定了产业政策的作用，但更强调日本企业内部研发活力这一要因[9]。野中和永田（1995）也强调企业基于开放性特性，在国家创新系统中发挥了极为重要的作用[10]。

关于挑战之二：产业政策的调整。

近年来，伴随技术经济范式转变、经济社会结构变化，国家创新系统面临调整与重构，对既有的产业政策带来新的调整课题。对于日本来说，自20世纪90年代以来，日美经济增长各要素贡献率都开始发生逆转，日本既有的"追赶型"国家创新系统的弊端逐渐呈现。日本迄今为止取得成功的很大因素是由于"追赶型"国家创新系统的优越性，这是支撑日本创造经济奇迹的制度保障[7]。但是，以技术进步为基础的经济全球化、信息化、网络化、知识化的新技术经济范式，与以赶超为目标、在工业经济时代构建的国家创新系统间不匹配、不协调乃至矛盾，降低了国家创新系统的效率，影响了新技术的应用、传播与普及，造成了日本创新的缓慢与经济的停滞，成为日本国家创新系统必须面对的课题[250]。进入21世纪以来，尤其是数字经济时代的发展，云计算、人工智能、大数据等新一代信息通信技术与社会经济生活融合重构，数字经济在基础支撑、技术特征、组织结构、产业组织等方面都有别于传统经济，带来经济社会的连锁变革，引发新一轮技术经济范式的转换。技术创新和演化的不确定性、产业组织模式和社会发展的不可预测性等，对产业政策提出了新的挑战[179]。传统上基于垄断、信息不对称、外部性、公共产品、信息安全等因素而产生的政府规制需求发生了根本变化，引发对政府规制理念及其规制范围的反思和调整，从强化规制转向放松规制，实施政府规制改革势在必行[283]。例如，中日两国都对是否修改交通运输产业的传统规制内容，放松或修改带有产业保护属性的市场准入规制和价格规制，引入市场竞争机制、允许共享出行Uber等新型市场经营者进入交通运输市场等展开过讨论[79]。

对竞争政策来说，创新时代为其带来两方面的挑战：一是创新与竞争的关系仍没有理顺，反垄断规制中留有部分结构主义分析思维，导致竞争政策与创新关系依然存在争议（理念层面：反垄断法分析中的创新定位问题）；二是为应对数字经济时代，反垄断法在分析手法、判断标准等方面需要适当调整的问题（分析手法层面：反垄断法如何自我完善）。

关于挑战之一：理念层面，反垄断法分析中的创新定位。

如前所述，竞争法的分析范式中，对于垄断协议、不正当竞争等行为的规制，不需要判断经营者是否具有垄断地位，直接按照行为要件定性。对于这类行为与创新的关系争议不大，规制这类行为与促进创新的目标具有一致性。但是，还有另外一类需要结合经营者是否具有市场垄断地位为前提或者以未来产生此类结果实施的预防性措施，包括滥用市场支配地位①、经营者集中。虽然此类规制仍然需要考虑具体行为，并非单纯地规制市场结构，但是，是否具有或导致垄断性市场结构仍然是重要的要件或规制门槛。对于那些具有或未来有可能导致市场结构过于集中的大企业，反垄断法对其行为给予更多的监督、警惕，大企业也承担着更多的社会监督。这类规制其实是一种部分留有结构主义思维的行为主义规制。相比中小企业，大企业在资源禀赋、信息搜集、规模经济等诸多方面都有显著优势，也拥有更大的市场操控力，同样的行为由大企业实施所产生的市场竞争影响更为巨大，对大企业进行重点关注无可厚非。此外，早期受到民主主义理念影响诞生的竞争法，也具有其独特的发展逻辑和目的意义。但是，这类留有结构主义分析思维的行为规制，恰恰成为引发竞争政策与创新关系复杂模糊的一大挑战。

对于什么样的市场结构更加有利于实现技术进步与创新？高集中度市场结构的危害是否必然损害创新？对未来出现市场集中风险的担忧是否不利于形成规模经济，从而损害创新？经济学和法学领域在理论、实证和司法实践层面一直存在争议[47]。在经济学领域，究竟是垄断型市场结构、垄断竞争型市场结构还是竞争型市场结构更有利于创新，经济学研究结论莫衷一是，如早期的"熊彼特—阿罗之争"。虽然创新与市场强度之间的"倒 U 形"关系似乎得到更多的支持，但尚无法将之称为定论[284]。近年来，经济学通过对强化竞争与提升效率之间的实证关系、强化国内竞争与提升国际竞争之间的实证关系等复杂关系的论证结果显示，从总体上看，强化竞争与促进行业创新

---

① 例如，我国《反垄断法》第 19 条规定，一个经营者在相关市场的市场份额达到二分之一的；两个经营者在相关市场的市场份额合计达到三分之二的；三个经营者在相关市场的市场份额合计达到四分之三的，可以推定经营者具有市场支配地位。企业的市场份额和市场规模是重要的判断标准。

之间关系获得实证分析的支持,通过改善反垄断和竞争执法可以促进创新,得到经济学的论证和解释[285]。在法学领域,较早时期,美国关于创新与反垄断的案件就不胜枚举,美国针对微软公司的跨世纪反垄断诉讼案也经常被人们拿来讨论反垄断法对垄断与创新之间关系让人难以捉摸的评判标准[286]。直到如今,两者关系的争议仍在继续,甚至引发一些认为反垄断会阻碍科技创新的极端观点[287]。正如美国司法部前助理司法部长马坎·德拉希姆(Makan Delrahim)担心的那样,"竞争政策的目标是保护自由市场竞争,从而保护消费者,如果轻率断定黑白,将会对创新、竞争过程和消费者造成很大的伤害"[288]。虽然在早期的一些司法判例中,"创新"作为抗辩事由由于缺乏实证依据和公信力而被否定,但是,当下,国内外的反垄断法司法和执法实践中,对"创新"的探讨色彩越来越浓,影响创新逐渐成为一个很重要的抗辩理由被提及。美国反托拉斯专家吉尔伯特和萨塞恩在1995年就指出,应该对"创新"在企业并购指南中给予重点考虑[289]。近年来,美国执法机构在对高科技行业经营者的合并提出异议时,普遍都会遇到关于创新效果的主张,"创新"已经成为美国并购政策中一个重要的考量要素,重点审查并购对创新投资的激励和创新能力有何影响及对市场产生的影响[290]。但是,各国的政府执法机构并没有对此进行更为深入的分析。我国在2022年新修订的《中华人民共和国反垄断法》中,首次将"鼓励创新"列入反垄断立法目标之中,体现了反垄断法对创新的关注。但是,也会导致竞争法立法目的的复杂化,出现不同目的之间出现冲突的可能,并引发在竞争法分析中如何定位创新,如何科学评价创新效果,以及如何分辨所谓"创新"行为与不正当竞争行为、限制竞争行为之间的界限等更为复杂的问题[291]。在国际社会普遍将技术创新能力视为决定本国国际竞争力重要因素的当下,竞争政策应该如何考虑对创新的影响,如何科学构建创新激励评价标准或者创新影响评价标准,仍然是一大挑战。在这种不确定之下,主张反垄断法需要秉持谦抑原则的观点越来越多[292-294]。根据上文基于创新动力和创新能力的维度对政策需求进行分析的框架,在评价具体行为是否会对竞争带来削弱影响时,还需要考察行为的具体内容对创新能力和创新动力带来的影响程度[295]。

关于挑战二:分析手法层面,反垄断法面临适当调整的挑战。

结 语

进入数字经济时代,全球范围的反垄断部门都面临着来自数字化双边平台、大数据、算法等新技术、新模式引发的新型垄断问题的挑战。数字经济颠覆了传统经济中的许多概念,平台企业挑战"经营者"的定义和"相关市场"的含义,大数据挑战对掠夺性定价行为和共谋行为的认定[296]。过去静态、单向的反垄断分析框架及判断标准很难适用于数字经济时代动态、跨界的平台经济,界定相关市场难度加大,市场支配地位认定困难[297]。例如,对于数字平台中"相关市场"的界定问题。界定相关市场的核心在于考察经营者之间或需求者之间在商品或服务属性、地域属性、时间属性等方面是否具有明显的替代性。但是,不同于传统的单边产品或服务市场,平台经济领域相关市场的界定普遍存在困难。多边平台是由多个相互关联但又有所差别的相关市场构成的综合性生态系统,平台经营的这些特点导致平台是一个由众多"相关市场"构成的复杂"市场"体系,不同平台之间处于"一个市场还是多个市场"难以一眼判断,不同主体之间很难一眼判断其蕴藏的竞争关系。如何在复杂的相关关系当中,区分出独立的产品、准确刻画出"相关市场"的边界,厘清几个相互关联的市场中的经营者或消费者之间是否存在替代关系,平台竞争的背景下界定相关市场具有一定的难度,需要考量的因素更为多元,包括平台功能、商业模式、应用场景、用户群体、多边市场、线下交易等。我国基于市场进入、技术壁垒、网络效应、锁定效应、转移成本、跨界竞争等因素,应考虑供给替代分析界定"相关市场"。此外,由于平台向两个不同的客户群体提供产品——其向两个不同客户群体所提供的产品,是两个独立的产品,分别构成独立的相关市场?还是向两边客户整体提供的内容构成一个独立的产品,并以此为基点确定一个相关市场?例如,在《国务院反垄断委员会关于平台经济领域的反垄断指南》中提出,"可以根据平台一边的商品界定相关商品市场;也可以根据平台所涉及的多边商品,分别界定多个相关商品市场,并考虑各相关商品市场之间的相互关系和影响"。这些都是数字经济时代,各国反垄断法在具体分析手法层面需要面临的新挑战,需要及时根据新问题做出适当调整。

对产业政策和竞争政策的传统规制理念和规制手法的冲击,是创新时代对新的政府规制模式需求的映射。对于产业政策来说,创新带来技术经济范式的转换，不论是强化提升创新动力还是集结调动创新要素，市场的力量正在成为主要的驱动力量，以解决社会问题、满足市场需求为导向的价值创造过程成为创新模式的主旋律。单纯依靠政府主导的激励措施和资源配置政策，往往无法达到理想的效果，相反有可能带来干扰创新资源市场配置和公平获取、引发"套利式"创新的虚假繁荣，需要竞争政策对产业政策公平性、合理性、透明性的审查与监督，实施竞争影响评价制度。对于竞争政策来说，伴随新一代信息技术等各类分布式、分散式技术的创新，相比传统工业经济时代，创新的呈现形式和达成策略更加复杂多样，对其竞争影响的分析更需要极强的专业性和技术性，以及更为迅速、更为灵活的判断手法与救济措施。在这方面，产业政策具有专业性、灵活性和及时性的优点，不失为弥补竞争政策偏于原则、缺乏产业特定性、救济措施滞后等不足的重要手段。政府规制以产业政策与竞争政策两种不同的作用机制推动着创新的实现，为创新提供制度保障；创新的实现又进一步对政府规制提出新的需求，推动产业政策与竞争政策优势互补。产业政策与竞争政策实现协调规制，为创新时代的政府规制带来转型思路。以上对日本产业政策与竞争政策协调规制及其相关经验的考察，希望能够对推动我国构建更加适宜创新的制度环境提供一些参考价值。

附录　法律和政策名称中日文对照表

序号	中文	日文
1	《IT新战略基本方针》	『IT新戦略の策定に向けた基本方針』
2	《JOGMEC法》	『独立行政法人石油天然ガス・金属鉱物資源機構法』
3	《标准化中专利池相关竞争法指南》	『標準化に伴うパテントプールの形成等に関する独占禁止法上の考え方』
4	《不当赠品和不当标识防止法》（简称《赠品标识法》）	『不当景品類及び不当表示防止法』（略称『景品表示法』）
5	《不公正交易方法的一般指定》	『不公正な取引方法の一般指定』
6	《不正当低价相关独占禁止法指南》	『不当廉売に関する独占禁止法上の考え方』
7	《不正当竞争防止法》	『不正競争防止法』
8	《产业结构转换顺畅化临时措施法》	『産業構造転換円滑化臨時措置法』
9	《成长战略跟进》	『成長戦略フォローアップ』
10	《承诺规则相关应对方针》	『確約手続に関する対応方針』
11	《大型零售商与供应商的特定不公平交易方法的实施准则》	『「大規模小売業者による納入業者との取引における特定の不公正な取引方法」の運用基準』
12	《电气产业再编成令》	『電気事業再編成令』
13	《电力管理法》	『電力管理法』
14	《电力国策纲要》	『電力国策要綱』
15	《电气事业法》	『電気事業法』
16	《电力系统改革方针》	『電力システムに関する改革方針』

续表

序号	中文	日文
17	《电气事业取缔规则》	『電気事業取締規則』
18	《电信产业法》	『電気通信事業法』
19	《电信业务个人信息保护指南》	『電気通信事業における個人情報保護に関するガイドライン』
20	《电信产业竞争促进指南》	『電気通信事業分野における競争の促進に関する指針』
21	《电信事业法案》	『電気通信事業法案』
22	《电信业个人信息保护指南》	『電気通信事業における個人情報保護に関するガイドライン』
23	《电源开发促进对策特别会计法》	『電源開発促進対策特別会計法』
24	《电源开发促进法》	『電源開発促進法』
25	《电源开发促进税法》	『電源開発促進税法』
26	《电子工业振兴临时措施法》	『電子工業振興臨時措置法』
27	《独立行政法人个人信息保护法》	『独立行政法人等の保有する個人情報の保護に関する法律案』
28	《独占禁止法第11条"认可银行或保险公司持有决议权等"相关指南》	『独占禁止法第11条の規定による銀行又は保険会社の議決権の保有等の認可についての考え方』
29	《独占禁止法第11条"授权债转股"相关指南》	『債務の株式化に係る独占禁止法第11条の規定による認可についての考え方』
30	《独占禁止法审查程序相关指南》	『独占禁止法審査手続に関する指針』
31	《发电设施周边地区整备法》	『発電用施設周辺地域整備法』
32	《防止串通招投标法》	『入札談合等関与行為の排除及び防止並びに職員による入札等の公正を害すべき行為の処罰に関する法律』
33	《分包费用延迟支付防止法》（简称《分包法》）	『下請代金支払遅延等防止法』（略称『下請法』）
34	《钢铁事业合理化法》	『鉄鋼事業合理化法』
35	《个人信息保护法》	『個人情報の保護に関する法律』

附录
法律和政策名称中日文对照表

续表

序号	中文	日文
36	《个人信息保护合规性程序相关要求事项》	『個人情報保護に関するコンプライアンス・プログラムの要求事項』
37	《个人信息保护审查会设置法》	『情報公開・個人情報保護審査会設置法案』
38	《公益事业令》	『公益事業令』
39	《共同研究开发相关竞争法指南》	『共同研究開発に関する独占禁止法上の指針』
40	《关于独占状态定义中"经营领域"的指南》	『独占的状態の定義規定のうち事業分野に関する考え方について』
41	《关于公共援助企业振兴的竞争政策指南》	『公的再生支援に関する競争政策上の考え方』
42	《关于家用电器产品流通中不正当低价、差别定价等的应对》	『家庭用電気製品の流通における不当廉売,差別対価等への対応について』
43	《关于金融机构业务范围扩大中的不公正交易方法》	『金融機関の業態区分の緩和及び業務範囲の拡大に伴う不公正な取引方法について』
44	《关于经营者等活动相关的事前商谈制度》	『事業者等の活動に係る事前相談制度』
45	《关于酒类流通中不正当低价、差别定价等的应对》	『酒類の流通における不当廉売,差別対価等への対応について』
46	《关于汽油等流通中不正当低价、差别定价等的应对》	『ガソリン等の流通における不当廉売,差別対価等への対応について』
47	《关于作品转售制度》	『著作物再販制度の取扱いについて』
48	《官民数据活用推进基本法》	『官民データ活用推進基本法』
49	《官民数据活用推进基本计划》	『官民データ活用推進基本計画』
50	《广播接收者个人信息保护指南》	『放送受信者等の個人情報保護に関するガイドライン』
51	《国民生活安定紧急措施法》	『国民生活安定緊急措置法』
52	《过度经济力集中排除法》	『過度経済力集中排除法』
53	《机械工业振兴临时措施法》	『機械工業振興臨時措置法』
54	《金融机构等个人数据保护处理指南》	『金融機関等における個人データ保護のための取扱指針』

续表

序号	中文	日文
55	《金融机构重组法》	『金融機関再建整備法』
56	《进出口交易法》	『輸出入取引法』
57	《经营者及行业协会参与公共投标活动的独占禁止法指南》	『公共的な入札に係る事業者及び事業者団体の活動に関する独占禁止法上の指針』
58	《经营者团体活动相关独占禁止法指南》	『事業者団体の活動に関する独占禁止法上の指針』
59	《经营者与律师秘密通信物品处理指南》	『事業者と弁護士との間で秘密に行われた通信の内容が記録されている物件の取扱指針』
60	《经营支配力过度集中公司的认可标准》	『事業支配力が過度に集中することとなる会社の考え方』
61	《可再生能源特别措施法》	『電気事業者による再生可能エネルギー電気の調達に関する特別措置法』
62	《滥用优势地位相关独占禁止法指南》	『優越的地位の濫用に関する独占禁止法上の考え方』
63	《联合运营高速巴士相关独占禁止法指南》	『高速バスの共同運行に係る独占禁止法上の考え方について』
64	《流通·交易惯例相关独占禁止法指南》	『流通·取引慣行に関する独占禁止法上の指針』
65	《面向第四次产业革命的竞争政策实施方式相关研究会报告书——以实现connected industries》	『第四次産業革命に向けた競争政策の在り方に関する研究会報告書~Connected Industriesの実現に向けて~』
66	《民营部门个人信息保护指南》	『民間部門における個人情報保護のためのガイドライン』
67	《民营部门计算机处理个人信息保护指南》	『民間部門における電子計算機処理に係わる個人情報保護に関するガイドライン』
68	《能源供给强韧法》	『エネルギー供給強靭化法』
69	《能源基本计划》	『エネルギー基本計画』
70	《农业协同组合活动相关独占禁止法指南》	『農業協同組合の活動に関する独占禁止法上の指針』

附录
法律和政策名称中日文对照表

续表

序号	中文	日文
71	《排除型私人垄断相关独占禁止法指南》	『排除型私的独占に係る独占禁止法上の指針』
72	《配电统制令》	『配電統制令』
73	《企业合并审查程序相关指南》	『企業結合審査の手続に関する対応方針』
74	《企业合并审查相关独占禁止法运用指南》	『企業結合審査に関する独占禁止法の運用指針』
75	《企业重组法》	『企業再建整備法』
76	《燃气交易指南》	『適正なガス取引についての指針』
77	《日本电信电话株式会社法案》	『日本電信電話株式会社法案』（略称『NTT法』）
78	《日本电信电话株式会社法及电信事业法施行相关法律整备等相关法律案》	『日本電信電話株式会社法及び電気通信事業法の施行に伴う関係法律の整備等に関する法律案』
79	《日本发电输电株式会社法》	『日本発送電株式会社法』
80	《日本再兴战略2016——面向第四次产业革命》	『日本再興戦略2016—第4次産業革命に向けて—』
81	《生活关联物资等买断囤积惜售紧急措施法律》	『生活関連物質等の買占め及び売惜しみに対する緊急措置』
82	《石油产业法》	『石油業法』
83	《石油供需调整法》	『石油需給適正化法』
84	《世界最先进数字国家创造宣言・官民数据活用推进基本计划》	『世界最先端デジタル国家創造宣言・官民データ活用推進基本計画』
85	《世界最先进IT国家创造宣言》	『世界最先端IT国家創造宣言』
86	《适用除外法》	『私的独占の禁止及び公正取引の確保に関する法律の適用除外等に関する法律』
87	《手机携号转网相关独占禁止法指南》	『携帯電話の番号ポータビリティに関する独占禁止法上の考え方』
88	《出口交易法》	『輸出取引法』
89	《数据与竞争政策相关研究报告书》	『データと競争政策に関する検討会報告書』

续表

序号	中文	日文
90	《数字平台规制基本原则》	『プラットフォーマー型ビジネスの台頭に対応したルール整備の基本原則』
91	《数字平台交易透明化法》	『特定デジタルプラットフォームの透明性及び公正性の向上に関する法律』（略称『デジタルプラットフォーム取引透明化法』）
92	《数字平台经营者滥用优势地位相关独占禁止法指南》	『デジタル・プラットフォーム事業者と個人情報等を提供する消費者との取引における優越的地位の濫用に関する独占禁止法上の考え方』
93	《数字平台消费者利益保护法》	『取引デジタルプラットフォームを利用する消費者の利益の保護に関する法律』
94	《数字平台型商业模式应对规则的基本原则》	『プラットフォーマー型ビジネスの台頭に対応したルール整備の基本原則』
95	《数字治理推进方针》	『デジタル・ガバメント推進方針』
96	《特定不景气产业安定临时措施法》	『特定不況産業安定臨時措置法』
97	《特定不景气产业离职人员临时措施法》	『特定不況業種離職者臨時措置法』
98	《特定不景气区域中小企业对策临时措施法》	『特定不況地域中小企業対策臨時措置法』
99	《特定不景气产业安定临时措施法》	『特定不況産業安定臨時措置法』
100	《特定产业结构改善临时措施法》	『特定産業構造改善臨時措置法』
101	《特定产业振兴临时措施法》	『特定産業振興臨時措置法』
102	《特定交易法》	『特定商取引に関する法律』
103	《特定经营者事业革新临时措施法》	『特定事業者の事業革新の円滑化に関する臨時措置法』
104	《特定情报通信技术系统开发和引入促进法》	『特定高度情報通信技術活用システムの開発供給及び導入の促進に関する法律』
105	《特定中小企业安定临时措施法》	『中小企業安定臨時措置法』
106	《特许经营体系相关独占禁止法指南》	『フランチャイズ・システムに関する独占禁止法上の考え方について』

附录
法律和政策名称中日文对照表

续表

序号	中文	日文
107	《体育行业转会限制的独占禁止法指南》	『スポーツ事業分野における移籍制限ルールに関する独占禁止法上の考え方』
108	《委托服务交易中滥用优势地位相关独占禁止法指南》	『役務の委託取引における優越的地位の濫用に関する独占禁止法上の指針』
109	《为自由职业者创造安心工作环境的指南》	『フリーランスとして安心して働ける環境を整備するためのガイドライン』
110	《未来投资战略2017——面向Society 5.0的改革》	『未来投資戦略2017—Society 5.0の実現に向けた改革—』
111	《未来投资战略2018》	『未来投資戦略2018』
112	《未来投资战略2017》	『未来投資戦略2017』
113	《消费者契约法》	『消費者契約法』
114	《协助调查减算制度运用方针》	『調査協力減算制度の運用方針』
115	《新产业结构远景》	『新産業構造ビジョン』
116	《新设许可认可等的审查和定期调整》	『許認可等の新設の審査及び定期的見直しについて』
117	《行政机关电子计算机处理个人信息保护法》	『行政機関の保有する電子計算機処理に係る個人情報の保護に関する法律』
118	《行政机关个人信息保护对策的方式》	『行政機関における個人情報の保護対策の在り方について』
119	《行政机关个人信息保护法》	『行政機関の保有する個人情報の保護に関する法律』
120	《行政机关个人信息保护法施行相关法律配置法》	『行政機関の保有する個人情報の保護に関する法律等の施行に伴う関係法律の整備等に関する法律案』
121	《行政指导竞争法指南》	『行政指導に関する独占禁止法上の考え方』
122	《循环利用相关共同举措的独占禁止法指南》	『リサイクル等に係る共同の取組に関する独占禁止法上の指針』
123	《医师会活动相关独占禁止法指南》	『医師会の活動に関する独占禁止法上の指針』

续表

序号	中文	日文
124	《与创新型企业开展业务合作的指南》	『スタートアップとの事業連携に関する指針』
125	《知识产权推进计划2017》	『知的財産推進計画2017』
126	《知识产权法》	『知的財産基本法』
127	《知识产权利用相关竞争法指南》	『知的財産の利用に関する独占禁止法上の指針』
128	《职业资格协会活动相关独占禁止法的考量方法》	『資格者団体の活動に関する独占禁止法上の考え方』
129	《中央省厅等改革基本法》	『中央省庁等改革基本法』

参考文献

[1] AIGINGER K，RODRIK D. Special issue on industrial policy under responsible globalization[J]. Journal of industry，competition and trade，2020，20（2）：189-207.

[2] 吴婧.［回放］这场可能写入历史的辩论，林毅夫张维迎都说了些啥[N]. 国际金融报，2016-11-10（2）.

[3] 吴敬琏. 我国的产业政策：不是存废，而是转型[J]. 中国流通经济，2017，31（11）：3-8.

[4] 黄勇. 互联网反垄断：规范与发展并重[N]. 新京报，2021-12-22（B08）.

[5] 王立军，黄和春. 日本产业政策：演进、工具与特点[J]. 现代日本经济，2000（3）：34-37.

[6] 孙明贵. 战后日本产业政策的特点和成功经验[J]. 现代日本经济，2000（4）：1-5.

[7] FREEMAN C. Technology policy and economic performance：lessons from Japan[M]. London：Frances Pinter，1987.

[8] JOHNSON C. MITI and the Japanese miracle：the growth of industrial policy，1925-1975[M]. Tokyo：Charles E. Tuttle Co.，1982.

[9] HIROYUKI O，AKIRA G. Technology and industrial development in Japan：building capabilities by learning，innovation and public policy[M]. London：Oxford University Press，1996.

[10] 野中郁次郎，永田晃也. 日本型イノベーション・システム―成長の軌跡と変革への挑戦[M]. 东京：白桃书房，1995.

[11] 陈韶华. 战后日本产业政策研究 [D]. 武汉：武汉大学，2011.

[12] 阮萌，杨海水. 日本产业政策演变的阶段、特征及其启示 [J]. 开放导报，2005（4）：105-108.

[13] 石俊华. 日本产业政策与竞争政策的关系及其对中国的启示 [J]. 日本研究，2008（3）：27-30.

[14] HATTA T. Competition policy vs. industrial policy as a growth strategy[J]. China economic journal，2017，2（10）：162-174.

[15] 戴龙. 日本反垄断法实施中的竞争政策和产业政策 [J]. 环球法律评论，2009（3）：117-124.

[16] 齐虹丽. 产业政策与竞争政策的关系：中国入世后面临的挑战与日本的经验 [J]. 经济科学，2003（3）：123-128.

[17] 徐士英，应品广. 竞争文化的培育和发展：从日本竞争主管机关竞争执法、竞争推进谈起 [J]. 江苏大学学报（社会科学版），2011，13（5）：64-70.

[18] 根岸哲，舟田正之. 独占禁止法概説 [M]. 4 版. 东京：有斐阁，2010.

[19] 松下满雄. 経済法概説 [M]. 5 版. 东京：东京大学出版社，2011.

[20] 松本源太郎. 戦後の産業政策と経済発展 [J]. 経済と経営，1999，3（30）：617-653.

[21] 大橋弘. 転機を迎えた「産業政策」のあり方[J]. RIETI コラム，2010（29）：14.

[22] 両角良彦. 産業政策の理論 [M]. 東京：日本経済新聞社，1966.

[23] 伊藤元重，清野一治，奥野正寛. 産業政策の経済分析 [M]. 東京：東京大学出版会，1988.

[24] 貝塚啓明. 経済政策の課題 [M]. 東京：日本大学出版会，1973.

[25] HINDLEY B. Empty economics in the case for industrial policy[J]. World economy，1984，7（3）：277-294.

[26] BEATH J. UK industrial policy：old tunes on new instruments？ [J]. Oxford review of economic policy，2002，18（2）：221-239.

[27] ROBINSON J A. Industrial policy and development：a political economy

perspective[C]//World Bank ABCDE Conference.2009.

[28] 江小娟.经济转轨时期的产业政策：对中国经济的实证分析与前景展望[M].上海：上海三联出版社，1995.

[29] HIROMICHI M，SUEO S，KOTARO S，et al. Industrial policies for pacific economic growth[M]. Sydney：Allen and Unwin，1986.

[30] 小宮隆太郎，奧野正寛，鈴村興太郎.日本の産業政策[M].東京：東京大学出版会，1984.

[31] 鶴田俊正.戦後日本の産業政策[M].東京：日本経済新聞社，1982.

[32] 丹宗昭信.政府規制産業と競争政策[M]//.東京：有斐閣，1981.

[33] 松井隆幸.産業調整援助政策の変遷とその背景[J].人文学部紀要，1998，43（2）：485-508.

[34] 渡辺純子.通産省（経産省）の産業調整政策[R].東京：経済産業研究所，2016.

[35] 阿部武司.日本通商产业政策史（1980—2000）：通商和贸易政策[M].北京：中信出版社，2021.

[36] 岡崎哲二.通商産業政策史3 産業政策[M].東京：財団法人経済産業調査会，2012.

[37] 吴敬琏.反思产业政策[G].北京：中信出版社，2016.

[38] 三宅忠和.90年代の産業構造と産業組織の変化[J].経済科学研究所紀要，2003（3）：197-212.

[39] 通商産業省産業構造審議会.90年代の通産政策ビジョン—地球時代の人間的価値の創造へ[R].東京：1990.

[40] 産業構造審議会基本問題小委員会.21世紀の産業構造[R].東京：産業構造審議会，1994.

[41] 国際商業出版株式会社.インタビュー 牧野力（通産省事務次官）・ジャパン・ペシミズムは間違っている[M].東京：国際商業出版，1997.

[42] 岡崎哲二.20世紀末日本における産業政策のレジーム変化：経済産業研究所BBLセミナー[C].2012.

[43] 吉川洋，宮川修子.産業構造の変化と戦後日本の経済成長[R].東京：

経済産業研究所，2009.

[44] 刘彦文. 战后日本的技术立国战略与产业结构升级研究 [J]. 天津师范大学学报（社会科学版），2011（5）：61-64.

[45] 通商産業省産業構造審議会. 80 年代の通産政策ビジョン [M]. 東京：財団法人通商産業調査会，1980.

[46] 吴敬琏. 产业政策讨论中的两点不足 [M]. 北京：中信出版社，2017.

[47] 陈秀山. 现代竞争理论与竞争政策 [M]. 北京：商务印书馆，1997.

[48] 王先林，丁国峰. 反垄断法实施中对竞争政策与产业政策的协调 [J]. 法学，2010（9）：28-35.

[49] 後藤晃，鈴村興太郎. 日本の競争政策 [M]. 東京：東京大学出版会，1999.

[50] 今村成和. 独占禁止法入門 [M]. 4 版. 東京：有斐閣，1993.

[51] 土田和博，岡田外司博. 経済法 [M]. 東京：法学書院，2008.

[52] 後藤晃. 独占禁止法と日本経済 [M]. 東京：NTT 出版，2013.

[53] 来生新. 消費者主権と消費者保護 [M]// 岩村正彦. 岩波講座現代の法 13・消費生活と法. 東京：岩波書店，1997.

[54] 今村成和. 独占禁止法 [M]. 東京：有斐閣，1978.

[55] 金井貴嗣，川濱昇，泉水文雄. 独占禁止法 [M]. 3 版. 東京：弘文堂，2010.

[56] 並木信義. 独禁政策と産業政策 [M]// 通商産業省大臣官房調査課. 日本産業と独占禁止法. 東京：通商産業研究社，1968：10-16.

[57] KHEMANI R S，DUTZ M A. The Instruments of competition policy and their relevance for economic for economic development[M]//FRISCHTAK C R. Regulatory policies and reform：a comparative perspective. 1995：16-37.

[58] 谷克鉴. 中国对外贸易发展中的竞争政策选择 [J]. 中国社会科学，2000（3）：39-49.

[59] 戴龙. 日本反垄断法研究 [M]. 北京：中国政法大学出版社，2014.

[60] 根岸哲，舟田正之. 日本禁止垄断法概论 [M]. 王为农，陈杰，译. 北

京：中国法制出版社，2007.

[61] 王玉辉. 日本反垄断法的历史沿革与制度变迁（1947—2019）[M]. 上海：上海三联书店，2021.

[62] 上杉秋則，栗田誠，舟橋和幸，等. 21世紀の競争政策—その変化と方向性[M]. 東京：東京布井出版株式会社，2000.

[63] 山部俊文. 独占禁止法の春秋—独占禁止法に「冬の時代」はあったのか—[M]// 日本経済法学会. 日本経済法学会年報第38号＜特集＞独占禁止法70年. 東京：有斐閣，2017：3-19.

[64] 鶴田俊正. 政府規制と競争政策——関係依存型社会からルール型社会への転換[J]. 公正取引，1994（520）：4-5.

[65] 東野裕人. 日本経営史の基礎知識[M]// 経営史学会. 東京：有斐閣，2004：331.

[66] 吉家清次. 大型合併と寡占—その経過と問題点—[M]// 中川敬一郎. 近代日本経営史の基礎知識（増補版）. 東京：有斐閣，1979：429.

[67] 小林逸太. 行政権限の対立と司法的解決——石油カルテル刑事事件最高裁判決の場合[J]. 公共選択の研究，1984（4）：57-70.

[68] 金井貴嗣，泉水文雄. ケースブック独占禁止法[M]. 2版. 東京：弘文堂，2010.

[69] 公正取引委員会. 公正取引委員会年報（平成17年）[R]. 東京：公正取引委員会，2005.

[70] 通商産業省産業政策局. 21世紀の産業構造[M]. 東京：通商産業調査会，1994.

[71] 隅谷三喜男. 通商産業政策史（第1巻）[M]. 東京：経済産業調査会，1994.

[72] 大橋弘. 競争政策の経済学——人口減少・デジタル化・産業政策[M]. 東京：日本経済新聞出版，2021.

[73] ダニエル沖本. 通産省とハイテク産業——日本の競争力を生むメカニズム[M]. 渡辺敏，訳. 東京：サイマル出版会，1991.

[74] 辻村江太郎. 経済政策論[M]. 東京：筑摩書房，1977.

[75] 金明善. 从经济赶超到"赶超后"日本的经验与教训——评徐平《对日本政府经济职能的历史考察与研究》[J]. 日本研究, 2006（1）: 93-96.

[76] 外務省特別調査委員会. 改訂日本経済再建の基本問題[R]. 東京: 外務省特別調査委員会, 1946.

[77] 保罗·萨缪尔森, 威廉·诺德豪斯. 经济学[M]. 萧琛, 译. 18版. 北京: 人民邮电出版社, 2008.

[78] 陈江华, 丁国峰. 经验与借鉴: 日本的产业政策与竞争政策[J]. 郑州大学学报（哲学社会科学版）, 2011, 44（4）: 45-48.

[79] 林秀弥.「規制改革と独禁法・競争政策—公益事業を中心に—」[M]//日本経済法学会. 日本経済法学会年報第38号＜特集＞独占禁止法70年. 東京: 有斐閣, 2017: 166-168.

[80] 公正取引委員会. 公正取引委員会平成7年年次報告[R]. 東京: 公正取引委員会, 1995.

[81] 中村隆英. 昭和経済史[M]. 東京: 岩波書店, 1986.

[82] 尾身幸次. 科学技術立国論[M]. 東京: 読売新聞社, 1996.

[83] 樊勇明, 贺平. 经贸摩擦与大国崛起: 日美经济战对中国的启示[J]. 日本学刊, 2006（3）: 99-110.

[84] 竹内良夫. 先進国間の不均等発展: 日米経済摩擦を中心に[J]. 経済論集, 1997, 22（2）: 57-67.

[85] 李明德. "特别301条款"与中美知识产权争端[M]. 北京: 社会科学文献出版社, 2000.

[86] 植村幸生. 科学技術政策論[M]. 東京: 旬報社, 1989.

[87] 行天豊雄, 黒田真. 日米経済問題100のキーワード[M]. 東京: 有斐閣, 1992.

[88] OECD. 1979 Recommendation on competition policy and exempted or regulated sectors[R].1979.

[89] 生駒賢治. 規制産業における競争政策——OECD制限的商慣行委員会報告書の概要紹介[J]. 公正取引, 1979（344）: 5.

[90] 矢島正之. 電力政策再考[M]. 東京: 産経新聞出版, 2012.

[91] 小林正人. 戦後日本の産業政策と高度経済成長——産業政策の有効性と評価に関する一考察 [J]. 經濟論叢，1984，134（5）：288-305.

[92] 小西唯雄，和田聡子. 競争政策と経済政策 [M]. 東京：晃洋書房，2003.

[93] 公正取引委員会事務総局. 独占禁止政策五十年史 [M]. 公正取引委員会事務総局，1997.

[94] 福川伸次. 21世紀・日本の選択—三つのニューイズム「グローバリズム、ヒューマニズム、インダストリアリズム」[M]. 大阪：阪急コミュニケーションズ，1990.

[95] 田中一昭，堀江正弘. 民営化と規制緩和（下）[J]. 公共選択の研究，1991（17）：69-71.

[96] 植草益，河野光雄，小長啓一. 産業政策と競争政策の両立を求めて——新特安法と独禁法をめぐって [J]. 通産ジャーナル，1983，2(16)：10-20.

[97] 川本明. 日本の規制改革―展望と課題 [M]// 山本哲三，佐藤英善. ネットワーク産業の規制改革——米の経験から何を学ぶか. 東京：日本評論社，2001：44.

[98] 栗田誠. 規制改革と公正取引委員会の活動 [M]// 栗田誠，舟橋和幸，山本和史. 21世紀の競争政策—その変化と方向性. 東京：東京布井出版株式会社，2000：69.

[99] OECD. The OECD report on regulatory reform synthesis[R]. Paris：OECD，1997.

[100] 来生新. 公益事業の規制改革と競争政策 [M]// 日本経済法学会. 公益事業の規制改革と競争政策. 東京：有斐閣，2002：7-8.

[101] 岸井大太郎. 政府規制と独占禁止法 [M]// 日本経済法学会. 経済法講座 第2巻 独禁法の理論と展開1. 東京：三省堂，2002：372-373.

[102] 黄尹旭，杨东. 超越传统市场力量：超级平台何以垄断？——社交平台的垄断源泉 [J]. 社会科学，2021（9）：100-108.

[103] 公正取引委員会. デジタル市場における公正取引委員会の取組 [R]. 東京：公正取引委員会，2021.

[104] 刘建丽. 有效市场与有为政府：兼论中国特色社会主义市场经济 [J]. 中国劳动关系学院学报，2021，35（1）：1–10.

[105] 青木昌彦，奥野正寛，冈崎哲二. 市場の役割 国家の役割 [M]. 東京：東洋経済新報社，1999.

[106] 岸井大太郎. 公益事業の規制改革と独占禁止法——「領域特定規制」と独占禁止法・公正取引委員会 [M]// 日本経済法学会. 日本経済法学会年報第 23 号. 東京：有斐閣，2002.

[107] OECD. Relationship between regulators and competition authorities[R]. Paris：OECD，1999.

[108] 通商産業調査会. 21 世紀経済産業政策の課題と展望 [J]. 通産ジャーナル，2000，33（6）：18–27.

[109] 川濱昇. 大阪バス協会運賃等カルテル事件 [J]. 私法判例リマークス，1996（13）：121.

[110] 古城誠. 認可運賃に反する運賃競争を制限することは許されるか [J]. 公正取引，1995（541）：21–22.

[111] 辻吉彦. 認可運賃遵守カルテルと独占禁止法 [J]. 公正取引，1992（499）：16.

[112] 根岸哲. 貸切バス運賃カルテルと独占禁止——大阪バス協会事件審決の検討 [J]. 公正取引，1995（541）：12–16.

[113] 舟田正之. 事業規制とカルテル [J]. 公正取引，1992（499）：10.

[114] 土田和博. 独占禁止法の射程と限界 [M]// 金井貴嗣，川濱昇，泉水文雄. 独占禁止法（第 3 版）. 東京：弘文堂，2010：431.

[115] 土田和博，須網隆夫. 政府規制と経済法——規制改革時代の独禁法と事業法 [M]. 東京：日本評論社，2006.

[116] 電気事業講座編集委員会. 電気事業発達史 [M]. 東京：電力新報社，1986.

[117] 伊藤成康. ネットワークとしての電気事業 [M]// 南部鶴彦，伊藤成康，木全紀元. ネットワーク産業の展望. 東京：日本評論社，1994：125–190.

[118] 竹野正二．我が国の電気事業の変遷 [J]．電気設備学会誌，2015，35（12）：827–830.

[119] 一般財団法人日本経営史研究所．統計データ：日本電力業史データベース [EB/OL]．（2016–12–30）[2022–06–24]．https：//www.jbhi.or.jp/toukei.html.

[120] 小桜義明．独占段階における日本電気業発展と地域的電気業統制──日本電気業統制史（2）[J]．經濟論叢，1973，112（3–4）：259–288.

[121] 橘川武郎．日本電力業発展のダイナミズム [M]．名古屋：名古屋大学出版会，2004.

[122] 総合エネルギー調査会総合部会基本政策小委員会．中間報告 [R]．東京：総合エネルギー調査会総合部会基本政策小委員会，1993.

[123] 伊藤規子，宮曽根隆．第三章　ヤードスティック競争 [M]// 植草益．講座 公的規制と産業 第一巻 電力．東京：NTT 出版，1994：89.

[124] 経済産業省資源エネルギー庁．電力小売市場の自由化について [R]．東京：経済産業省，2010.

[125] 電気事業連合会．電力自由化の経緯 [EB/OL]．（2003–12–30）[2022–05–24]．https：//www.fepc.or.jp/enterprise/kaikaku/ikisatsu2/index.html.

[126] 通商産業省資源能源庁公益事業部．電力構造改革──改正電気事業法とガイドラインの解説 [M]．通商産業調査会，2000.

[127] 高橋洋．電力自由化──発送電分離から始まる日本の再生 [M]．東京：日本経済新聞出版社，2011.

[128] 経済産業省．自主的取組・競争状態のモニタリング報告 [R]．東京：経済産業省，2000.

[129] 白玫．日本电力工业市场化改革及其对我国的启示 [J]．价格理论与实践，2017（7）：19–24.

[130] 周杰．日本电力需求侧管理实践启示 [J]．能源研究与利用，2018（5）：25–26.

[131] 経済産業省資源エネルギー庁．電力調査統計 [EB/OL]．（2022–05–27）[2022–06–26]．https：//www.enecho.meti.go.jp/statistics/electric_power/

ep002/.

[132] 橘川武郎. 通商産業政策史 10 資源エネルギー政策 [M]. 東京：財団法人経済産業調査会，2012.

[133] 経済産業省. 制度改革評価小委員会報告書 [R]. 東京：制度改革評価小委員会，2006.

[134] 電力ガス取引監視等委員会. 電力取引の状況（令和 3 年 10 月分）[R]. 東京：電力ガス取引監視等委員会，2022.

[135] エネルギー情報局. 新電力のシェアはどうなっているのか？ [EB/OL].（2022-06-01）[2022-6-24]. https: //j-energy.info/？ page=pps.

[136] 経済産業省資源エネルギー庁. 電力・ガス小売全面自由化の進捗状況について [R]. 東京：経済産業省資源エネルギー庁，2021.

[137] 田島俊雄. 現代中国の電力産業「不足の経済」と産業組織 [M]. 京都市：昭和堂，2008.

[138] 植草益. 講座 公的規制と産業 第一巻 電力 [M]. 東京：NTT 出版，1994.

[139] 井澤裕司. 自然独占の理論と電気事業——火力発電の費用関数 [J]. 電力経済研究，1983（17）：127-144.

[140] 塩見英治. 現代公益事業——ネットワーク産業の新展開 [M]. 東京：有斐閣，2011.

[141] 江副憲昭. ネットワーク産業の経済分析 [M]. 東京：勁草書房，2003.

[142] 友岡史仁. ネットワーク産業の規制とその法理 [M]. 東京：三和書籍，2012.

[143] 赵会茹，李春杰，李泓泽. 电力产业管制与竞争的经济学分析 [M]. 北京：中国电力出版社，2007.

[144] 藤原淳一郎. 電力・ガスの規制改革と競争政策 [M]// 日本経済法学会. 公益事業の規制改革と競争政策. 東京：有斐閣，2002：18.

[145] 滝川敏明. 規制改革と競争政策 [M]// 山本哲三，佐藤英善. ネットワーク産業の規制改革——欧米の経験から何を学ぶか. 東京：日本評論社，2001：218-219.

[146] 厚谷襄児. 独占禁止政策と公共料金 [J]. ジュリスト，1965（335）．

[147] 林毅夫，蔡昉，李周. 中国の国有企業改革——市場原理によるコーポレート・ガバナンスの構築 [M]. 関志雄，李粋蓉，译. 東京：日本評論社，1999．

[148] 方小龙. 中国电力产业的环境规制研究 [D]. 杭州：中共浙江省委党校，2014.

[149] 后藤收. 日本能源基本计划与最新能源政策趋势 [J]. 世界石油工业，2015，22（2）：23-26.

[150] 小桜義明. 日本資本主義確立期における電力国家政策の形成と都市電気業統制——日本電気業統制史（1）[J]. 經濟論叢，1973，111（5-6）：65-427.

[151] 逓信省. 逓信事業史 第6巻 [M]. 東京：逓信協会，1941．

[152] 渋澤元治. 電力問題講話 [M]. 東京：オーム社，1933．

[153] 野呂栄太郎. 日本資本主義発達史 [M]. 東京：岩波書店，1930．

[154] 橘川武郎. 日本電力業の発展と松永安左エ門 [M]. 名古屋大学出版会，1995．

[155] 友岡史仁. 競争時代におけるエネルギー産業 [M]// 友岡史仁，武田邦宣. エネルギー産業の法・政策・実務. 東京：弘文堂，2019：4.

[156] 上杉秋則. 事業法と独禁法の関係の一考——大阪バス協会事件審決を題材として [M]// 石川正先生古稀記念論文集 経済社会と法の役割. 東京：商事法务，2013：267.

[157] 資源エネルギー庁. 2005年版電気事業法の解説 [M]. 東京：経済産業調査会，2005．

[158] 土田和博. 大震災後の電気事業法制のあり方 [M]// 駒村圭吾，中島徹. 3・11で考える日本社会と国家の現在. 東京：日本評論社，2012：88.

[159] 経済産業省資源エネルギー庁. 送配電事業者一覧 [EB/OL]. （2022-02-04）[2022-06-24]. https：//www.enecho.meti.go.jp/category/electricity_and_gas/electric/summary/electric_transmission_list/.

[160] 経済産業省資源エネルギー庁. 令和2年度エネルギーに関する年次報

　　　　告（エネルギー白書2021）[R]. 東京：経済産業省資源エネルギー庁，2021.

[161] 経済産業省資源エネルギー庁. 改正FIT法による制度改正について[R]. 東京：経済産業省資源エネルギー庁，2017.

[162] 経済産業省資源エネルギー庁. 過去の買取価格・期間等[EB/OL].（2022-01-30）[2022-06-24]. https：//www.enecho.meti.go.jp/category/saving_and_new/saiene/kaitori/kakaku.html.

[163] 競争的な電力ガス市場研究会. 中間論点整理[R]. 東京：競争的な電力ガス市場研究会，2018.

[164] 株式会社エネット. 新電力から見た供給力確保に関する意見[R]. 東京：第3回電力システム改革専門委員会，2012.

[165] 公正交易委員会. 電力場における競争のあり方について[R]. 東京：公正交易委員会，2012.

[166] 川濵昇. 不可欠施設にかかる独占・寡占規制について[J]. ジュリスト，2004（1270）：60.

[167] 岸井大太郎. 経済法[M]. 7版. 東京：有斐閣，2013.

[168] 丸山真弘. 米国反トラスト法における不可欠施設の法理の論点整理——トリンコ事件判決を中心にして[R]. 東京：社会経済研究所，2005.

[169] 公正取引委員会，経済産業省. 適正な電力取引についての指針[R]. 東京：公正取引委員会，経済産業省，2021.

[170] 公正取引委員会. 電力市場における競争の在り方について[R]. 東京：公正取引委員会，2012.

[171] 公正取引委員会. 平成24年年次報告[R]. 東京：公正取引委員会，2012.

[172] 資源エネルギー庁. 規制の事前評価書[EB/OL].（2020-02-28）[2022-06-24]. https：//www.meti.go.jp/policy/policy_management/RIA/31fyRIA/R1_hyoukayo_denryoku.pdf.

[173] 公正取引委員会，経済産業省.「適正な電力取引についての指針」を改定しました[EB/OL].（2021-11-30）[2022-06-24]. https：//www.

meti.go.jp/press/2021/11/20211105009/20211105009.html.

[174] OECD. The OECD innovation strategy: getting a head start on tomorrow[R].OECD.

[175] 袁正光.数字革命：一场新的经济战——世界数字技术发展的趋势及我们的对策[J].自然辩证法研究，1994（4）：1-7.

[176] 中国信通院.中国数字经济发展与就业白皮书（2019年）[R].北京：中国信通院，2020.

[177] 王俊豪，周晟佳.中国数字产业发展的现状、特征及其溢出效应[J].数量经济技术经济研究，2021，38（3）：103-119.

[178] 経済産業省.半導体・デジタル産業戦略[R].東京：経済産業省，2021.

[179] 杨青峰，李晓华.数字经济的技术经济范式结构、制约因素及发展策略[J].湖北大学学报（哲学社会科学版），2021，48（1）：126-136.

[180] 総務省.通信自由化以降の通信政策の評価とICT社会の未来像等に関する調査研究[R].東京：総務省，2015.

[181] 顾建清.日本电信服务业的改革及对我国启示[J].审计与经济研究，2002：50-52.

[182] 覃庆玲.综述：日本电信市场的改革与企业国际化经营[EB/OL].（2003-02-28）[2022-06-24]. https://tech.sina.com.cn/it/t/2003-02-28/1349168760.shtml.

[183] 総務省.情報通信白書[R].東京：総務省，2016.

[184] 総務省.情報通信白書[R].東京：総務省，2017.

[185] 蒂姆·奥莱利.未来地图[M].杨晨曦，戴茗玥，蔡敏瑜，译.北京：电子工业出版社，2018.

[186] 梅田望夫.ウェブ進化論——本当の大変化はこれから始まる[M].東京：筑摩書房，2006.

[187] 総務省.令和3年通信利用動向調査[R].東京：総務省，2022.

[188] 総務省情報通信政策研究所.平成29年情報通信メディアの利用時間と情報行動に関する調査報告書[R].東京：総務省情報通信政策研究

所，2018.

[189] MAK V，TAI E T T，BERLEE A. Research handbook in data science and law[M]. Cheltenham：Edward Elgar Publishing Limited，2018.

[190] 篠﨑彰彦. インフォメーション・エコノミー[M]. 東京：NTT 出版，2014.

[191] 上海科技大学. 上海科技大学信息科学与技术学院周勇课题组在物联网空中计算和边缘计算研究中取得进展[J]. 信息网络安全，2021，21（5）：103.

[192] 李国杰，程学旗. 大数据研究：未来科技及经济社会发展的重大战略领域——大数据的研究现状与科学思考[J]. 中国科学院院刊，2012，27（6）：647–657.

[193] STOLTERMAN E，FORS A C. Information technology and the good life：relevant theory and informed practice[C]. 2004.

[194] 経済産業省. デジタルトランスフォーメーションを推進するためのガイドライン（DX 推進ガイドライン）Ver. 1.0[R]. 東京：経済産業省，2018.

[195] 経済産業省.「DX 推進指標」とそのガイダンス[R]. 東京：経済産業省，2019.

[196] 尼克·斯尔尼塞克. 平台资本主义[M]. 程水英，译. 广州：广东人民出版社，2018.

[197] 経済産業省デジタルトランスフォーメーションの加速に向けた研究会. DX レポート 2（中間取りまとめ）[R]. 東京：経済産業省，2020.

[198] 経済産業省デジタル産業の創出に向けた研究会. DX レポート 2.1（DX レポート 2 追補版）[R]. 東京：経済産業省，2021.

[199] 姜奇平."互联网 +"与中国经济的未来形态[J]. 人民论坛·学术前沿，2015（10）：52–63.

[200] 黄新焕，张宝英. 全球数字产业的发展趋势和重点领域[J]. 经济研究参考，2018（51）：53–61.

[201] 张焱. 数字经济正成为全球经济复苏新动力[N]. 中国经济时报，2017-

03-31（003）.

[202] 経済産業省デジタルトランスフォーメーションに向けた研究会. デジタルトランスフォーメーションレポート～ITシステム「2025年の崖」の克服とDXの本格的な展開～[R]. 東京：経済産業省，2018.

[203] 日本情報システムユーザー協会. デジタル化の取組みに関する調査2020[R]. 東京：日本情報システムユーザー協会，2021.

[204] 株式会社ＭＭ総研. 国内クラウド需要動向調査（2021年版）[R]. 東京：2021.

[205] 経済産業省. 平成30年度 我が国におけるデータ駆動型社会に係る基盤整備（電子商取引に関する市場調査）報告書[R]. 東京：2018.

[206] 公正取引委員会. デジタル・プラットフォーマーの取引慣行等に関する実態調査報告書（オンラインモール・アプリストアにおける事業者間取引）[R]. 東京：2019.

[207] 株式会社富士経済. 通販・ｅコマースビジネスの実態と今後[R]. 東京：2019.

[208] 内閣官房デジタル市場競争本部事務局. デジタル広告市場の競争評価最終報告[R]. 東京：2021.

[209] MARTENS B. An Economic policy perspective on online platforms[R]. Joint Research Centre of the European Commission，2016.

[210] AKERLOF G A. The Market for "lemons": quality uncertainty and the market mechanism[J]. The quarterly journal of economics，1970，84（3）：488.

[211] PARKER G，VAN ALSTYNE M W，CHOUDARY S P. Platform revolution: How networked markets are transforming the economy and how to make them work for you[M]. New York: W.W. Norton & Company，2016.

[212] PARKER G，PETROPOULOS G，VAN ALSTYNE M W. Digital platforms and antitrust[EB/OL].（2020-06-17）[2022-06-14]. https://papers.ssrn.com/sol3/papers.cfm?abstract_id=3608397.

[213] 公正取引委員会，総務省. デジタル・プラットフォーマーを巡る取引環境整備に関する中間論点整理 [R]. 東京：2018.

[214] OECD. Big data：bringing competition policy to the digital era[R].2016.

[215] VAN ANGEREN J，BLIJLEVEN V，JANSEN S，et al. Complementor embeddedness in platform ecosystems：the case of google apps：digital ecosystems and technologies（DEST），2013 7th IEEE International Conference[C]. 2013.

[216] 陈兵，林思宇. "数据＋算法"双轮驱动下互联网平台生态型垄断的规制 [J]. 知识产权，2021（8）：43-64.

[217] 韩洪灵，陈帅弟. 数字商业生态系统研究：本质构成、技术支持与价值创造 [J]. 湖北大学学报（哲学社会科学版），2021，48（4）：119-128.

[218] 孟方琳，田增瑞，姚歆. 基于 Lotka-Volterra 模型的数字经济生态系统运行机理与演化发展研究 [J]. 河海大学学报（哲学社会科学版），2020，22（2）：63-71.

[219] 余东华，李云汉. 数字经济时代的产业组织创新：以数字技术驱动的产业链群生态体系为例 [J]. 改革，2021（7）：24-43.

[220] 梁正，李瑞. 数字时代的技术—经济新范式及全球竞争新格局 [J]. 科技导报，2020，38（14）：142-147.

[221] 青木昌彦，安藤晴彦. 模块时代新产业机构的本质 [M]. 周国荣，译. 上海：上海远东出版社，2003.

[222] 姚凯，刘明宇，芮明杰. 网络状产业链的价值创新协同与平台领导 [J]. 中国工业经济，2009（12）：86-95.

[223] NACHIRA F，DINI P，NICOLAI A. A network of digital business ecosystems for europe：roots，processes and perspectives[R]. Luxembourg：office for Official Publications of the European Communities，2007.

[224] 布和础鲁，陈玲. 数字时代的产业政策：以新型基础设施建设为例 [J]. 中国科技论坛，2021（9）：31-41.

[225] 闫瑞华，杨梅英. 创新生态系统背景下移动互联网企业颠覆式创新运行

机制研究 [J]. 统计与信息论坛，2019，34（9）：103-110.

[226] FENG Z, IANSITI M. Why Some platforms thrive and others don't[J]. Harvard business review 97, 2019（1）：118-125.

[227] 刘晓春. 数字平台生态系统的反垄断法定位与规制 [J]. 思想战线，2022，48（1）：138-148.

[228] 尤瓦尔·赫拉利. 未来简史 [M]. 林俊宏，译. 北京：中信出版社，2017.

[229] 李达. 互联网商业服务领域下的法律问题研究：以外卖配送人员为例 [J]. 法制与社会，2021（19）：16-17.

[230] 株式会社矢野経済研究所. 2021 インターネット広告市場の実態と展望 [R]. 東京：2021.

[231] Japan 株式会社 A. State of Japan 2020[R]. 東京：2021.

[232] 董金平. 加速主义与数字平台：斯尔尼塞克的平台资本主义批判 [J]. 上海大学学报（社会科学版），2018，35（6）：55-65.

[233] 公正取引委員会. データと競争政策に関する検討会報告書 [R]. 東京：競争政策研究センター，2017.

[234] 韩伟. 数据驱动型并购的反垄断审查：以欧盟微软收购领英案为例 [J]. 竞争法律与政策评论，2017，3（0）：143-170.

[235] OECD. Start-ups, killer acquisitions and merger control[R].2020.

[236] CUNNINGHAM C, EDERER F, MA S. Killer acquisitions[J]. Journal of political economy，2020，129（3）：649-702.

[237] 陈弘斐，胡东兰，李勇坚. 平台经济领域的反垄断与平台企业的杀手并购 [J]. 东北财经大学学报，2021（1）：78-85.

[238] デジタル市場における競争政策に関する研究会. アルゴリズム/AI と競争政策 [R]. 東京：2021.

[239] 李剑. 反垄断法中的杠杆作用：以美国法理论和实务为中心的分析 [J]. 环球法律评论，2007（1）：71-77.

[240] OECD. Algorithms and collusion competition policy in the digital age[R].2017.

[241] CALVANO E，CALZOLARI G，DENICOLÒ V，et al. Artificial intelligence，algorithmic pricing，and collusion[J]. American economic review，2020，110（10）：3267-3297.

[242] 荒井弘毅. アルゴリズム／AI とカルテル・共同行為：経済分析の視点：デジタル市場における競争政策に関する研究[C]. 東京. 2020.

[243] 李慧敏，陈光. 论数据驱动创新与个人信息保护的冲突与平衡：基于对日本医疗数据规制经验的考察[J]. 中国科学院院刊，2020，35（9）：1143-1151.

[244] 村松岐夫. 戦後日本の官僚制[M]. 東京：東洋経済新報社，1981.

[245] 郑励志. 日本公务员制度与政治过程[M]. 上海：上海财经大学出版社，2001.

[246] 邹均. 日本行政体制和管理现代化[M]. 北京：法律出版社，1994.

[247] 李慧敏，王忠. 产业政策与竞争政策能否协调：日本产业政策与竞争政策协调机制及其启示[J]. 日本学刊，2019（2）：98-116.

[248] ジェームス・アベグレン. 日本経済の探求株式会社にっぽん[M]. 東京：ダイヤモンド社，1970.

[249] 米国商務省. 株式会社・日本—政府と産業界の親密な関係[M]. 大原進，吉田豊明，译. 東京：サイマル出版会，1972.

[250] 平力群. 技术经济范式转换与日本国家创新系统的重构[J]. 日本学刊，2015（4）：70-92.

[251] 経済産業省産業技術環境局. 今後の研究開発プロジェクトのあり方について[R].2020.

[252] 莽景石. 政府的比较优势变化与日本经济的长期萧条：一个宪政转轨的政治经济学分析[J]. 世界经济，2002（8）：40-45.

[253] 刘兵勇. 试论美国反托拉斯法价值目标的变化[J]. 南京师大学报（社会科学版），2003（1）：34-40.

[254] 飯尾潤. 日本の統治構造——官僚内閣制から議院内閣制へ[M]. 東京：中公新書，2007.

[255] 辻清明. 日本官僚制の研究[M]. 東京：東京大学出版会，1969.

[256] 村松岐夫. 日本の行政——活動型官僚制の変貌 [M]. 東京：中央公論社，1994.

[257] 李慧敏，陈光，李章伟. 决策与咨询的共生与交融：基于日本科技咨询体系的考察与启示 [J]. 科学学研究，2021，39（7）：1199-1207.

[258] 櫻井敬子，橋本博之. 行政法 [M]. 3 版. 東京：弘文堂，2011.

[259] 伊地知寬博，高谷徹，白川展之. 我が国の科学技術・イノベーション政策形成システム：現状と展開に向けた示唆 [J]. 研究 技術 計画，2019，34（3）：218.

[260] 西川明子. 審議会等・私的諮問機関の現状と論点 [J]. レファレンス，2007（676）：59-73.

[261] 董幼鸿. 日本政府政策评价及其对建构我国政策评价制度的启示：兼析日本《政策评价法》[J]. 理论与改革，2008（2）：71-74.

[262] 総務省行政評価局. 規制の事前評価における競争状況への影響の把握・分析の試行的実施について [R]. 東京：2010.

[263] 约瑟夫·熊彼特. 资本主义、社会主义与民主 [M]. 吴良健，译. 北京：商务印书局，2016.

[264] 穆荣平，杨利锋，蔺洁. 创新系统功能分析模型构建及应用 [J]. 科研管理，2014，35（3）：1-7.

[265] 樊春良. 国家科技治理体系的理论构架与政策蕴含 [J]. 科学学与科学技术管理，2022，43（3）：3-23.

[266] SHAPIRO C. Competition and innovation：Did arrow hit the bull's eye? [M]//The rate and direction of inventive activity revisited. Chicago：University of Chicago Press，2011：361-404.

[267] 程曦. 税收政策对异质性企业创新动力影响的比较研究 [D]. 首都经济贸易大学，2018.

[268] 盛杰民，袁祝杰. 动态竞争观与我国竞争立法的路向 [J]. 中国法学，2002（2）：16-27.

[269] 周其仁. 竞争、垄断和管制："反垄断"政策的背景报告 [M]. 北京：中国财政经济出版社，2002.

[270] 孙玉涛，张瑛．企业创新能力：从资源观向生态观[J]．清华管理评论，2021（5）：71–79．

[271] 丁厚德．中国科技运行论[M]．北京：清华大学出版社，2001．

[272] 马名杰．什么是"熊彼特创新"？[N]．中国经济时报，2015–09–11（A05．国研视点）．

[273] 黄鑫．打破互联网平台壁垒[N]．经济日报，2021–09–15（006）．

[274] 李慧敏，王忠．大数据时代日本开启数据市场反垄断[N]．中国经济时报，2017–10–11（A05．智库）．

[275] 刘波，李湛．中国科技创新资源配置体制机制的演进、创新与政策研究[J]．科学管理研究，2021，39（4）：8–16．

[276] 张江莉．反垄断制度与政府管制[M]．北京：北京师范大学出版社，2011．

[277] 罗伯特，史蒂芬．创新经济学：全球优势竞争[M]．王瑞军，译．北京：科学技术文献出版社，2014．

[278] 姜奇平．数字经济学的基本问题与定性、定量两种分析框架[J]．财经问题研究，2020（11）：13–21．

[279] 陈晓红，李杨扬，宋丽洁，等．数字经济理论体系与研究展望[J]．管理世界，2022，38（2）：208–224．

[280] OECD．中国创新政策研究报告[M]．薛澜，柳卸林，穆荣平，译．北京：科学出版社，2011．

[281] 周元，梁洪力，王海燕．论中国创新悖论："两张皮"与"76%"[J]．科学管理研究，2015，33（3）：1–4．

[282] NELSON R R．National innovation systems：A comparative analysis[M]．London：Oxford University Press，1993．

[283] 戚聿东，李颖．新经济与规制改革[J]．中国工业经济，2018（3）：5–23．

[284] AGHION P，BLOOM N，BLUNDELL R，et al．Competition and innovation：An inverted–U relationship[J]．Quarterly journal of economics，2005，120（2）：701–728．

[285] BAKER J B．Competition policy，innovation and inequality：公正取引委

员会 CPRC 第 19 回国際シンポジウム [C]. 東京：2021.

[286] 任长报. 从美国反垄断法的历史发展看我国的反垄断立法 [J]. 法制与社会，2009（23）：40-41.

[287] 傅蔚冈. 阿里巴巴不构成垄断，反垄断会阻碍科技创新 [N]. 南方都市报，2017-08-28.

[288] DELRAHIM M. Take it to the limit：respecting innovation incentives in the application of antitrust law[C]. Los Angeles，2017.

[289] 唐要家，唐春晖. 美国反托拉斯法的新发展与我国反垄断法的效率原则指向 [J]. 产业经济研究，2003（4）：24-30.

[290] 高富平. 竞争法视野下创新和竞争行为调整的体系化思考 [J]. 法商研究，2015，32（3）：72-81.

[291] 吴小飞，王晓晔. 反垄断法是深化体制改革和扩大开放的催化剂 [N]. 经济观察报，2020-09-25.

[292] 黄迪. 反垄断法的谦抑理念研究 [D]. 杭州：浙江理工大学，2019.

[293] 焦海涛. 论互联网行业反垄断执法的谦抑性：以市场支配地位滥用行为规制为中心 [J]. 交大法学，2013（2）：31-48.

[294] 李宇. 试论反垄断法的谦抑性：从政府规制经济的公益理论出发 [J]. 对外经贸，2020（6）：98-101.

[295] 川濵昇. 競争とイノベーションの複雑な関係 [R]. 東京：独立行政法人経済産業所，2011.

[296] 唐经伦. 新时代中国竞争政策与反垄断执法的成就、挑战及应对：2018 中国竞争政策论坛综述 [J]. 竞争政策研究，2018（4）：15-29.

[297] 熊鸿儒. 数字经济时代反垄断规制的主要挑战与国际经验 [J]. 经济纵横，2019（7）：83-92.